为闽协商 为民服务

新时代福建政协提案故事100篇

福建省政协提案委员会 编

海峡出版发行集团 THE STRAITS PUBLISHING & DISTRIBUTING GROUP | 福建人民出版社 FUJIAN PEOPLE'S PUBLISHING HOUSE

图书在版编目（CIP）数据

新时代福建政协提案故事100篇 / 福建省政协提案委员会编. -- 福州：福建人民出版社, 2024. 9. -- ISBN 978-7-211-09555-1

Ⅰ. D628.57

中国国家版本馆CIP数据核字第2024V04P94号

新时代福建政协提案故事100篇

XINSHIDAI FUJIAN ZHENGXIE TI' AN GUSHI 100 PIAN

作　　者：福建省政协提案委员会　编
责任编辑：郑翠云
美术编辑：陈培亮　林　玲
责任校对：林乔楠
出版发行：福建人民出版社　　**电　　话**：0591-87604366（发行部）
网　　址：http://www.fjpph.com　　**电子邮箱**：fjpph7211@126.com
地　　址：福州市东水路76号　　**邮　　编**：350001
经　　销：福建新华发行（集团）有限责任公司
印　　刷：福州德安彩色印刷有限公司
地　　址：福州市金山工业区浦上B区42幢
开　　本：787毫米×1092毫米　1/16
印　　张：29.75
字　　数：407千字
版　　次：2024年9月第1版
印　　次：2024年9月第1次印刷
书　　号：ISBN 978-7-211-09555-1
定　　价：168.00元

本书如有印装质量问题，影响阅读，请直接向承印厂调换。

庆祝中国人民政治协商会议
成立 75 周年

序

滕佳材

提案工作是人民政协一项历史悠久、特色鲜明、覆盖面广的经常性工作，既是人民政协履行职能的重要方式，也是政协委员履职尽责的重要载体。

党的十八大以来，我省广大政协委员、政协各参加单位和专门委员会，坚持以习近平新时代中国特色社会主义思想为指导，深入学习贯彻习近平总书记关于加强和改进人民政协工作的重要思想特别是关于提案工作的重要指示，围绕习近平总书记亲自擘画的新福建宏伟蓝图和“四个更大”重要要求，积极运用提案为高质量发展聚力，为进一步全面深化改革集智，为促进祖国统一凝心，为保障和改善民生尽责。同时，各承办单位高度重视提案办理工作，加强组织领导、严格办理制度、规范办理流程，积极推动提案建议落地落实，体现了对人民政协制度的深刻认识和对提案者意见、建议的充分尊重，展现了务实作风和为民情怀。提办双方携手同心、砥砺同行，以实际行动践行为国履职、为民尽责，为推动新时代我省政协提案工作高质量发展作出了重大贡献。

提出提案是提案者对民情民愿民意的直接呼吁，办理提案则是党委政府对这一呼吁的直接回应。在“呼”与“应”之间既有宽阔通畅的“连心桥”，也时有曲折起伏的“坎坷路”，为了达成共同的目标，孕育出许许多多感人的故事、动人的篇章。这些故事诠释了提案与时代发展“合拍”，和党政工作“同频”，同人民需要“共振”的初心使命；展示了提案者用心用情聆听民情民声，坚持从党政所急、群众所盼、政协所能出发积极建言献策，以高质量提案助力高质量发展的生动实践；记录了承办单位尽心尽力回应提案关切，创新提案办理方式，推动办理成果转化，以高质量提案办理助推新福建建设的点点滴滴；体现了新时代我省政协提案工作坚持守正创新，深入运用全生命周期管理推进提质增效所取得的新进展新成效。同时，也从一个侧面折射了新时代波澜壮阔的伟大征程，见证了人民政协开拓创新的发展历程。

为庆祝新中国和人民政协成立75周年，提案委员会精心组织选编了《新时代福建政协提案故事100篇》一书，力求通过挖掘提案背后的故事，启迪思想、凝聚智慧、增强合力，更加全面、深入、生动地展现提办双方追求共同真谛而付出的不懈努力。同时，以故事为鉴，进一步深化对提案工作规律的认识和把握，推动我省政协提案工作再上新台阶。

这100个提案故事，是我省党委重视、政府支持、委员参与、部门联动的提案工作新格局的真实写照，是全省各级各部门多维发力践行全过程人民民主理念的生动缩影。

这100个提案故事，充分展现了我省提案工作多方协作、深入协商，久久为功、推动落实的新成效，是我省各级政协深入推进“为闽协商、为民服务”特色品牌建设，各级委员积极建言资政、共谋发展，各级承办单位凝心聚力、担当作为的现实实践。

这100个提案故事，让我们真切感受到为国履职、为民尽责的责任担当，感受到实事求是、追求真理的奋斗精神，感受到心系民生、情暖民心的赤子情怀。

政协的提案工作从来不是抽象和冰冷的，它所承载的历史和记忆必将永镌人民政协的光辉史册，成为温暖人心、催人奋进的不竭力量，谨此为序。

2024年8月

目录
Contents

地市政协篇

提案工作全生命周期管理
让“金点子”结出“金果子”

提案工作作为政协一项全局性、综合性、基础性、经常性的工作，是政协履行职能的重要方式之一。

新时代十年，福建省政协深入贯彻落实习近平总书记关于做好提案工作的重要指示精神，始终遵循“提案不在多而在精”的理念，在福建省委领导下、省政府支持下，将质量作为提案工作的“生命线”，引导委员找准提案角度、把准建议准度，提出具有前瞻性、针对性、可行性的提案，为经济社会发展贡献智慧力量。

从规范提案办理协商程序，到提出“提质减量增效”工作思路，再到创新推动提案工作“全生命周期管理”，省政协提案委员会一届接着一届干，以提质增效为主攻方向，促成政协委员、政协各参加单位和各专门委员会提出更多“金点子”，助推提案承办单位结出更多“金果子”，交出了一份含“金”量满满的成绩单。

（一）

加强提案工作全生命周期管理是十三届省政协创新提出的思路举措。

2023年9月，省政协经过深入调查研究，不断深化对新时代提案工作规律的认识，在省市政协提案委员会第十六次联席会议上正式提出在提案工作中应用“全生命周期管理”。在进一步探索实践和广泛征求意见后，2024年

◎中国人民政治协商会议第十三届福建省委员会第二次会议

4月，省政协提案委印发出台《关于加强提案工作全生命周期管理进一步推动提质增效的意见》。

所谓全生命周期管理，就是把提案工作作为系统工程，强化提案工作的人民性、整体性、协同性和实效性，通过加强制度化、规范化、程序化等功能建设和信息化建设，推动提案工作实现从源头到末梢的全周期统筹、全流程督导、全要素协同，从而一体推进提案质量、提案办理质量和提案服务质量提升。

换一种视角来看，提案工作的全生命周期管理，就好比种果树。从育种开始，省政协就力求培育最优质的种苗，也就是“金点子”。而“金点子”要想结出“金果子”，离不开在栽种果树时培土、施肥，适时浇水、剪枝，在提案立案后，由提案者、承办单位、党委政府督查部门与省政协四方共同努力，提升办理质量，为提案保驾护航。最终能够开花结果，收获“金果子”，则是让提案的相关建议被省委、省政府采纳，实现落地，进一步服务大局、推动中心工作。

从“培土”开始——健全体制机制，及时修订省政协《提案工作条例》，制定加强提案工作全生命周期管理的意见，为推动提案工作与时俱进、创新发展提供制度保证。

首次举办全省市县政协提案工作培训班，通过“一期一策”精准培训，提升市县提案工作者能力素质，进一步强化“两支队伍”建设，推动基层政协基础工作水平提升。

精心“育苗”——完善提案线索常态化征集发布机制，首次召开知情明政通报会，邀请省直有关部门通报工作重点和思路举措，促进“党政所需”“群众所盼”和“政协所能”有效对接。

针对新一届省政协委员分类开展提案业务培训，指导老委员“提好”“提准”，鼓励新委员“想提”“会提”，推动提案采纳率优中有进。

“筛选”种子——优化提案审查交办协商机制，落实提案“五审制”审查程序，推动提案审查更加严格、交办更加精确。

健全“重点提案”遴选协商机制，进一步优化规程，促进遴选工作更加规范有序。

“栽种”果树——丰富提案办理协商机制，深入开展调研协商、走访协商、专题协商等，更好反映各方诉求、集中各界智慧。

在总结“重点提案”由省领导督办的经验基础上，探索创新政协专委会主要领导督办“重要提案”，由政协各专委会牵头组织承办单位开展办理协商工作，扩大提案督办参与面，推动工作互促互补。

在全国率先开展提案承办单位集中业务培训，推动提案办理质量和满意度有效提升。

“收获”果实——首次制定《政协福建省委员会年度好提案评选办法（试行）》，2023年评选出“年度好提案”50件，并首次召开发布会，进一步激发委员提案履职热情。

一纸提案从想法到落地，离不开全生命周期管理的生动实践，展示的是“商”的理念，强化的是“质”的要求，凝聚的是“办”的合力，提升的是“制”的功能，四者缺一不可，共同促成新一届省政协提案工作提质增效。

（二）

一件好提案所具备的“气质内涵”，就是坚持“围绕中心、服务大局”，聚焦我省经济社会发展的重要问题和人民普遍关心的热点、难点问题建言献策。

为了让提案提准、提实，省政协在充分调研和探索的基础上，提出将“全生命周期管理”理念运用于提案工作，首先瞄准源头，抓提案“培育”。将“无调研不提案”的理念制度化，要求提案者提交提案时必须附上调研情况说明。委员们通过深入调研，围绕发展所需、民生所急、专业所长建言献策，提案的“时、度、质”都有了极大的提升，2024年上半年共收到提案1055件，立案864件，立案率81.9%，提案数量和立案率与去年同期相比都有显著增长，实现了提案的“优生优育”。

一件提案从构思到落地，离不开提案办理单位与提案者的“双向奔赴”。省委、省政府长期以来对提案办理工作高度重视，省委、省政府和省政协领导共同领衔督办重点提案，示范引领提案办理落实取得实效；省委办公厅、省政府办公厅统筹、督促，促进提案及时有效办理。2023年，省政协共有699件提案交由省政府系统办理，提案办复率为100%，能够落地的“金果子”占比达到98.1%。

办理完成不代表结束，后续的成果转化同样是省政协关注的重点。

近年来，省政协每年遴选重点提案10件，分别由省委省政府领导和省政协主席、副主席共同督办。2023年已办结的10件重点提案，均以督办调研报

◎ 2024 年 1 月 18 日，省政协 2023 年度好提案发布会现场

告的形式，报送省委、省政府，得到省领导批示16件次。所提的问题正在逐步解决，所提建议得到相关部门的重视和采纳，或体现在党委、政府有关政策措施中。

如2023年省政协年度50件好提案之一、年度重点提案《关于将环武夷山国家公园打造成人与自然和谐共生先行地的建议》，在多方推动下，提案建议被充分吸收采纳，推动出台《福建省武夷山国家公园条例（草案）》，“环带”建设涉及武夷山国家公园重大事项列入省级联席会议议事范畴等。2024年，省政协持续跟踪推进，总结武夷山国家公园保护发展提案督办经验，组织编撰有关武夷山国家公园建设探索与实践的书籍等宣传材料，展示国家公园建设“福建样板”，宣介国家公园发展“福建经验”。

促成更多“金点子”结出“金果子”。2023年以来，省政协及时围绕“数字贸易”“推进新型工业化”“民营企业科技创新”“践行大食物观”“迁台记忆”“中小学生心理健康”“乡村大病筛查”等中央和省委省政府关注的工作重点，开展提案点题办理协商。积极争取省委、省政府在统筹督导层面的支持，搭建提案者、承办单位、党委政府督查部门、政协提案委等“四方联动”协商平台。加强对各承办单位提案办理情况的跟踪问访，开展提案办理“回头看”，加大提案办理跟踪落实力度，推动提案办理结果从“件件有回音”向“件件有落实”转变，从“委员满意”向“群众满意”转变，从“办成一件”向“受益一片”转变，不断提升提案办理实效。

（三）

绵绵用力，久久为功。

新时代新征程上，省政协提案工作将坚持以习近平新时代中国特色社会主义思想为指导，贯彻落实省委“深学争优、敢为争先、实干争效”行动要求，深化“强五力、优服务、提质效、走前列”思路举措，以提质增效为主线，深入实施全生命周期管理，让提案“金点子”结出更多助力高质量发展、改善民生的“金果子”，为推进中国式现代化福建实践聚势赋能。

——在政治站位上再提高。深入学习贯彻党的二十大和二十届二中、三中全会精神，深刻领悟“两个确立”的决定性意义，增强“四个意识”、坚定“四个自信”、做到“两个维护”。深刻把握习近平新时代中国特色社会主义思想的世界观和方法论，坚持好、运用好贯穿其中的立场观点方法，不断破解提案工作面临的各种新矛盾新问题。学懂弄通做实习近平总书记关于加强和改进人民政协工作的重要思想特别是关于提案工作的重要指示精神，并与习近平总书记在福建工作期间的重要理念和重大实践相结合，守正创新、向新提质，奋力开创新时代提案工作新局面。

——在建言资政上勇担当。坚决贯彻落实习近平总书记对福建工作的重要讲话重要指示批示精神，坚持围绕中心、服务大局，充分发挥政协委员人才荟萃、智力密集、联系广泛的优势和作用，全力推动提案工作与打造“为闽协商、为民服务”特色品牌深度融合，创建和优化“为福建言”提案工作子品牌，积极运用提案建言资政。紧扣推进中国式现代化福建实践，围绕经济建设这一中心工作，聚焦高质量发展这一首要任务，着眼我省“十四五”时期改革发展目标任务和人民群众普遍关心的热点难点问题，大兴调查研究，提升建言精准度，提高资政含金量，助推省委、省政府决策部署落地落实，助力为民办实事见行见效。

——在凝聚共识上加力度。坚持践行全过程协商民主，寓凝聚共识于提案工作全过程，积极打造办前、办中、办后协商全链条，在深入协商交流中，寻求最大公约数、画出最大同心圆。不断丰富提案督办的形式和层次，在提升“重点提案”督办成效的同时，提高“监督性重点提案”比重，探索开展“重要提案”督办，扩大提案督办参与面。注重发挥集体提案的示范引领作用，引导鼓励政协各参加单位和各专委会，将课题调研报告和专题协商成果等及时转化为高质量的集体提案。加强和改进界别提案工作，提高界别提案占比。完善平时提案征集、办理的工作机制，提高平时提案占比。推动提案办理协商与各类协商议政活动有机结合，完善多形式、广参与、制度化的协商机制，提高深度协商互动、意见充分表达、广泛凝聚共识水平。

——在提质增效上更有为。坚持“提案不在多而在精”的原则，认真实施新修订的提案工作条例，深入实施全生命周期管理，进一步推进提案从“数量型”向“质量型”、提案办理从“答复型”向“落实型”、提案服务从“事务型”向“精细型”转变。强化提案培育工作，坚持“无调研不提案”，持续拓宽知情明政渠道，助力委员提出高质量提案。加强与党政部门的沟通协调，加大跟踪落实力度，切实把提案成果转化为推动高质量发展的实际成效。进一步建立健全制度体系，完善提案审查、办理协商、重点提案遴选与督办、成果转化等工作机制，提高提案服务的精细化水平。加强对市县政协的联系指导，完善“上下贯通、左右联系”的提案工作体系，提高整体效能。有序推进提案公开，加大提案宣传力度，发挥“年度好提案”、优秀提案和提案先进承办单位评选活动的激励和示范作用，不断增强提案工作社会影响力。

（供稿：福建日报社 执笔：郑雨萱、林蔚）

省政协篇

托起老年人舌尖上的幸福

“凡养老，有虞氏以燕礼，夏后氏以飨礼，殷人以食礼，周人修而兼用之。”尊老敬老爱老是中华民族的传统美德，是先辈传承下来的宝贵精神财富，也是社会文明进步的标尺。

一个“热度高”的督办主题

党和国家高度重视养老问题，提出实施积极应对人口老龄化国家战略，发展养老事业和养老产业。福建省委、省政府高度重视养老服务问题，从2017年起，连续7年将养老服务工程列入为民办实事项目。

“国之所需，民之所盼”，就是各级政协委员“行之所向”。近年来，我省各级政协委员不约而同聚焦养老产业，努力建言献策、履职尽责。

“我们观察到，养老一直是各级政协委员提案聚焦的方向，近年来，部分省、市、区政协委员直面人口老龄化问题，以‘加快推进长者食堂建设运营’为代表的，呼吁用心用情推进长者食堂建设的提案不在少数。”省政协提案委负责同志介绍。长者食堂是一项实实在在的惠民工程，涉及面广、关注度高，既是老年人关心的“关键小事”，也是关乎千家万户的“民生大事”。2023年，省政协提案委员会与福州市政协牵头组织四级政协委员联合督办活动，紧紧牵住“加快推进长者食堂建设运营”这个牛鼻子，努力办好“食”事，共同守护好老年人的幸福“食光”。

◎ 2023 年 11 月，召开四级政协委员联合督办座谈会

一场“规格高”的办理协商

2023年11月，以“加快推进长者食堂建设运营”为主题的四级政协委员督办协商会在福州成功召开。

“规格高”，源于阵容强大。活动由省政协分管提案工作副主席点题督办，邀请了全国、省、市、县（区）四级政协委员，省发展改革委、民政厅、财政厅、住建厅、市场监管局、消防救援总队、政府督查室以及福州市政府、鼓楼区政府等相关部门负责同志参与，还广泛邀请了乡镇街道社区干部、项目负责人、居民代表等，行业覆盖面广、人员层次多，大家齐聚一堂，围绕如何让长者食堂办实、办好、办长久，积极出主意、想办法。

“规格高”，源于建言水平。在此次协商会上，福州市政协委员林军华（长者食堂运营方）针对目前运营存在的人工成本高、市场化转型难等问题提出了意见、建议。他所反映的部分问题，现场就得到了相关部门的回应。“长者食堂选址布局要更加科学规范”“建议制定更为灵活的助餐服务准入、退出机制，吸引社会各界参与养老服务事业”“建议进一步加强长者食堂安全监管，加大安全监督检查力度，确保老年人食品安全和身体健康”……此起彼伏的建议声，让大家充分感受到这是一场如火如荼、别开生面的提案办理协商会。无论是政协委员还是部门负责人，抑或是企业代表，都对长者食堂可持续发展问题，从资金投入、多元经营、合理选址、智能服务等方面，提出了诸多“妙见高招”。

“规格高”，更源于机制保障。“联合督办为我们提供了深入基层、体察实情的机会，能更好倾听各方声音，把群众急难愁盼问题转化为今后的提案建议，为党委政府决策提供参考。”首次受邀参与联合督办的全国政协委员郑家建说。近年来，省政协提案委联合福州市政协率先“试水”，组织住闽全国政协委员和省、市、县（区）政协委员，每年围绕一到两个共同关注的话题开展调研协商，并在总结实践经验的基础上，将省市政协联合督办提案上升为四级委员联合督办工作机制。这种做法是一次体制机制上的大胆创新尝试，让参与的委员层级更高、范围更广，帮助推动有关问题得到更有效的落实和解决。

一份“情况实”的督办报告

为了防止“一督了之”“草草了事”，更好推动督办协商成果转化和提案办理取得实效，省政协提案委号召各地政协提案委在办理协商会的基础上，充分发挥广大政协委员履职积极性，继续围绕长者食堂乃至老龄事业和养老产业发展的难点问题深入调研，收集提案办理有关素材，从而形成一份“调研深、数据清、情况实”的高质量督办报告。

“时间刚刚过去半个月，我们已经陆续收到了各地市有关长者食堂建设方面的资料，大家对我们开展这项工作非常支持。目前，我们已经会同省民政厅开始梳理全省长者食堂建设运营中的经验做法及存在的问题，并就下一阶段工作提出意见、建议。”省政协提案委负责同志说。

2023年12月，《关于“推进长者食堂建设运营”的调研报告》以政协福建省委员会调研视察专报件的形式报送给省委、省政府及有关部门参阅。报告总结归纳了全省各地长者食堂现有的一些好经验、好做法，并就长者食堂工作中存在的是否“有人管事、有钱办事、有章理事”等问题，提出了“纳入经济社会发展规划，网格化、标准化、智慧化推进长者食堂设施建设，探索构建可持续运营的机制以及着力提升服务能力和水平，探索推行村居主干每周一次陪餐制度”等意见、建议。

报告得到省领导以及相关部门的充分肯定。“报告聚焦群众关切，直面养老这一民生热点，深入调研，对问题的分析一针见血，提出的意见、建议针对性、可行性强，充分体现了坚持以人民为中心的改革价值取向，对加快推进长者食堂建设和可持续运营具有借鉴意义。”省委改革办负责同志说。

好消息一个接一个。2023年底，我省省级一般公共预算提前下达2024年转移支付资金6000万元，将继续支持建设400个示范性长者食堂。在全国老年助餐会议上，我省就“着力四个聚焦，推进老年助餐服务健康发展”的经验做法作交流发言。2024年1月，省民政厅联合省发展改革委、省财政厅、省人力资源社会保障厅等13个部门印发《关于加快发展老年助餐服务的若干措施》，从政策法规上对老年助餐工作进行了保障，积极构建覆盖城乡、布局合理、共建共享的福建特色老年助餐服务体系。2024年2月，福建宁德聚焦六个“强化”，推动互助孝老食堂提质增效经验做法，得到民政部部长充分肯定，并在民政部简报和民政部官网刊发。同时，村居主干每周一次陪餐制度成为现实，我省首创长者食堂主要负责人每周至少陪同老年人用餐一次制度，不断提升助餐服务质量和水平，确保老年人吃得安心。

“一个社会幸福不幸福，很重要的是看老年人幸福不幸福。”在新时代、新征程上，大力发展老龄事业没有终点，只有更高的新起点。唯有带着责任，以爱启航，扎实推动老龄事业高质量发展，提案工作方能更好守护银发族的幸福时光。

（供稿：省政协提案委员会 执笔：周珊）

让更多“科特派”把“振兴策”写在八闽大地上

“科技特派员制度源起南平、兴于福建、推向全国，取得丰硕成果，但在选派机制上还需要进一步完善。”2019年福建省两会上，十二届省政协委员、南平市政协副主席潘丽贞带来了一件题为《关于完善科技特派员选派机制，助力乡村振兴的建议》的提案。作为一名老政协委员，潘丽贞曾提交过不少提案，但这件提案在她的履职生涯中却有着不同寻常的意义。每每谈及，她总有说不完的话，脸上满是坚定和自豪。

建言献策，践行为民履职初心

闽北是科技特派员制度发源地。1999年，南平市针对基层科技力量不足、科技服务缺位这一农民反映突出的问题，将首批科技人才下派到农业生产一线，开启了科技强农、人才兴农的特色实践，科技特派员制度逐步在闽北大地上生根、开花，成了农民增收致富的好帮手。

潘丽贞生于闽北，长于闽北，对闽北这片土地有着深厚的感情。屡屡见诸报端和电视的“科特派”很快引起了她的注意。通过参与民主党派调研和下乡义诊，她结识了一批优秀的科技特派员，对“科特派”在促进农村产业升级发展、拓展服务领域、推动现代农业全产业链发展等方面的积极作用有了深入的了解。担任政协委员后，潘丽贞便有了通过政协平台助推科技特派员制度更好发挥作用的想法。

2018年，南平市政协决定将“深化科技特派员制度，推进乡村振兴战略实施”作为市政协年度重点协商课题，潘丽贞也有了把自己的想法付诸实践的机会。她与调研组走遍闽北10个县（市、区），远赴浙江、广西取经。经过几个月的连续攻坚，一场高质量的协商会议在南平成功召开，越来越多的人重新把目光聚焦在“科特派”之上。

医者与生俱来的责任感，让潘丽贞没有在协商结束后停止履职的脚步。2019年是科技特派员制度推行20周年，她希望能够以此为契机，让这一福建品牌、南平特色更好引领全国，服务乡村振兴。于是，她怀着对闽北未来的美好憧憬，走进农村社区，开启了新一轮的求索。经过历时数月的实地调研，潘丽贞发现科技特派员选派方式单一、选派范围较窄、选派条件过高等问题十分突出。为了找到破解之策，潘丽贞广泛征求各方意见，撰写提案《关于完善科技特派员选派机制，助力乡村振兴的建议》，并向省政协十二届二次会议提交。

协商办理，激活改革发展动能

省政协十二届二次会议闭幕后不久，这件沉甸甸的提案就有了回应。省政协将其列为2019年度重点提案，由省政府领导和省政协领导共同督办，省科技厅、省委组织部、省人力资源社会保障厅、省农业农村厅等单位共同承办。

2019年7月9日上午，省政协召开2019年省政协重点提案《关于完善科技特派员选派机制，助力乡村振兴的建议》办理协调会。7月17日至18日，省政协分管领导带领省政协提案委、提案者及提案承办单位的相关负责同志赴南平光泽、邵武等地，开展完善科技特派员选派机制助力乡村振兴重点提案专题调研。潘丽贞以提案者的身份参与其中，并围绕“进一步健全我省科技特派员工作机制”向调研组提出意见、建议，积极推动提案所反映的问题得到有效解决。

◎ 2021 年 6 月，调研科技助力乡村振兴工作

在充分采纳吸收该重点提案督办调研成果建议的基础上，省政府出台了《关于新时代坚持和深化科技特派员制度的意见》。省科技厅2019年选派省级科技特派员1000多名，实现了省级科技特派员乡镇全覆盖，省级科技特派员专项资金还从每年4800万元扩大到1亿元，通过修改完善有关办法、优化补助项目资金管理等举措，着力保障科技特派员在基层创新创业……随着一项项政策、一个个成果的落地，这件提案从委员手头、领导案头来到了田间地头，惠及了社会民生，产生了良好的社会反响。

每次说到这，潘丽贞总是倍感振奋，身为政协委员的自豪感不禁油然而生。

凝心聚力，共赴乡村振兴新

提案办理结束了，潘丽贞与“科特派”的故事也迎来了新的开始。

2021年4月，潘丽贞带领南平市40多名农工党党员探访“科特派第一村”延平区王台镇溪后村，实地学习科技特派员制度的起源，调研发展中存在的问题。她说：“科技特派员制度是南平的一张特色名片，全市各级农工党组织和广大党员要深入学习贯彻习近平总书记的重要指示精神，当好打造新时代‘科特派’升级版的参与者、实践者、推动者。”

在推动科技特派员制度建设发展的过程中，潘丽贞不仅是倡导者，更是参与者。2021年7月，潘丽贞来到挂点联系的延平区王台镇埂尾村开展住村调研。她实地察看了绿色蔬菜种植、林下旅游经济等项目，就推动科技特派员制度创新发展进行再调研，形成《延平区王台镇埂尾村住村调研报告》。随后，潘丽贞又根据调研期间掌握的相关线索，指导撰写了《建议把深化科技特派员制度纳入国家“十四五”规划 强化农业科技支撑》《建议“十四五”期间探索推动科技特派员制度与各领域科技创新深度衔接》等6篇社情民意信息，一些建议得到有关部门的采纳和认可。2022年1月，十二届省政协100件优秀提案出炉，《关于完善科技特派员选派机制，助力乡村振兴的建议》入选，给潘丽贞10年的省政协委员履职之路画上了圆满的句号。

“一件提案就是一项民生工程，办好一件提案就是赢得一份民心。”潘丽贞说，提案办理虽有完成时，但参政履职只有进行时。作为一名政协人，必须始终心怀人民、心怀家国，继续为写好科技特派员制度发展的时代新篇章贡献智慧和力量，引导更多“科特派”把“振兴策”写在八闽大地上。

（供稿：农工党福建省委会　执笔：魏伟皓）

心向侨海　“热”在其中

时光荏苒，驱散疫情的阴霾，恢复平静的生活，转眼就是一年多。回首一年多以前撰写提案《关于推进闽企出海“抢单”的建议》的情景，我的心情依然久久不能平静……

缘起：我能做些什么？

那场突如其来的疫情给许多人带来难忘的伤痛，也让国内、国际经济蒙受了巨大的损失。直到2022年底，疫情防控转段，生产生活重心才返回到经济发展上来。实际上，进入2022年，面对国际市场复杂严峻的形势，外贸企业对拓展国际市场的需求日益迫切，但受疫情带来的种种不确定性因素影响，大家对出境开展业务顾虑重重。致公党福建省委会有众多党员的企业从事进出口贸易，尤其是在福州、莆田、厦门、泉州等沿海城市，这些企业分布在鞋服、工艺品、食品等行业，疫情让企业挣扎在生死边缘。在走访调研中，他们有的反映境外展会无法参加，眼睁睁看着订单流失；有的反映虽然可以和境外客商线上洽谈，但收效甚微；有的反映好不容易能走一个货柜的产品出口，但运费比货值还高……福州一家从事机械进出口贸易的党员的企业则干脆选择“躺平”。

企业的困境深深地刺痛了我的心。我能做些什么？每走到一处，每听到企业的反映，我的内心总是掀起阵阵波澜。2022年12月7日，海关总署发布了一组数据：当年前11个月我国进出口总值5.78万亿美元，增长5.9%，比前

10个月放缓1.8个百分点；具体到11月单月，我国进出口总值5223.4亿美元，同比下降9.5%，其中，出口同比下降8.7%，进口同比下降10.6%。

“走出去”抢夺订单，成为进出口企业的共识。福建是民营经济大省，也是外贸大省，外向型经济特色尤其明显。对外贸企业来说，抢夺订单是一场保卫战，更是一场攻坚战。我分析预测外贸企业必将会有所行动，这也为我的提案找到了立意。

“机遇总是垂青有准备的人”

通过调研和关注媒体报道，我注意到，2022年10月“福品销全球”系列活动首站在香港启动，作为疫情以来福建首次组织的赴境外拓市场之旅，全省共有24家企业参与，并取得了丰硕成果。紧接着，泉州和厦门又有多家企业赴菲律宾参加产品展销会，展现出企业家对继续参加国际展会的强烈意愿。当年11月底，欧洲行系列活动如期举办，福建共有59家外贸企业参加德

◎ 2021 年 8 月，调研泉州企业

国慕尼黑体育用品和运动时尚国际博览会。

作为海外侨胞和港澳台同胞的主要祖籍地之一，福建侨海资源优势明显。而作为一名致公党党员和党务工作者，我长期以来一直致力于探索“侨”“海”与福建经济的关系，连续七年，每年都向省两会提交与“侨”“海”相关的提案，围绕促进转型升级、数字福建、双循环、乡村振兴等内容，就发挥“侨”“海”优势等提交意见、建议。

博观而约取，厚积而薄发。在这些提案中，我于2021年1月省政协十二届四次会议期间提交的《关于以“侨”为“桥”助力我省构建“双循环”新发展格局的建议》，对我省外贸企业如何拓展海外市场作了充分阐述；2022年1月向省政协十二届五次会议提交的《发挥侨海优势助力海洋强省建设》，又对企业和项目如何“请进来”“走出去”进行了深度分析探讨，这对我如何写好外贸企业出海“抢单”的提案无形中作了良好的铺垫。

我想，可以写一篇呼吁外贸企业出海“抢单”的提案了，此时距离2023年省两会召开的时间只有20余天。

寻找“第二落点”

在定好提纲作二次调研时，有致公党党员反映：一些外省的外贸企业已经开始出海参展和拉订单了。我通过收集资料发现，2022年7月宁波就组织了商务包机出海“抢单”，促成外贸企业拿到意向订单8亿美元，为宁波市稳订单、拓市场抢得了先机；与此同时，浙江、江苏、广东甚至四川、湖南等地的企业也成规模地走出去。

有对比，才有更深入的思考。我观察到，与其他沿海外贸经济发达的省份相比，我省的外贸企业出海挖掘不够深，走得也不够广，企业出海缺乏合力且产品辨识度不高。同时，企业出海“抢单”还面临国内竞争和国际贸易保护主义困扰。这也让我意识到应该寻找“第二落点”来写这件提案，即从全省政府职能部门和外贸行业的角度来思考，促成职能部门出台鼓励政策，有规划、有规模地组织或引导企业出海。

“抢单”，不仅是个技术活，还是专业活。有了这个站位之后，再加上多年关注侨海经济的积淀，提案写起来就如行云流水了。我在提案建议中提出，要强化服务，为企业走深走广提供保障；要出台政策，鼓励更多企业出海“抢单”；要加快转型升级，提高产品竞争力；要发挥“侨”“海”优势，助推与海外企业交友。在我看来，这些都是具有指导性和可操作性的。

念念不忘，必有回响

2023年1月10日，省政协十三届一次会议如约而至。我带着提案信心满满地走进会场。这件提案在会上受到新闻媒体的关注，成为当年省两会的热点提案，人民网、《福建日报》、中新社、东南网等媒体先后报道。更让我欣喜的是，提案入选当年的《重要提案摘报》并获得省政府主要领导的批示。提案工作是政协履行政治协商、民主监督、参政议政职能的重要抓手，是协助党委政府科学决策、民主决策的重要渠道。经过这么多年来的实践，我最大的体会就是，要善于在热点中捕捉提案的选题。而曾经有过一段新闻媒体的从业经历，让我能保持对新闻和舆情热点事件的高度敏感。这些年来，我有多件提案是以热点事件为背景，提交后获得省领导批示、被评为优秀提案或好提案，提案成果也得到转化落实见成效。

今年，我加入中国致公党刚好20年。回顾20年来的参政议政历程，洒下了汗水、收获了喜悦，看到自己的提案推动政策落地实施，我深感欣慰、备受鞭策，也充满力量。谨以此文作为一名省政协委员的履职小记，也作为我加入中国致公党20年的一个美好印记。

（供稿：省政协港澳台侨和外事委员会　执笔：吴棉国）

让世界爱上中国茶

2024年初，欣闻《关于进一步发掘保护我省涉茶全球重要农业文化遗产的建议》荣膺省政协2023年度好提案，感慨良多。身为省政协委员，我深感自豪；而涉茶农业文化遗产受到重视，亦令我倍感欣慰。

一缕茶香 传千年飘万里

“茶之为饮，发乎神农氏，闻于鲁周公。”茶文化源远流长，数千年来，它融入了我们的日常生活，也影响了我们的精神世界。福建是茶叶大省，包括武夷岩茶（大红袍）制作技艺、铁观音制作技艺、福州茉莉花茶窨制工艺在内的“中国传统制茶技艺及其相关习俗”被联合国教科文组织列入“人类非物质文化遗产代表作名录”。福州茉莉花与茶文化系统、安溪铁观音茶文化系统被联合国粮农组织列入“全球重要农业文化遗产”。作为福建茶人，我更感保护、发掘涉茶文化遗产的重要性。为此，我结合企业在茶文化传播中的实践经验，尤其是2017年筹备金砖国家领导人会议接待的经验，构思了《关于进一步发掘保护我省涉茶全球重要农业文化遗产的建议》这件提案，建议通过设立专门机构、专职岗位去推动涉茶农业遗产的保护；设立专项基金鼓励引导遗产的发掘保护；汇聚茶行业非遗大师、茶学专家等人才，设立专家库，为遗产的保护和发展提供智力支持；引导国际合作、配合联合国粮农组织开展活动；进一步加强遗产的管理保护，提升公众意识，扩大闽茶文化的影响力。

发掘保护涉茶农业文化遗产，是文化，亦是产业；是民族文化自信、中国文化影响力的体现，更是推动乡村振兴、经济高质量发展的硬支撑。

一缕茶香 成业兴农富民

文化是产业的源泉，产业是文化的载体。在完成提案初稿之后，我和省政协有关领导进行了初步的沟通，省政协领导同志们为我们指出了“三茶”统筹发展的重要性，除了做好茶文化，还要兼顾茶产业，要做好一、二、三产的跨越发展。在各方有力指导下，我们从文化出发，走向了茶田，在提案后续的讨论之前，我们走进了多个茶庄园，进一步做深、做实调研。

早在欧洲考察的时候，我便有一个想法，外国可以有酒庄园，我们为什

◎风景秀丽的茶庄园

么不能有茶庄园？“茶山遥望与天连，薄雾如纱罩翠田”，自古诗人吟咏的茶山风景，必定能成为茶文旅开发的重要依托，从而成为乡村振兴可持续的驱动方式。

回国之后，在安溪县委、县政府的指导下，在茶行业众多专家的支持下，我们成功建立了第一个茶庄园——华祥苑安溪茶庄园。庄园集种植、生产、文化、旅游、休闲等众多功能为一体，构建了以茶山为主题的文旅情境。

2018年，福建省农业农村厅组织几家茶企起草《茶庄园建设指南》，明确了茶庄园的定义，也让我们的茶庄园建设进一步标准化。如今，随着茶庄园的开发，每年能迎来数以万计的游客，极大带动了当地茶农增收致富。

在一系列深入调研之后，我们对提案进行了进一步的补充。我们期待，依托涉茶产业集群，做好配套产业的发展，同时以茶庄园为抓手，通过一、

二、三产业的融合，做好茶文旅融合，真正落实“三茶”统筹。

一缕茶香 八方关注

怀着对中国茶、对涉茶农业文化遗产的一片初心与热爱，我在2023年初的省政协十三届一次会议上递交了提案。2023年5月，我就收到了福建省农业农村厅的答复，对我的每一条建议都列出了具体的落实措施：“全球重要农业文化遗产”保护利用工作协调小组，专职专人落实涉茶农业遗产的发掘保护工作；统筹相关产业发展资金，支持遗产保护和利用。这一系列落实措施，让我深感振奋，感受到了省委、省政府对涉茶农业文化遗产事业的关注与支持。

同年5月，省文化和旅游厅开展“国际茶日”庆祝相关活动，启动了“海丝起点 清新福建”的文旅推介会，扩大了闽茶与世界的交流，进一步提升了闽茶的影响力。7月，当我跟随“海丝起点 清新福建”推介会从澳大利亚回国之际，再次收到令人振奋的消息：福建省文化和旅游厅也发来了提案答复函。省文化和旅游厅从文化产业发展的顶层设计、福建茶品牌的打造、茶文化融合项目的培育、茶文化产业的发展壮大、茶文化传播力影响力的扩大等多个方面着手，对涉茶农业文化遗产进行全方位保护与发掘。无论是跟随文化和旅游厅走向世界，抑或是看到提案答复函，我都深切感受到了省委、省政府对闽茶的大力支持。

未来，我也将充分发挥一名政协委员的优势，为国履职、为民尽责，讲好中国茶故事，做好涉茶农业文化遗产的发掘保护工作，让一缕茶香，飘出更多可能。

（供稿：省政协农业农村委员会 执笔：肖文华）

澎湃“蓝色引擎”新动能

每年8月的福建海域，大多数作业渔船结束了为期约 3 个月的伏季休渔，迎来开渔，渔港开始热闹起来。近年来，福建省重视加强渔港建设，坚持陆海统筹、产业升级。随着一个个渔港项目的建设和改造、一个个渔港现代综合经济区的崛起，福建省正在进一步激活“蓝色引擎”，释放“蓝色潜力”，向打造海洋经济高质量发展实践区奋力进发。

渔港建设是实施乡村振兴战略和推进海洋强省建设的重要内容，是完善防灾减灾体系、提升防范风险能力、繁荣渔区经济、促进沿海经济社会可持续发展的重要民生工程。在助力我省加强渔港建设与管理方面，民革福建省委会发挥着重要作用。2020年1月，民革福建省委会曾在福建省政协十二届三次会议上提交了一件关于加强福建省渔港建设与管理的提案，被遴选为省政协重点提案。在这件重点提案的推动下，3年来，福建省有力、有序、有效地推动渔港建设，加快建立起布局合理、功能完善、安全可靠、管理规范的海洋渔业基础设施体系。

求变：探索渔港“闯海”新途

浩渺的海洋，蕴藏着人类可持续发展的宝贵财富，是我国实现可持续发展的重要空间和资源保障。从中共十八大首次提出“建设海洋强国”的战略目标，到中共十九大、二十大进一步相继提出“加快建设海洋强国”，一系列战略部署对我国海洋开发、保护和管控提出了目标和要求。作为推动建设海洋强国的重要方面，海洋经济越来越成为区域经济发展的增长点。2018年，中共福建省委、省政府出台了《关于进一步加快建设海洋强省的意见》，提出打造海洋经济高质量发展实践区，到2025年建成海洋强省。

福建是海洋大省，拥有着得天独厚的海洋资源，海域面积13.6万平方千米，大陆海岸线3752千米，有海岛2214个，可建万吨级以上泊位的深水岸线210.9千米，发展海洋经济潜力巨大。然而，福建省渔港建设起步较晚，欠账较多，成为制约海洋经济高质量发展的重要因素。

为落实中共福建省委、省政府推进海洋经济高质量发展的决策部署，民革福建省委会高度重视渔港建设，多次走访省海洋与渔业局，了解全省渔港建设与管理情况。我们认为，强化渔港建设和管理，提升海洋灾害综合防范能力，加快补齐民生短板，统筹规划渔港、渔村、渔业发展，实现渔港升级改造、渔民转产转业，对加快渔港经济区建设，推动福建海洋经济高质量发展意义重大。

2019年，民革福建省委会将“加快渔港经济区建设，助推福建海洋经济高质量发展”确定为重要课题之一，得到省海洋与渔业局的大力支持，组成联合调研组共同开展调研，希望进一步发挥优势，为推进渔港建设献计出力。

图强：实地走访外地“取经”

采取“听、看、问、谈”相结合的方式，民革福建省委会、省海洋与渔业局联合调研组赴漳州、莆田、福州等渔港开展调研工作，先后实地调研了漳州东山大澳中心渔港、漳浦六鳌一级渔港，莆田平海一级渔港，福州福清海亮沃口一级渔港等8个渔港。

只有通过调研全面了解福建省渔港建设的现状，发现存在的问题，才能找到解决问题的途径和方法。每到一地，调研组一行既深入渔港现场考察，

◎ 2019 年 8 月，调研渔港经济区建设

又与当地渔港建设管理相关部门、业主单位、企业家、工作人员等座谈，听取情况汇报，详细了解情况，互相探讨交流，寻找发展途径。

调研发现，我省高等级渔港数量不足，渔港功能还较为单一；渔港建设资金缺口大，渔港基础设施建设相对落后；渔港建设体制机制和管理法规仍需完善，管理和服务质量还有待提升。

“要转变传统观念、突破落后理念，借助工业、互联网的思维来建设渔港。”省海洋与渔业局领导参与了调研。他建议，要加快产业融合发展，推动传统渔业向现代渔业转型；关注沿海地区的基础设施建设，在做好现有渔港提升完善的基础上，站在更高层次、用更长远的眼光来规划渔港建设。

此外，调研组还专门赴山东省威海、日照等地开展调研，学习借鉴山东省在发展渔港经济区、建设渔港方面的经验和做法，实地考察了威海黄海造船厂、石岛渔港，日照张家台渔港、黄海渔港、渔业通讯管理站、中国（日照）游艇中心项目等。调研组发现，山东省大力支持地方渔港经济区建设，威海、日照等试点地区在渔港管理体制和运营机制等方面大胆创新、先行先试，打造“智慧渔港”，提升渔港精细化、信息化管理水平，依港管船能力不断提升，依港为民服务的综合效果初步显现，在促进渔港经济区经济发展和渔区稳定方面，取得了阶段性成效。

综合省内外调研成果，民革福建省委会形成调研报告，并将调研报告转化为提案提交省政协。

同心：督导落实“铆劲”向未来

2020年1月，民革福建省委会联合省政协农业和农村委向省政协十二届三次会议提交了提案《关于加强我省渔港建设与管理，助推海洋经济高质量发展的建议》。提案建议，科学规划统筹布局，积极扩展渔港功能；出台政策加大投入，加强基础设施建设；健全法规明确权属，创新管理经营机制。

该提案被省政协列为年度重点提案，由省政府和省政协分管领导共同督办，由省海洋与渔业局主办，省发展改革委、财政厅、自然资源厅、文化和旅游厅协办。

随后，省政协分管领导带队赴江苏、广东开展“渔港建设与管理”重点提案督办调研；提案督办调研组在省内漳州龙海、漳浦、诏安、云霄、东山多地开展调研；在省政协重点提案《关于加强我省渔港建设与管理，助推海洋经济高质量发展的建议》“三结合”座谈会上，承办单位、提案单位、省政协农业和农村委三方协商座谈，并在会后由省政协向中共福建省委报送重点提案督办调研报告，就加快推进全省渔港建设提出创新经营模式、坚持建管并重、拓展服务功能等意见、建议，并被有关部门采纳。

不久之后，中共福建省委、省政府出台《福建省实施渔港建设三年行动计划（2020—2022年）》和《关于进一步加快渔港建设的若干意见》，提出渔港建设“六年规划三年完成”的奋斗目标，规划建设渔港225个，遍布福建省九个设区市和平潭综合实验区，涉及全省34个县（市、区）、112个乡（镇），并出台了一系列激励措施。

千帆竞发，湛蓝渔港气势如虹——福建，依海而生、依海而兴，随着福建渔港建设步伐的加快，作为重要的“蓝色引擎”，福建已经吹响了海洋经济高质量发展的嘹亮号角，奏响了向海图强的新乐章。

（供稿：民革福建省委会　执笔：赵亮）

为民企科技创新助力铺路

“我们与国内知名体育学府、国际权威机构建立紧密的合作关系，共同成立先进实验室，并与国家级、世界级的单位合作，为产品提供专业的支持和科学验证。目前已取得国家专利技术340余项，并主导、参与30余项国家及团体标准制定。”舒华体育董事长说，企业能有这样的成果，离不开省工商联的积极助力。

舒华体育在科技创新上结出累累硕果，是省工商联为全省民营企业科技创新助力铺路的生动写照。

目前，我省民营企业研发投入占全省企业研发投入70%以上，贡献了70%以上的科技成果，70%以上的应用开发类省级科技项目由民营企业牵头或参与承担，95%以上国家高新技术企业是民企。民营经济和民营企业已成为我省科技创新的重要力量。但与高质量发展目标要求相比，我省民营经济还存在部分传统中小民营企业创新能力不够强、高能级平台建设相对薄弱等问题，需要进一步重点研究解决。

如何立足弱项短板，为民企搭建一个更加完善的科技创新支撑体系和政策环境？省工商联深入调研，形成《关于完善民营企业科技创新支撑体系的提案》，联合出台《关于支持民营企业科技创新的若干措施》，营造更优创新环境。

做精调研建真言

“这个课题选得好！”听完省政协常委、经济委副主任陈晞有关开展民营企业科技创新调研课题的介绍，安井集团董事长不由得竖起了大拇指。他详细介绍了企业不断提升食品营养与健康科技创新能力的经验做法，对规范预制菜行业标准、实现高质量发展等提出意见、建议，同时也赞同将调研成果转化为工商联界别提案。

选择这一课题，源于福建民营经济发展所需、所盼。

从全国综合科技创新水平得分排名看，2022年我省位列第15位，较2012年下滑4位，创新水平一般；“双一流”大学仅2家，位居全国第16位，“双

◎民营企业现代化生产车间

高计划”建设高职院校占比仅10.2%、位居全国第17位；R&D经费投入强度（即研究和试验发展经费支出与GDP之比）为1.98%，低于全国平均水平。这些指标与我省经济发展水平不相匹配。

基于此，2023年初，省工商联围绕省委、省政府打好推进科技创新“组合拳”、着力增强创新竞争力等有关科技创新方面的部署要求，召开务虚会，对如何推动民营企业创新转型、实现高质量发展、助力民营经济强省战略等展开讨论，将开展民营企业科技创新等调研课题，列入年度工作计划。

在政协有关会议上，陈晞介绍了省工商联开展科技创新调研、服务民营企业创新转型有关情况，得到省政协的支持。

为进一步扩大调研范围，省工商联还运用线上问卷调查方式，对600家民营企业（其中制造业338家，服务业262家）进行调研，了解民营企业创新发展的堵点、难点。通过调研，发现存在创新驱动后劲不足、科技产业层次不高、教育人才支撑不够、创新发展的金融支持不足等问题，经认真梳理分析，形成调研报告，提交省委、省政府和全国工商联，获得肯定。

2023年底，省工商联向省政协十三届二次会议提交了《关于完善民营企业科技创新支撑体系的提案》，提出了围绕市场需求部署创新链、聚焦人才需求补强人才链、突出创新需求保障资金流等建议，被省政协立案，编入《重点提案摘报》，得到了省委、省政协多位领导批示肯定。

持续发力强支撑

“《若干措施》强化问题和目标导向，注重机制创新，突出政策落细落实和营造良好创新氛围，有利于提升民营企业科技创新能力和科技创新活力，不失为一场‘及时雨’。”

连日来，福建民营企业纷纷为一项项惠企政策“点赞”。他们口中的《若干措施》，指的是2024年6月3日省科技厅会同省工商联出台的《关于支持民营企业科技创新的若干措施》。

支持科技型骨干企业建立战略研究机构，入选省级智库的纳入省创新战略研究项目资助范畴；支持民营企业牵头组建或参与建设省重点实验室、省创新实验室等科技创新平台；支持民营企业联合高校院所共同承担国家和省自然科学基金……每一条措施都切合企业实际，精准满足企业创新所需所求。

科技创新是一个持续的过程，需要强有力的政策支持。今年，省工商联围绕省委深入实施新时代民营经济强省和创新驱动发展战略部署，持续发力，推进民营企业创新转型，服务民营经济高质量发展，助力加快形成新质生产力。

在出台《若干措施》的同时，省工商联还与省科技厅和省工业和信息化厅等提案办理单位主动联系，密切配合，商讨举措，共同为提升民营企业科技创新、转型升级、数转智改等提供支持与服务。与省委统战部共同研究再调研、再推进措施，对提案所提出的建议深化细化，争取落实落地。

（供稿：省工商联 执笔：林贤文）

为了援藏干部人才更健康更安心

2022年4月25日，福建省委主要领导率福建党政代表团赴西藏考察，带去一项事关援藏干部人才医疗保障的暖心“大礼”，内容包括指定医院负责援藏干部人才健康管理，建立高原性疾病健康追踪管理机制，在定点医院安排专项健康体检，优先安排援藏干部人才疗休养等。大家都很振奋：“感谢省委、省政府领导对援藏工作的重视，对援藏干部人才的关心，感谢省政协领导对这项工作的全力助推。”

问题：高原反应医保有盲点

时间回溯到2021年5月，省政协领导带队赴西藏昌都开展“提升全省种业研发创新水平，服务打好种业翻身仗”课题调研，在与我省第九批援藏干部人才座谈时了解到，一些援藏干部人才因高海拔产生高原反应，身体或多或少出现了问题，他们期盼省政协能够推动省里出台援藏干部人才医疗保障措施。调研组认为，政协调查研究，既要围绕课题建言献策，也要积极了解和反映社情民意；此事事关援藏干部人才的身体健康，要积极发挥政协优势呼吁、推动。

11月11日，我请援藏队有关同志提供援藏干部人才医疗保障的相关资料时得知，省援藏队领队已经在着手准备，援藏医疗队同志也在论证了。我收到资料后多次与他们商讨，形成了提案初稿。大家都十分期盼能够通过该提案促成相关部门出台医疗保障措施，解决援藏干部人才高原疾病治疗之忧，为福建援藏工作持续开展提供不竭动力。

12月8日，省政协领导在专门听取该提案有关情况汇报后，当即表示此事意义重大，要从全局高度看待援藏干部人才待遇问题，切实发挥政协提案的独特优势，争取把好事办好。在领导的高度重视和鼓励肯定下，我抓紧时间联系有关单位和援藏干部，做了更加深入细致的调研，并于（2022年1月17日）省政协十二届五次会议开幕前报请省政协相关领导同意，以省政协农业和农村委集体提案的形式提交了《关于加强援藏干部人才医疗保障的提案》。

推进：高位统筹 合力谋划

提案得到了多位省委、省政府主要领导的批示。之后，有关部门单位认真落实。省发展改革委多次召集相关同志研究援藏干部人才医疗保障问题。省对口支援办上门与提案单位省政协农业和农村委沟通，拿出加强援藏干部人才医疗保障措施的初步意见。省对口支援办还多次与各部门对接沟通具体落实措施，在此基础上进一步修改完善保障措施后，呈报省委、省政府主要领导审核同意。

落地：健康管理解援后之忧

4月24日，省对口支援办印发《关于做好我省援藏干部人才医疗保障工作的函》（闽援办函〔2022〕11号），主要措施有：指定省、设区市定点医院对援藏期间和返闽后10年内的援藏干部人才进行健康管理；各定点医院成立专家组，建立援藏干部人才高原性疾病的诊断治疗及健康追踪管理机制；每年在定点医院安排1次高原相关疾病的专项健康体检；提供经费保障；省直机关工委每年组织开展疗休养的参加对象增加援藏干部，各相关单位应优先安排援藏干部疗休养。该文还明确各项工作的责任单位，要求各有关单位制定具体实施办法并责任到岗到人。省对口支援办、省委组织部将会同有关部门加强统筹、协调推进。省领导先后多次批示，要求向援藏干部人才通报省委、省政府的关心，抓好协调和落实。

福建省第九批援藏队队员林兆宇得知这个好消息，非常高兴："3年的援藏工作马上就要结束了，身边不少援友的血压、尿酸、心肺功能等指标都出现了一些异常。我们还时不时地听到一些老援藏干部健康出问题的消息，我们和家人的内心其实是有困扰和担忧的。在这个时间节点上，省委、省政府出台了这个好政策，最大程度解决了我们援藏干部健康方面的隐忧，让我们感受到了后方组织的暖暖情意和深切关爱。真的非常感谢！"

仅用3个月时间就制定出加强援藏干部人才医疗保障的政策，这是全国首创，体现了省委、省政府贯彻落实中央援藏工作政策的态度坚决、措施有力，体现了有关部门高效率为民办实事的优良作风，得到了中央有关部门的肯定和表扬，更是给广大援藏干部人才吃了一颗"定心丸"。

2023年9月26日，省委组织部、省对口支援办、省卫生健康委、省人力资源社会保障厅联合印发《关于开展我省援藏干部人才专项健康体检工作的函》，进一步细化优化了这项工作措施，并组织了第一期的援藏干部人才专项健康体检，充分体现了省委省政府对援藏干部人才的关心关爱。

（供稿：省政协农业和农村委员会　执笔：涂书宝）

让森林结构多样，“绿”的质量更高

在福建省广袤的土地上，绿意盎然，生机勃勃。这片绿色不仅是宝贵财富，更是我们经济社会可持续发展的重要支撑。

可能有人会问，福建的森林覆盖率连续多年位居全国第一，为什么还要不断提提案？

其实，这是质和量的问题。

多种树，还要看怎么种、种什么树。

随着经济社会的高质量发展，森林结构、林分质量等生态功能就逐渐凸显出来，已成为我们必须直面的一个难题。

选题：听民意 广调研

2020年12月，省政协人口资源环境委员会务虚会提出了关于优化森林林分结构的问题，得到了与会委员的积极响应。当年福建省的森林覆盖率高达66.8%，位居全国首位，这确实是一个值得骄傲的成绩。然而，欣喜之余，我们也要清醒地看到森林结构中存在的问题和挑战：福建省的森林结构不合理，混交林偏少。这种结构的不合理性给森林生态系统的稳定与健康带来了负面影响。

当时，我也参与了提案从选题、确定、调研，到最后形成调研报告报送省委、省政府决策参考的全过程。

选题之初，委员会组成调研组深入基层，听取民意，了解到林分结构已成为森林健康发展的瓶颈。这些年我们听到了不少城市内涝的消息——城市内涝虽然与城镇化发展、排涝系统滞后有关，同时也与我们的森林结构、地面植被有关。我们的水文系统测得地面径流加大，森林的保水性变差。为此，省政协人口资源环境委员会与林业部门进行了多次沟通协商，决定将“优化森林林分结构，提升我省生态质量”作为提案选题，以期通过政协平台，推动相关政策的制定与实施。九三学社福建省委会、民盟福建省委会也积极参与，共同推动了提案进程。

在2021年省政协全体会议上，人口资源环境委员会提交了《关于优化森林林分结构，提升我省生态质量的建议》提案。该提案被确定为省政协重点提案，大家一致认为，这是一个既具有现实意义又具有长远战略意义的议题，特别值得深入研究和推进。

为深入了解福建省森林林分结构的现状和存在的问题，调研组深入林区一线开展调研，与林业部门、专家学者、林区群众进行了广泛深入的交流。

◎上杭白砂国有林场杉木与南方红豆杉混交林（黄海　摄）

在调研过程中，调研组也发现了一些问题，如：林业部门大部分停留在传统“短平快”旧观念上，存在“重造轻管”现象，群众参与种植珍贵树种、培育混交林的积极性不高；松、杉、竹等品种单一、群落结构简单、生物多样性弱化，森林生态功能不强，自身抵御有害生物的能力弱，特别是毛竹林扩张导致蓄水能力下降、山体滑坡等问题层出，进而影响到整个森林生态系统的平衡；沿海抗风树种老化，20世纪种植的先锋木麻黄，没有后续树种跟进。

针对存在的问题，调研组积极学习外部经验，特地赴贵州、广西两地考察调研，学到了不少好的经验做法。

调研组还召开专题会议。大家认为，在优化林分结构的过程中不仅要注重阔叶树与针叶树的合理配置，还要运用好政策，发挥林业科技研发在改善森林结构中的重要作用。

办理：善建言 促落实

在充分酝酿、详细分析我省森林林分结构的现状和存在问题的基础上，调研组提出了加强林业科技创新、推广混交林营造技术、加强森林病虫害防治等一系列具体的建议和措施。经过近一年的努力，一份沉甸甸的对策和建议出炉了，从规划引领、质量提升、有效经营、科技攻关、深化林改、组织保障6个方面提出了21项具体措施。比如，鼓励培育复层混交林、异龄林，对人工商品林的皆伐区，允许适当保留一定数量的树木，采伐迹地按新造林地进行营造林管理等。

在这一提案的重点提案办理“三结合”座谈会上，省政府有关领导、省政协分管领导及各有关部门都参加了，会议有序而热烈。

政协是协商民主的第一线，政协提案是推动工作、解决问题的重要途径和有效方式之一。

前不久，人口资源环境委员会专门回访了省林业局当时参加提案调研办理的同志。他深有感触地说："这是一次值得珍惜的机会，大家形成了很多共识，已经有了很多成果转化，比如，编印《福建省森林质量精准提升工程方案（2021—2025年）》，启动实施千万亩森林质量精准提升工程，计划至2025年完成森林质量精准提升工程1500万亩。截至目前，全省已完成森林质量精准提升1169.9万亩。"

关注生态文明建设领域的热点难点问题，积极建言献策，是对我们共同的家园负责。要不断优化森林林分结构，让这片绿色更加灿烂辉煌，为子孙后代留下一个更加美好的家园。

在提案形成与办理的过程中，我们看到了政协委员的履职尽责和担当作为，也看到了政府部门的积极响应和有效落实。这种政协与政府部门的良性互动和紧密协作，让我们对福建省的生态文明建设充满信心。

（供稿：省政协人口资源环境委员会 执笔：吕孟静）

助力我省现代农业发展决策的一份提案

2013年1月30日，我以《关于大力推进我省设施农业发展的建议》为题向福建省政协十一届一次会议提交了委员提案。

提出：设施农业发展正当时

提出了这样的一个提案，是基于我的调查研究和平常的工作积累，主要出于以下三点考虑。

一是发展设施农业是大势所趋。设施农业具有技术密集、集约化和商品化程度高的特点，可以有效提高土地产出率、资源利用率和劳动生产率，提高农业素质、效益和竞争力，既是实施工业反哺农业、用工业化先进理念发展农业，推进传统农业向现代农业转变的客观要求，也是克服资源和市场制约、应对国际竞争的现实选择。农业发达国家和国内农业发达省份的经验表明，设施农业通过人为控制小气候，有效利用光、热、水、土资源，优化配置各种要素资源，促使现代生物技术、工程技术和以计算机与现代通信技术为主的信息技术在农业上得以广泛应用，是农业发展史上的又一次革命，彻底改变了“靠天吃饭”的传统农业模式。可以说，设施农业作为现代农业的显著标志，是加快农业发展方式转变的有力推手，是实现农业现代化的重要任务。2008年农业部《关于促进设施农业发展的意见》出台。2010年，《中共中央、国务院关于加大统筹城乡发展力度进一步夯实农业农村发展基础的若干意见》明确提出了“提高现代农业装备水平，促进农业发展方式转变”

◎建瓯市小松镇设施大棚

的要求，将加快园艺作物生产设施化、畜牧水产养殖规模化作为新一轮“菜篮子”工程建设的重点。《中华人民共和国国民经济和社会发展第十二个五年规划纲要》再次将“加快发展设施农业”作为推进农业结构战略性调整和加快发展现代农业的重要内容。设施农业在促进农业农村发展、提高城乡居民生活水平、构建和谐社会等方面正体现出越来越积极的意义和作用。

二是我省设施农业发展大有可为。近年来，我省设施园艺、设施畜牧、设施渔业都有了不同程度的发展，显示了强大的生命力和广阔的发展前景。特别是从2010年以来，我省对建设园艺设施（主要是钢架大棚、食用菌菇房）实施补贴政策，促进了园艺设施的快速发展，特别是设施大棚蔬菜规模不断扩大，设施装备逐步改善，生产效益也显著提高。至2012年底，全省设施园艺面积达137万亩，其中标准较高的塑料钢架大棚约20万亩，包括蔬菜大棚约15万亩，花卉、水果大棚约3万亩，食用菌菇房约1.5万亩。涌现了一批千亩连片的规模化设施种植基地，效益显著，每亩大棚蔬菜年纯收入是露天种植的4—6倍，大棚种植葡萄的收入是露天种植的3倍。通过对765个畜禽规模场实施设施标准化改造升级，全省生猪、肉鸡、奶牛、蛋鸡规模化率分别达到51.6%、92.4%、75.5%、89.6%，位居全国前列。设施农业的发展实际有力说明，设施农业为有效保障我省蔬菜、肉蛋奶等农产品季节性均衡供应发挥了十分重要的作用，已经成为当前农民增收的重要增长点。我省人多地少，人均耕地面积不及全国平均水平一半，但光、温、水资源丰富，气候条件好，农业技术水平相对较高，经济实力相对较强，但与其他东部沿海地区相比，我省设施农业发展有很明显的差距，特别是在规模发展、装备研发、技术创新与推广方面。我省必须摒弃那种认为福建是天然大温室，不需建大棚的落后观念，要优势叠加，好上加好，把发展设施农业作为增创福建现代农业新优势、进一步强化福建特色产业在全国中的地位的重大发展战略，作为转变发展方式、促进农民增收的重要抓手。

三是省委、省政府对现代农业的高度重视。省委、省政府始终把解决好“三农”问题作为全局工作重中之重，把加快现代农业建设作为推进“四化同步”和“城乡发展一体化”的关键环节和重要措施，并已经把设施农业发展提到重要的议事日程上来考虑。省政府原来是打算重点研究设施蔬菜作为发展设施农业的突破口，后来逐步扩大到设施农业，到最后研究全面的现代农业，我感觉提出设施农业提案的时机成熟，所以在省两会期间提出这个提案。

办理：重大决策的落地

提案引起了省委、省政府、省政协的高度重视。省政协将其列作重点提案，多部门分办。省政协经济委牵头，相关部门一起开展了专题调研，在调研基础上研究提出具体的意见、建议。意见都有很强的可操作性，对我的提案是极大的深化。提案在调研办理过程引发各方的强烈反响，纷纷建言献策，这对我、对参加办理提案的同志也是一次深化认识、提高认识的过程。

作为提案人，有很多的感触，非常感谢省领导和相关部门对提案的重视和对设施农业、现代农业的关心，组织农业农村厅和相关部门开展广泛调研，组织全省设施农业流动现场会进行深入研究部署。从设施蔬菜到设施农业再到现代农业，一系列政策逐步酝酿成熟，遂组织起草了《关于加快推进现代农业发展的若干意见》文稿。经十易其稿，从省政府办公会议研究通过到省委常委会研究决策，直至上升为省委全委会重大决策，成为省委九届九次全会通过的两份重要文件之一，也是近几年来推动农业发展规格最高、含金量最大、覆盖面最广的一份文件。

政协的调研成果转化成省委、省政府的重大决策，这是我写提案时始料未及的。看到省委、省政府正式印发出台了文件，心里百感交集，是喜悦，是收获，更是感动。在感谢省委、省政府、省政协对委员提案的重视的同时，我更感觉到一个政协委员身上沉甸甸的责任。

（供稿：省政协经济委员会 执笔：张立先）

破解宫颈癌疫苗“一针难求”困局

“女儿打疫苗，妈妈做筛查。”如今，在福建泉州多地医疗场所，都能见到这一幕。全市宫颈癌二价疫苗接种工作，以“小手拉大手”的方式逐渐扩大，引发接种热潮，覆盖全市80%以上的适龄女性，领先全省。

“趁着女儿免费接种宫颈癌疫苗的空当，我也顺便排队做个宫颈癌筛查。”顶着初夏的日头，家住泉州丰泽区妇幼保健院周边的吴女士带着小女儿前来登记。“我知道，筛查做得再好，也不如让孩子打疫苗，在源头上起到预防作用。”

“宫颈癌预防的关键其实就在于一个‘早’字。自泉州在省内率先将适龄女性HPV疫苗免费接种项目纳入市委、市政府为民办实事项目，近年间已累计为10万名适龄女孩免费接种HPV疫苗。”十二届福建省政协委员庄灿霞道。

而这曾经“一针难求”的疫苗破局，还得从一件提案说起。

种下希望的种子

因工作关系，庄灿霞走访认识了许多宫颈癌患者，她们年纪轻轻，本该处于生命最美的时刻，却被病痛折磨致死。病入膏肓女性的痛苦，给庄灿霞带来了巨大的心理震撼，也推动她致力于宫颈癌预防工作。

宫颈癌是女性常见的恶性肿瘤之一，发病率和死亡率极高。在我国，其发病率和死亡率更是呈逐渐升高和年轻化趋势。但宫颈癌也是唯一病因明确、可防可控的癌症，在12—13岁接种HPV（人乳头瘤病毒）疫苗的女性，患宫颈癌的风险可降低87%，疫苗接种就是最有效的预防措施！

借助在妇联工作的平台，庄灿霞委员积极响应全国妇联、省妇联倡导的“母亲健康1+1”工程活动，发动泉州社会各界爱心人士每年捐赠200多万元，专款用于救助患宫颈癌的女性。尽管这200多万元都用于宫颈癌患者的救治，但很多患者已处于癌症晚期，没能挽救生命。庄灿霞想，如果可以全面铺开适龄女性的HPV疫苗接种就好了。

向下深耕 向上生长

长期从事妇女工作的庄灿霞在担任省政协委员期间，始终将提案作为履职利器，将焦点放在让妇女儿童得实惠这一重要落脚点上。她深知想要推

◎调研 HPV 疫苗接种面

动宫颈癌预防工作，并非易事，也非一朝一夕之事，需要开展大量的调查研究，因为调研是提案的根，只有根扎得深，提案之花才能开得好。

几年来，她从北到南，走访调研过泉州市60%以上的乡镇街道，只为将数据摸清，将前期工作做好做实。在深入调研的基础上，庄灿霞每年都会提交一两件以妇女儿童权益保障为切入点的高质量提案。她的提案从关注在全面二孩的背景下的性别歧视，延伸到聚焦0—3岁婴幼儿托育服务，再扩展到提出关爱留守儿童、流动儿童、困境儿童亟待精细化以及女性就业等。这些言之有据，持之有理，又具体可行的意见、建议，被有关部门吸收借鉴，纳入工作规划及年度计划中。这让庄灿霞委员备受肯定和鼓舞，同时，也加深了她对提案的认识，切实感受到提案是政协委员履行职能的重要方式、重要载体和重要渠道，也是最直接、最便捷、最有效的形式之一。

与此同时，她也从未停止推动宫颈癌疫苗接种工作。2020年，在一次省委民主生活会征求意见会上，作为列席的三名政协委员之一，庄灿霞说：“宫颈癌是我国15—44岁女性群体的第二大恶性肿瘤，也是目前唯一一个病因比较明确的恶性肿瘤，可以通过接种HPV疫苗得到有效预防。为此，我建议尽快在我省推进免费接种宫颈癌二价疫苗，及时阻断宫颈癌高发态势，可产生明显经济社会综合效益。”该建议引起省领导高度重视，得到了省妇联及有关部门的支持。她想是时候酝酿一份这方面的提案了。

花开香满城

提案不仅是传递民意、了解民情的载体，更是政府部门科学决策的重要参谋。庄灿霞深知只有建议实才能花开香满城。因此，即使对宫颈癌疫苗接种工作十分了解，她在提案撰写的过程中，还是几易其稿，特别是在意见、建议上费苦心、下功夫，希望能把建议提好、提准，真正推动宫颈癌疫苗接种问题的解决，助力我省经济社会发展。

2022年1月21日，在省政协十二届五次会议上，庄灿霞郑重地提交了《关于推进我省免费接种宫颈癌二价疫苗的建议》，提案认真分析了宫颈癌的危害，指出适时推进这项工作，既是积极响应上级政策要求，也是健康中国的需要，更是福建高质量发展的保障，并提出四条切实可行的意见、建议，旨在通过省政协平台呼吁推动宫颈癌二价疫苗免费接种工作。

免费接种HPV疫苗，意味着什么呢？“这意味着，将有越来越多的适龄女性接种这个重要的疫苗，将给更多女性带来一个没有宫颈癌的美好世界。”

该提案高度契合了省委、省政府的中心工作，不仅得到全国妇联关注，《中国妇女报》《人民政协报》等媒体广泛报道，省委、省政府还将适龄女性HPV疫苗免费接种项目列为2022年为民办实事项目。2022年春季开学，福建省就全面实施13—14周岁半的女性HPV疫苗免费接种项目，预计每年全省受益女孩28万人。

每件暖心的提案，每一条切实可行的建议，都在默默推动着全省妇女儿童事业的发展。提案办结有尽时，但人民政协的初心无绝期。庄灿霞坚信，只要政协人一年年接力，政协委员一届届地呼吁，终将托起全省妇女儿童“稳稳的幸福”。

（供稿：《人民政协报》福建记者站　执笔：王惠兵）

讲好福建“侨”文化故事

省政协十二届一次会议期间，在省侨联和厦门市侨联支持下，我撰写并提交的《关于实施“福侨”文化工程助推新福建建设的建议》被确定为2018年省政协9件重点提案办理协商议题之一，由省政府、省政协领导共同督办，交由省侨办主办，省发展改革委、旅游发展委员会、侨联等单位协办。在省委、省政府和省政协的共同推动下，提案所提意见被有关部门重视和采纳，推动了“福侨文化”工程的建设。

缘由：感动和责任

福建是侨务大省，人数众多的华侨以雄厚的经济实力、丰富的智力资源、广泛的商业人脉、热忱的爱国情怀，为近代以来福建革命、建设和改革开放作出不可磨灭的贡献。进入新时代，对福建来讲，“侨”既是新福建建设的参与者、推动者、建设者，也是福建融入“一带一路”建设的巨大优势和宝贵财富。

在长期的历史实践中，福建华侨、归侨及侨乡人民创造了大量的物质文明和精神文明财富，形成了独特的“福侨文化”。我在厦门工作期间，曾到北美、东南亚、欧洲等地访问，接触到海外的华侨社团和华文学校；在省委组织部工作期间，曾联系过省侨联，因而对“福侨文化”深有感触。一些老华侨有着强烈的爱国爱乡情怀，他们对第三、四代华侨华人祖籍国意识逐渐淡化忧虑不已，倾注资金和心血办华文学校，其克服办学困难的执着、坚韧精神令人感动。“福侨文化”作为福建最具特色和活力的文化内容之一和文化软实力的重要优势，是中华民族共同的根、魂、梦的重要纽带、重要结晶、重要体现、重要载体。加强“福侨文化”建设，不仅是侨务工作的需要，也是福建建设文化强省的需要，意义重大而深远。

调研：响应和支持

提案被受理后，为在协商办理中更好地建言资政，我又在厦门市侨联支持下，到涉侨较多的集美区、同安区、翔安区调研，走访了同安区竹坝农场、华侨博物院、陈嘉庚纪念馆、陈文确陈六使陈列馆、集美校友总会等涉侨单位。其间还与厦门市多位文史专家交流，听取他们的意见、建议。这些专家有的已年届九旬，对“福侨文化”的关心关注和长期研究令我十分感动。他们一致赞同我的提案，同时也提出了自己的建议和看法。例如，通过多宣传福建华侨帮助所在国发展经济的事迹，鼓励和支持海外华侨华人融入所在国社会，或是以中华文化（如中医药、武术等）为切入口，服务社区、照护民众，进而在所在国获得话语权；充分发挥名人效应，编纂整理著名华侨捐资助学、投资创业等事迹让海外更多华侨了解他们的事迹，吸引更多华侨爱国爱乡；办好乡讯、加强联络、维系乡情、留住乡愁，关注姓氏文化开发研究，巧用报刊、视频展现福建新貌等；抓好侨乡文化的可持续发展，多举办世界性的学术研讨会，省市有关部门应将侨乡文化教育作为有特殊性的领域看待，在政策上有所倾斜。这些建议让我受益良多，为提案办理协商打下坚实的基础。

办理：努力和期待

“福侨文化”工程被确定为2018年省政协重点提案后，省政府、省政协领导高度重视提案办理工作并作出批示，省政协还几次组织省政协港澳台侨和外事委员会、提案承办单位负责人以及提案者，赴泉州、龙岩开展重点提案督办调研。各提案办理单位也非常重视，认真研究，及时回复。

省政协重点提案督办调研组在前期调研基础上形成督办调研报告，提出把实施“福侨文化”工程作为我省“十三五”文化建设重要内容来落实，统一规划，分工协作，争取在条件具备时将“福侨文化”重点项目列入国家项目储备库，争取国家资金支持，着力推进“福侨文化”工程建设。在各方的关心、支持及积极参与下，省里以“挖掘福建华侨历史、传播福建华侨文化、宣传福建华侨贡献、弘扬福建华侨精神”为重点，将“福侨文化”工程列入《21世纪海上丝绸之路核心区文化发展专项规划》，制定统一的工作方案，有目标、有措施、有保障、有合力。我相信，通过各有关部门齐抓共管，一年抓几项，“福侨文化”工程一定可以取得成效。

作为侨联界的省政协委员，能亲身参与、推动和见证“福侨文化”工程建设过程，我感到非常高兴、备受鼓舞。讲好“福侨文化”故事，以文化人、以文连心，最大限度凝聚广大华侨华人的共识和力量，使华侨华人成为中国故事的讲述者、中国文化的传播者、新福建建设的参与者、海丝核心区建设的推动者、祖国统一的促进者和新福建改革发展的受益者，这是我作为省政协委员义不容辞的使命。

（供稿：省政协港澳台侨和外事委员会　执笔：洪碧玲）

让城市汛期不再“看海”

城，所以盛民也；民，乃城之本也。人心往之，城必兴焉。人民幸福指数的高低，是衡量一座城市发展最重要的参数。党的二十大报告提出“坚持人民城市人民建、人民城市为人民”。我作为一名政协委员、一名城市管理者，更肩负着一份沉甸甸的责任——代表人民群众参政议政，努力实现城市“人心往之”的目标。

寻找破解“看海”方案

福建位于我国东南沿海，大部分地区属亚热带季风气候区，温暖湿润、四季分明，但春季阴雨绵绵、夏秋季台风连连。台风登陆往往会带来强风、暴雨、洪涝、滑坡等灾害，极易诱发城市内涝、房屋倒塌等次生灾害，严重威胁人民群众的生产生活。

每年汛期，我的心中都忐忑不安。犹记得2022年6月14日，福建中北部地区突发大暴雨，有22条河流30个站点超警戒水位，其中三明沙溪干流梅列、沙县站及支流文川溪小陶站发生超保证水位0.56—0.98米的洪水。受持续强降雨影响，暴涨的沙溪河水造成三明城区多处低洼地区被淹，部分区域水位较深处可达成人腰部。由于历史原因，当时部分中心城区依然存在防洪堤标高不足、入河排水口倒灌、排水管网及涵渠标准不高、排涝站抽排能力不足等问题。当天全市转移人员2.2万人次，风险隐患排查超过2万处。虽然我们用最短时间抢通市政道路，恢复市民正常生产生活，但市民连夜撤离的场景至今依然历历在目，那一场场大雨、一阵阵洪浪一直让人心有余悸……

如何让我们的城市更能抵御极端天气？如何让我们的家园更具海绵调蓄功能？如何让我们的上下游旱涝排蓄更加有度？如何让我们的人民群众更安心更幸福？这些问题时刻催促、鞭策着我。

于是，我带领课题调研组一班人，在一次次入户走访座谈和现场察看中，梳理了市区交通体系不顺畅、老旧小区设施欠账多、城市排水设施破损严重、排水标准低、雨污分流不彻底、“智慧城市”互联互通配套措施缺乏等问题；在一次次与有关部门的沟通碰撞中，慢慢找到了解决方案。

提交提案破解“看海”难题

2023年1月，在省政协十三届一次会议上，我提交了提案《关于在城市更新行动中加强基础设施建设 打造宜居、韧性、智慧城市的建议》，建议在实施城市更新行动中，加大政策支持力度，加强城市基础设施建设：一要提高流域、区域性大洪水防洪设计标准；二要突出弹性，打好规划“提前量”，生态优先，深化“海绵城市”建设，减少城市地表径流形成；三要突出韧性，应急在前，预防为主，防治结合，建立、完善城市应急处理机制和

◎三明市江滨福道防洪堤和公园绿地建设前后对比图

灾害预警发布机制，加强水、电、通信等重要基础设施防护；四要实行扁平化管理，提高基层对极端天气的应急处置能力，让城市发展从规模化向智能化转变。同时，我还提出在城市更新行动中推进城市数字化转型，加快建设城市运行管理服务平台、城市应急指挥系统等，不断提高城市安全运行水平。

大会期间，该提案先后得到两位省领导的批示。提案被立案后，省住房城乡建设厅等有关部门高度重视，组建专班对接沟通，跟进办理。提办双方聚焦“针对我省雨季台风气候特点有效解决城市防洪排涝问题”，“大部分城市市政基础设施薄弱、雨污分流不到位问题”，“全省流域、区域性防洪标准及智慧平台联排联调问题”，充分沟通协商。围绕市政基础设施项目如何干、钱从哪里来，省住房城乡建设厅牵头，多方听取各地市意见，下派规划设计院专业技术人员分赴一线调研，摸清家底。通过多轮沟通协商，一份既要面子更要里子、既要提升品质更要确保安全的《2023年全省城乡建设品质提升实施方案》出台。方案指出，围绕城市宜居、韧性、智慧三大主题，全年将推进十大重点任务共56项工作，包括7项宜居建设工程、7项绿色人文工程、5项交通通达工程、8项安全韧性工程、5项智慧管理工程、5项典型样板工程……全省城市基础设施补短板真正做到了“民有所呼，我有所应；民有所需，我有所为”。

最让我感动的是，在提案办理过程中，省住房城乡建设厅牵头，财政厅、水利厅配合，全力以赴支持地方党委政府申报海绵城市建设示范城市项目。一趟趟现场办公，一场场政策解读，一次次答疑解惑……在大家的共同努力下，经过书面评审和公开答辩两轮竞争，2023年三明成功入围全国第三批系统化全域推进海绵城市建设示范城市名单，3年共可获得国家财政性资金补助9亿元，为山区地市基础设施建设提供了财力支撑。福建也由此成为全国入选海绵城市建设试点和示范城市最多的省份之一（此前厦门、福州已获试点城市补助，南平、龙岩、漳州已入选示范城市）。

提案办理成果惠民众

回首2023年，全省有力解决了一批城市顽疾，提高了城市防洪、排涝、减灾能力，最大限度实现雨水在城市区域的积存、渗透和净化。如，建立健全城区水系、排水管网与周边江河湖海、水库等联排联调运行管理模式，推进基础设施由单一静态向多向互联转变，推进路桥、水务、管廊等基础设施智能化终端感知系统建设，启用省市两级城市运行管理服务平台，系统提升城市科学化、精细化、智能化管理水平。三明市自成功申报海绵城市建设示范城市以来，累计开工建设海绵城市项目43个，强化对在建项目的管控。截至2023年底，海绵城市建设达标面积已达21.14平方千米，达标面积比例达35.29%。湿地公园的建设、雨污管网的完善、路面透水砖的铺装，使我们的环境更加宜居、更有韧性，让我们切实感受到了“小雨不湿鞋、大雨不内涝、水体不黑臭、热岛有缓解”。

更令我欣喜的是，《关于在城市更新行动中加强基础设施建设 打造宜居、韧性、智慧城市的建议》有幸被评为省政协2023年度好提案。难忘在2024年1月18日好提案发布会现场那令人心潮澎湃、热血沸腾的诗朗诵：“有一种力量，能够冲破天际，让雄鹰翱翔；有一种力量，能够扎进沃土，让梦想绽放；有一种力量，能够唤醒大地，让红日照映；有一种力量，能够披荆斩棘，让激情高昂……”

我想，这种力量，不正是“为闽协商、为民服务”的最好诠释吗？

（供稿：省政协提案委员会 执笔：冯火珠）

几度风雨后　仓山别样美

“……一座花园，一条路，一丛花，一所房屋，一个车夫，都有诗意。尤其可爱的是晚阳淡淡的时候，礼拜堂里送出一声钟音，绿荫下走过几个张着花纸伞的女郎……”1923年，叶圣陶先生笔下的烟台山，是福州城里最富有异国情调的地方。

烟台山的明珠

烟台山位于福州市仓山区，为整个福州古城传统中轴线序列的结尾。它南望五虎山，北眺三山，素以“苍山烟霞、高丘低江”的景观特点著称。由于地势较高，山顶曾被作为烽火狼烟台，故此得名“烟台山”。

烟台山濒临闽江，水上交通便利，自明朝起就是福建对外经济文化交流的重要窗口。鸦片战争后，福州成为通商口岸之一，烟台山因特殊的地理位置和优美的自然景观而为外国势力所盘踞，逐步形成福州的领事区、外贸基地和航运中心。自道光二十五年（1845年）英国在烟台山首设领事馆，至20世纪初，共有英、法、美、德、俄、日、荷等17个国家在此设立领事馆（或代办处）。光绪年间，这里已有外国商行30多家，如汇丰银行、美丰银行等。西方基督教会、天主教会也纷纷在烟台山租屋宣教，建堂布道。其中，石厝教堂为咸丰六年（1856年）由侨居福州的英国侨民集资筹建，也被称为圣约翰教堂。

石厝教堂位于今仓山区乐群路9号，毗邻当时的万国俱乐部及英、美等

◎福州烟台山石厝教堂

国驻榕领事馆。这座仅一层的石砌仿哥特式建筑，占地面积1000多平方米，建筑面积近320平方米，堂门朝南，教堂内有可容纳百人的座位。1875年，该教堂成为福建北境教区临时主教公署。

距石厝教堂不远的天安堂，是美以美会在福州也是在东亚建造的第二座教堂（美以美会在东亚建造的第一座教堂为福州茶亭真神堂），1856年10月18日落成，耗资1500两银子。1877年以后，天安堂正式成为美以美会福州年议会的所在地。1947年在此纪念美以美会传入福州100周年并将这里作为卫理公会在中国地区的总部。

传教士先后建造的石厝教堂、天安堂等宗教活动场所，为福州留下了大批历史文化建筑，逐渐形成了绿树掩映的石厝教堂风貌区。这些历史建筑让烟台山这“万国建筑博物馆”更具有人文魅力。

石厝教堂风貌区中有一个常被人所忽视的建筑，即协和建筑部办公楼。1917年初，原鹤龄英华书院的英文教授布莱克和建筑师范哲明创办协和建筑部，负责为市政工程及教会建筑提供设计、施工、监理等服务。这是福州第一个具有现代意义的规划设计机构。1941年，协和建筑部成为中华基督教卫理公会的部门之一。抗战胜利后，中华基督教卫理公会在仓山乐群路建造总部，其临街的一座三层砖混结构建筑作为协和建筑部办公楼使用。1950年，教会中的外国人撤离，协和建筑部由中国建筑工程师主持。后设计及工程承包业务分别并入国营设计院和建筑公司，协和建筑部停止业务。自20世纪90年代起，协和建筑部办公楼成为福建省基督教三自爱国运动委员会、福建省基督教协会、福建省基督教培训中心的所在地。协和建筑部办公楼以其独树一帜、可圈可点的建筑风格，成为烟台山基督教文化的重要标识。

老建筑的新生

近年来，福州市人民政府继三坊七巷（代表自晋、唐以来形成的士大夫文化）、上下杭历史街区（展现明清时期的商贸文化）建设改造之后，计划把烟台山近现代历史风貌区打造成福州的第三张名片（体现晚清民初鼎盛繁荣的中西文化交融史）。高兴之余，我很担心烟台山的改造失去基督教的元素和内涵。因此，在省政协十一届三次全会上，我提交了一份关于保护协和建筑部和福建神学院旧校区的提案，得到省政协领导的关注和重视。同年，我收到了福州市人民政府办公厅的答复，把位于乐群路14号、16号的福建神学院旧校区（原协和建筑部办公旧址）留给福建省基督教两会自行维护使用，不列入烟台山改造征收范围。

得知这一喜讯时，我脚踏这百年老建筑的木地板，感觉它的“体魄”是那么年轻、那么强健，喜乐之情难以言表。为更好地保留、传承烟台山历史风貌，营造烟台山建筑的多样性、丰富性，根据“保护为主、抢救第一、合理利用、加强管理”的原则，我们多方寻找设计院、专家学者，参考史料，在“原状恢复”历史建筑的同时，力求为老建筑注入新生命，使其在烟台山这个地区的文物价值阐释方面发挥重要作用。

蓝图已经绘就，责任就在肩上。为把前人鸠工庀材、苦心建造的建筑更好地保护下去，我多方筹款，并以民主集中制原则处理工程中的争议事项。终于，我们以无愧历史、无愧未来的责任心，在有关建设部门的技术支持下顺利地完成了协和建筑部办公楼的修缮工作，让宝贵文物世代传承。我们还多措并举，让文物“活”起来，展示其独特的历史文化、地域文化、民族文化魅力，满足人民群众多样化、高品质的文化需求。如今，这座楼又焕发了光彩，正用她的丰姿诉说着烟台山的故事。

（供稿：《政协天地》杂志社　执笔：岳清华）

“小提案”背后的传统书院保护“大情怀”

2016年初，致公党福建省委会在省政协十一届三次会议上提交的集体提案《关于加快我省传统书院保护开发利用的建议》被列为当年省政协重点提案。在各方的重视和推动下，促进了福建传统书院保护开发相关工作，产生了良好的社会效应。一件提案，一份情怀，推动了一项具体工作，让我们看看背后的故事。

缘起：关注社会热点，精准选题

传统书院是中国古代特有的以刊藏典籍、教化育人、研究传播为主要职责的文化教育机构，在文脉传承方面发挥了重要作用。然而，随着时代更迭，历经岁月风雨侵蚀，传统书院不仅建筑物损毁严重，也面临着难以复兴的困境。作为优秀传统文化的璀璨明珠，福建传统书院如何才能重现光彩？

2015年1月，福州正谊书院时隔百年之后重新开院，福建省委、省政府多位领导出席了仪式，并为正谊书院揭牌。致公党福建省委会敏锐地关注到了中共福建省委对传统书院保护和开发的高度重视，以及社会各界对传统书院复兴的呼声，于是，有了以“传统书院保护开发利用问题”为课题开展调研的意向。

实施：创新工作方式，深入调研

2015年初，致公党福建省委会主动对接中共福建省委政研室，提出共同开展“传统书院保护开发利用问题”联合调研的构想。经过多次协商，双方于6月初组成联合调研组，到全省9个市、县（区）开展传统书院专题调研。调研组深入乡村，实地考察传统书院十多个、与专家学者及有关部门举行座谈会6场，掌握了大量的第一手资料。据这次调研摸底，我省已登记在册的不可移动文物中，传统书院及其遗址共127处。综观这些书院及遗址，保存较为完好的不足四分之一，大多损毁严重，亟待修缮维护；有些或仍有群众生活居住，或成了村民活动场所，或被荒废闲置。一大批在历史上享有盛名的书院仅文献可考，实物消失在历史长河中，令人惋惜。

在深入调研的基础上，综合专家意见，调研组形成了《复兴我们的历史文脉——来自我省传统书院一线的调研报告》。报告深入分析了目前福建传统书院保护开发面临的困境，建议在福建省启动实施传统书院文化复兴工程，出台传统书院及其遗址保护总体规划，为全省整体推进保护与开发提供依据，集中有限资源，有计划、有步骤地推进书院及其遗址的修缮工作；总结推广福州正谊书院的经验做法，通过“图书馆+书院”“文物管理部门+书院”等模式，定期或不定期地举办各类学术讲座、国学教育、专题展览等活动，让传统书院充分发挥以文化人的功能，将其打造成弘扬优秀传统文化的讲堂，推动传统书院及其遗址得到更好的保护、传承和发展，为福建经济社会发展注入持久的精神文化动力。

推进：入选重点提案，再度调研

经过专家论证和研究，数易其稿，关于传统书院保护开发的调研报告最终转化为致公党福建省委会在省政协十一届三次会议上的集体提案《关于加快我省传统书院保护开发利用的建议》。该提案受到省政协的重视，被列入2016年省政协11件重点提案之一。为了配合省政协组织做好督办工作，致公党福建省委会除了加强与办理单位联系沟通，了解提案办理情况外，2016年5月至8月间，派员参加由多个部门、单位组成的调研组，赴省内福州、厦门、三明等地和江西、河南等省份，对书院保护开发利用情况进行实地专题调研。在福州、厦门、三明实地了解了8处书院，召开了3场专题座谈会；在江西、河南实地了解了4处书院，召开了2场专题座谈会。调研组准确掌握福建书院遗存的现状和保护开发利用情况，梳理总结福建近年来在书院保护开发利用方面的实践经验，并学习借鉴其他省份在书院保护开发利用方面的经

◎考亭书院集成殿（陈琦辉　摄）

验做法，于2016年11月形成《关于加快我省传统书院保护开发利用的调研报告》，为我省保护开发利用书院工作拓宽了视野，理清了思路。

成果：督办报告提交，成效显著

督办调研报告提交之后，得到了有关方面的高度重视。相关厅局编制并实施了《福建省古建筑保护修复工程预算定额》，有效缓解传统书院修缮经费紧张的情况。省文化厅对全省书院情况进行了普查，并对普查数据进行梳理，编辑出版《福建书院概览》，初步形成了福建书院的基础数据，为福建传统书院的进一步保护、开发、利用奠定了基础。省文化厅、省住房城乡建设厅联合出台《进一步加强城市文物建筑和历史建筑保护工作的通知》，将福建传统书院保护范围纳入城市紫线管理，切实加强城市文物建筑和历史建筑保护工作，传承城市传统文化，保留城市历史记忆，彰显城市特色。推动我省加快形成比较完善的文物建筑、历史建筑保护体系和长效管理机制，对具有历史、艺术和科学价值的文物历史建筑实现应保尽保。

致公党福建省委会将会继续关注福建传统书院的发展，激活时代赋予传统书院的新历史使命，继承书院优良传统，探索立德树人教育新模式，为民族复兴培养德才兼备的人才。

（供稿：致公党福建省委会　执笔：林凌辉）

那些关乎“吃饭”的提案故事

“食为政首，粮安天下”。我国是一个有着14亿多人口的大国，解决好吃饭问题始终是我们党治国理政的头等大事。

福建是习近平新时代中国特色社会主义思想的重要孕育地和实践地。早在福建工作期间，习近平同志就率先提出并探索实践大食物观，明确发展导向、工作路径、实践要领，取得了丰硕成果，积累了宝贵经验，为新时代深入践行大食物观奠定了坚实基础。如今，福建是大食物观的思想源头和实践起点早已深入人心。但鲜为人知的是，深入践行大食物观的提案背后，蕴含着一位省政协委员时时放心不下的责任感……

一个躬耕已久的课题

福建素有“八山一水一分田”之称，2023年，全省森林面积1.21亿亩，森林覆盖率65.12%，发展林下经济和木本粮油的空间巨大；海域面积13.6万平方千米，有大小海湾125个、海岛2214个，大海蕴含着富饶的海洋物产和丰美优质的动植物蛋白。如何更好以文辅政，深入践行大食物观？如何真正践行为民初心，让食物供给量足、质高、结构优，让百姓餐桌更加丰富多样、营养健康？长期在省政府办公厅和省委机关任职的提案者方寿中陷入了思考……

调研！唯有调研才能深入群众、掌握实情、发现问题、把握规律、找到良策！为了进一步深入了解情况，方寿中带着课题，连续三年到黄振芳家庭林场、邵武龙斗村、古田大桥镇、连江定海湾、浦城仙阳镇阳墩村和九牧镇杉坊村等地，蹲点观察、跟踪调研，每年都写下了上万字的调研笔记，并查阅了300多万字的文件资料。功夫不负有心人，在反复调研论证、深挖理论“富矿”的过程中，方寿中和调研组成员梳理发现——大食物观是习近平经济思想的重要组成部分，具有强大的真理力量，而福建则是大食物观的思想源头和实践起点！于是，2022年4月1日，课题组形成专题报告，积极建议将大食物观上升为新时代保障粮食安全的大战略并写入党的二十大报告。时任省委主要领导很快作出批示，要求福建在工作中注重落实大食物观。

一份山海特色的提案

2023年初，方寿中被推选为第十三届福建省政协委员。有了更为广阔的履职平台，本就忙碌的他更加忙碌了。他萌发了将此前践行大食物观课题转化为政协提案的想法。在开展主题教育期间，他带领有关同志就深入践行大食物观、防范粮食安全风险，上山下海、进村入户，探海上牧场、访森林宝库、察闽北粮仓、看菇业蝶变，感悟大食物观的实践伟力，并与专家们进行综合研判，形成多份监测预警报告。省政协十三届二次全体会议期间，方寿中委员带着一份充满山海交响韵律的提案亮相了。这份《关于建设“践行大食物观示范省”的提案》，从四个维度提出建议——

一是把握大食物观的底线思维，在确保粮食安全上探新路。持续稳定我省粮食播种面积，加强高标准农田建设，加快推进抛荒耕地复耕复种，实现“荒地变良田”“良田变粮油”“粮油造良景”。

二是把握大食物观的辩证思维，在增加多元保障上走前列。将我省保障粮食安全战略进一步提升为食物保供战略，制定种植业、养殖业、林业和远洋捕捞业等高质量发展行动方案，在装满“米袋子”的前提下，保障好“菜篮子”“油瓶子”“果盘子”“奶罐子”。

三是把握大食物观的系统思维，在开辟来源渠道上拓空间。依托我省丰富的山地、森林资源优势，大力发展木本粮油、干鲜果品、笋竹和林下畜禽养殖，积极探索森林复合经营模式，唱好“林草戏”；推进耕海牧渔，加快“福海粮仓”建设，拓展深远海设施养殖，壮大远洋捕捞业，建设“海上牧场”“蓝色粮仓”，念好“山海经”。

四是把握大食物观的人本思维，在提升供给质量上树标杆。推进农业生产标准化、监管智能化，确保福建农产品质量安全保持全国前列。坚持因地制宜、一地一品，做优做强高山蔬菜、精品水果、特色干果、珍稀菌菇、道地药材等产品，擦亮地理标志“金名片”。

一纸举措务实的答复

提案很快得到了省政协的高度认可，省政协提案委在试点开展“点题督办”活动中，将其列为督办提案。2024年7月，省政协领导专程带队先后赴莆田、宁德开展提案办理协商调研。省农业农村厅、林业局、海洋与渔业局、粮食和物资储备局等具体承办部门，一致认为“提案站位高、思路清，主题鲜明、重点突出，高度契合我省践行大食物观工作实际，具有很强的针对性和指导性”，并给予了明确的七条答复——稳步提升粮食综合产能、增加“福菜”多元供给、提升“福果”质量效益、推进“福菌”产业升级、高质量推进“三茶统筹”、高水平建设“海上粮仓”、全方位拓展“森林粮库”。省农业农村厅已着手牵头制定《关于践行大食物观推动特色现代农业高质量发展的意见》，并对相关政策措施形成具体项目清单，明确工作目标和责任单位，确保我省践行大食物观走在全国前列，为全国提供示范样板。至此，提案已取得阶段性成果。

党的二十届三中全会通过的《中共中央关于进一步全面深化改革 推进中国式现代化的决定》，提出完善强农惠农富农支持制度，明确构建多元化食物供给体系，为坚持大食物观提供了强大动力和制度保障。当前，福建开

◎建瓯市南雅镇新村村雷竹笋丰收（魏永青　摄）

发利用丰富的山海资源，因地制宜构建多元化食物供给体系，取得显著成效——全省每年超额完成国家下达的粮食生产任务；畜禽肉类产量大幅增长，2023年肉类总产量达311万吨，比20世纪90年代初增长2.5倍，其中禽类增长13倍；水产品人均占有量200多千克，居全国前列；食用菌商业化规模栽培30多种，总产量居全国前列；茶叶年产量从20世纪80年代末的5万吨增长至50万吨，产值、单产均居全国前列……第一时间深学细悟笃行党的二十届三中全会精神的方寿中委员表示，将把学习成果转化为实际行动，一如既往积极建言献策，助力大食物观在八闽大地结出硕果，为全国创造更多可复制可推广的福建经验。

（供稿：省政协提案委员会　执笔：林哲）

助力高校毕业生就业创业

就业是民生之本，高校毕业生则是就业工作的重中之重。党中央、国务院高度重视高校毕业生就业创业工作。2022年，受新冠肺炎疫情和经济放缓影响，企业面临需求收缩、供给冲击、预期转弱三重压力，就业岗位比往年有所减少；福建省内高校毕业生超30万人，省外高校闽籍毕业生加上往年未就业毕业生还有约10万人，无论规模还是增量都创新高，整体就业压力大于往年。如何“稳”就业、“保”就业，特别是如何破解高校毕业生就业难问题，这些是全社会关注的焦点。

破“两难”解决“冷热”不均

在一次招聘会现场，我与一名正在求职的高校毕业生聊天，他说这是他参加的第三场线下招聘，之前给6家公司投了简历都没有成功，当天投了5家公司，希望能有好运。如果找不到合适的工作，他将全身心投入下一轮研究生考试，通过继续学习深造来提升个人竞争力。

为了解决毕业生就业难这一问题，省政协社会保障与社会福利界别组织委员开展了深入的调研。在与高校、企业座谈中了解到，当前高校毕业生就业结构性矛盾更加突出。一方面，市场需求和毕业生专业能力之间存有差异，企业“招人难”与毕业生“就业难”现象并存。另一方面，就业“两头”抢手、“中间”遇冷现象明显。博士学位毕业生和技工院校毕业生具有较好的就业前景，普通本科甚至硕士学位毕业生面临较大求职压力。

后来，我与更多高校、政府部门进一步沟通，分析梳理人力资源机构的建议，完成了《关于做好离校未就业高校毕业生就业创业的建议》这件提案。

首先，出台薪酬指引，加强典型宣传。针对高校毕业生有过高薪资期望的问题，由人力资源社会保障部门与人力资源机构、大型企业共同研究出台行业薪资指引，为用人单位和高校毕业生提供参考。大力发掘在艰苦边远地区、中小微企业、乡镇农村、基层一线等工作的高校毕业生典型，全方位展示新时代高校毕业生就业创业的精神风貌，指导和帮助学生树立科学的就业观。

其次，分类拓岗吸纳，结对帮扶就业。由政府部门牵头，发挥“国有企业一次性增人增资”“一次性吸纳就业补贴”“社保补贴”等一揽子政策红利，大力挖掘机关事业单位、国有企业、重点龙头企业岗位。针对离校未就业毕业生实行“双向包干制”，由户籍所在地县级政府和所在高校负责同志“包干”，确保困难毕业生100%有人挂钩帮扶。按照“一人一档”“一生一策”，台账管理、实时跟进，落实重点精准帮扶措施，为每位困难毕业生至少提供3—5个针对性岗位信息，优先组织参加职业培训和就业见习，促进有就业意向的毕业生充分实现就业。

最后，优化人才政策，解决后顾之忧。建立全省人才“一网通办”平台，完善人才引进配套政策，如将免费住宿延长至一年，减轻学生求职期租房压力；将公共租赁住房、人才限价房等人才住房保障政策，由个人申请方式转变为由单位统一申请，减少就业“烦心事”；将专业排名全国领先、行业认可度高的毕业生纳入人才保障范畴，享受“双一流”高校毕业生同等待遇等，提升人才政策吸引力，切实解决人才后顾之忧。

多方协同稳就业

该提案被列为2023年省政协重点提案，由省政府、省政协领导共同督办。2023年9月4日，省政府、省政协召开重点提案办理“三结合”座谈会，有关专报件还获得了省领导的批示。

提案主办单位省人力资源社会保障厅和协办单位省教育厅、省民政厅、省住房城乡建设厅、团省委认真吸纳提案中的意见、建议，采取了一系列具体行动。

一是合力推动就业工作。把做好高校毕业生工作作为重要政治任务，成立省级高校毕业生工作专班，启动春季促就业攻坚行动和“百日冲刺”行动，省人力资源社会保障厅、教育厅、财政厅联合印发《促进2023年高校毕业生等青年就业创业十条措施》，省人力资源社会保障厅印发《福建省2023年高校毕业生等青年就业创业推进计划实施方案》等文件，通过“拓岗位、促对接、优服务、强指导、暖帮扶”等方式，促进高质量充分就业。

二是多渠道拓展就业岗位。用足用好各类政策性岗位，全年提供升学、公务员招考、事业单位招聘、基层就业等政策性岗位超10万个（其中专升本招生计划3.1万人）。强化供需对接，上下联动开展各类招聘活动，举办30余场全省性大型招聘活动，高校举办各类小型化、行业性校园现场招聘活动近5000场，累计参加企业数量8万余家，提供近100万个岗位，岗位数远超去年总数。

三是多方位开展就业帮扶。实施就业“红娘”帮扶行动，对困难毕业生进行“一对一”结对帮扶就业或提供公益性岗位兜底安置就业。落实定期联系服务制度和分级分类服务机制，通过电话短信或实地走访摸排、数据比对，摸清毕业生就业状态、求职意向、服务需求等基本情况。分类精准施策，对有就业意愿的，提供一次政策宣介、一次职业指导、三次岗位推介、

◎ 2023 年“侨智汇”高校毕业生招聘对接会

一次技能培训或就业见习机会；对有创业意向的，提供创业培训、创业服务和政策扶持；对暂无就业意愿的，做好状态记录，及时跟进服务，帮助毕业生在年底前尽快实现就业或参与就业准备。

毕业生小涂同学家住福州晋安区北峰，是低保家庭，从福州工商学院毕业后，没有找到工作。福州市晋安区一位副区长是小涂的就业“包干人”，在了解情况后，第一时间与其对接会面，成为小涂的就业帮扶导师。他根据小涂的就业意向，再和区里从企业征集到的岗位进行配对，找到多家企业的法务、行政文职等岗位。经过综合考虑，小涂最终选择晋安区行政服务中心窗口岗位。小涂感慨地表示，因为各级各部门的重视，为毕业生提供“保姆式”服务，让他有了工作，很暖心，很感恩。

在省政协、各相关部门和全社会的共同努力下，我省高校毕业生就业形势保持总体稳定。高校毕业生是国家的宝贵人才资源，是推进中国式现代化的生力军，毕业生就业关系民生福祉、经济发展、国家未来，我们要协同发力、久久为功，做好高校毕业生就业创业工作。

（供稿：省政协社会和法制委员会　执笔：王命瑞）

打通中小学生心理疾病处置“最后一公里”

中小学生是国家的未来和民族的希望。学生群体心理健康问题日益突出，且呈低龄趋势，受到各界的普遍关注。相关部门也在持续加强中小学生的心理健康管理工作，但主要集中在心理问题的预防和科普阶段，对于产生心理疾病后的处置问题缺乏明晰机制，导致实践中无法实现闭环管理。针对这个“堵点”，致公党福建省委会《关于完善我省中小学生心理疾病处置机制的建议》集体提案应运而生。

孩子“挨打”引发的思考

2022年3月的一天，致公党厦门市委会党员小吴接到学校老师的电话：“你孩子在学校被同学打了。”本以为只是同学间普通摩擦，但了解情况后小吴发现，自己将情况想得“简单”了。虽然才上小学一年级，但该同学已经有数十次打人“前科”，班上同学都对他“望而却步”。在与学校的进一步沟通中小吴得知，该小孩患有多动症和狂躁症，“我们已经采取要求孩子道歉、停课三天、家长陪读等措施，但只要一不注意，孩子就可能攻击别人，学校也没有别的好办法。”学校老师深感无奈。

谁都不愿意孩子出现心理问题，但当孩子有了心理疾病，学校应该怎样处理才更妥当，更为各方接受？自己孩子的被打和老师的无奈，让小吴敏锐地发现了其中隐藏的问题，作为民主党派成员，她觉得这是个很好的“信息点”。

彼时，小吴就职于卫健系统，在接下来的工作中，她多方留心学生心理健康相关工作，并针对性开展了调研。在前往一所小学调研时，小吴了解到，该校五年级有名女学生患有严重抑郁症，并有自残自杀倾向。“有一次，一个没注意她就跑到教学楼顶楼，我赶紧冲上去拉住她，你知道我有多后怕吗？”该学校一名老师心有余悸地回忆。“义务教育阶段，我们无法要求学生长时间停课、休学或者转到特殊学校，家长不配合时学校甚至无法要求学生前往医院治疗。”学校道出了处理产生心理疾病学生的难处。

在了解到学校的“痛点”后，小吴利用本职工作优势，积极向卫健、教育、心理协会等部门的同事和朋友请教相关情况，探讨解决对策，形成了《在校中小学生心理疾病处置亟待打通“最后一公里”》的建议，并通过民主党派参政议政渠道报送。2022年5月，致公党福建省委会将该建议作为社情民意信息上报，很快被致公党中央和福建省政协采用。

深入调研直陈问题“痛点”

2022年8月，在准备新一年省两会的提案时，致公党福建省委会将目光再次投向这篇社情民意信息，认为该信息虽然只是从“学校”的视野出发，但瞄准中小学生心理疾病处置问题，角度独特、现实性强，有继续调研和完善提升的必要，可以作为省政协集体提案加以推动。

于是，致公党省委会和厦门市委会组成联合课题调研组，深入厦门的有关学校、教育部门、卫健部门、精神病专科医院、社区卫生服务中心等单位开展实地调研。调研再次“印证”了信息中反映的问题，各单位普遍表示学生心理健康问题牵扯甚广，尤其是当学生已经患有心理疾病时，由于缺乏相关实施细则，处理起来非常复杂和棘手。在厦门实地调研的基础上，致公党福建省委会还委托其他地市致公党组织进行相关调研，并听取专家意见，集智聚力、数易其稿，最终形成了《关于完善我省中小学生心理疾病处置机制

◎实地参观福州市中小学校心理咨询室和学生心理健康活动作品展（于玉艳　摄）

的建议》。

该建议针对产生心理疾病的中小学生早期症状容易被忽视，相关处置规范尚未出台，治疗费用较高、家庭承担压力较大等“痛点”问题，提出了具体的解决措施：一是在中小学生体检中增设心理健康项目，组织专业医生进校园定期开展普查，并开辟绿色就医通道；二是制定分类处置政策，划分需重点观察、需家长陪读、需停课治疗等不同的类型，因类、因病落实相对应的处置措施；三是明确各方责任义务，家校社共同努力，积极营造关注学生心理健康的良好氛围；四是完善费用支持机制，探索将学生心理咨询和疏导费用纳入医保，推动建立区域中小学生心理援助中心，减轻家庭经济负担。

协商聚力守护学生心理健康

2023年1月，省政协十三届一次会议如期召开，致公党福建省委会也

“如约”将《关于完善我省中小学生心理疾病处置机制的建议》作为集体提案提交。在提案中建议相关部门联合出台规范中小学生心理疾病治疗的规定，从明确各方责任、规范处置流程、开展心理普查、减轻费用负担等角度，打通心理疾病处置的“最后一公里”。

“民之所望，政之所向”，这份蕴含家校社各方关注的提案一经提出，便受到省政协的重视，入选当年的《重要提案摘报》并获省领导批示2件次。省政协提案委还创新办理方式，将之作为提案委牵头的点题协商办理提案，专门组织点题协商考察调研活动，邀请提案单位、办理单位、政协委员代表、学校和家长代表等面对面交流，并精心组织实地考察调研，大大提高了提案办理成效。

各相关单位高度重视提案办理，省教育厅认为该提案很有针对性和现实性，召开专题会议进行认真研究，并在推动知识普及、健康测评、危机干预、医校联动等方面下功夫，完善我省中小学生心理疾病处置机制。省卫生健康委指导精神专科医院加强与学校合作，畅通医院转介“绿色渠道”，鼓励设立青少年儿童抑郁症专科门诊，适时扩大中小学生心理疾病的医疗保障范围。该提案办理成效明显，获评省政协2023年度好提案。

在各方的共同努力下，我省中小学生心理疾病处置机制愈加完善，政协协商制度优势也在提案办理过程中进一步彰显。今后，致公党福建省委会将继续发挥参政党优势，立足政协平台，积极议政建言，以更优质的协商议政成果服务中国式现代化福建实践。

（供稿：致公党福建省委员会 执笔：吴佳欣）

让平潭国际旅游岛更美丽

旅游是平潭最大的资源。保护、开发好平潭旅游资源，建设国际旅游岛是平潭未来的发展方向。平潭国际旅游岛如何打造？民革福建省委会经过深入调研，在福建省政协十一届四次会议上提出《关于打好区位政策牌 加快平潭国际旅游岛建设的建议》的提案，引起了社会各界广泛的关注，也成了新闻媒体报道的热点。

围绕中心，整合资源，聚焦国际旅游岛建设

围绕中共福建省委、省政府中心工作，广泛发动基层党员，深入调研，认真履职，是民革福建省委会参政议政工作的重要内容。2015年4月，国务院公布福建自贸试验区总体方案，福建自贸试验区平潭片区的未来定位是重点建设两岸共同家园和国际旅游岛。助推平潭发展是民革中央的历史使命，民革十二届十一次中常会做出“举全党之力助推平潭发展”的号召。2015年，民革福建省委会围绕福建自贸试验区建设和响应民革中央号召，找准切入点，积极为平潭发展建言献策。

鉴于平潭国际旅游岛建设已成为平潭未来发展定位的重点建设之一，民革福建省委会在参政议政专家咨询委员会指导下，决定将《加快平潭国际旅游岛建设》作为2015年度重点调研课题。民革福建省委会主委对课题作指导提要求，课题负责人多次组织讨论方案。课题组成员中除了政府职能部门的同志外，还邀请了从平潭挂职回来的同志担任执笔人。

深入调研，借鉴经验，寻求破解瓶颈之路

民革福建省委会把组织开展好高质量、有实效的专题调研作为基础性、关键性工作，贯穿参政议政全过程。“国际旅游岛”是一个丰富的完整体系，涵盖经济社会发展的方方面面，当务之急是需要找准参照系，吸纳和借鉴境内外相关地区的发展经验，未雨绸缪，主动作为，寻求破解平潭国际旅游岛建设困难和瓶颈之路。

2016年7月，调研组一行深入平潭实地调研寻找问题。调研组在平潭召开座谈会，及时掌握第一手资料，了解到平潭在建设国际旅游岛过程中除季节性影响大、生态环境保护不易、竞争对手众多等挑战外，还存在政策支持上有待突破、基础设施建设不足、旅游项目开发不够、缺乏人才智库支撑、产业支撑能力相对不足等困难和问题。

8月，调研组一行冒酷暑赴海南调研。“深深呼吸，夕阳带来晚风，海南岛上，椰林伴天空，海角天涯，看白帆穿行。”一首《印象大海》让我们直观地感受到中国第一个国际旅游岛的魅力。无论是国家的优惠政策落实，还是旅游基础设施建设、旅游项目开发、旅游管理服务人才培养、对外营销宣传，海南都取得显著的成绩，尽管它的许多优势不可复制，但许多经验值得学习。海南省发展改革委、旅游局等相关部门负责同志参加了座谈会，传授给我们许多宝贵的经验。

“南有亚龙湾，北有唐山湾”——这是河北唐山湾国际旅游岛一直以来的宣传口号。无论是环渤海经济圈开发、京津冀协同发展，还是河北省沿海地区发展规划上升为国家战略，它与平潭类似，都有着政策上的好机遇。它立足“一岸拥三岛”的格局，适宜全季节出游和满足各类消费群体需求，为平潭在开发项目选择上如何解决淡旺季问题提供了可行的参考意见。调研过程中，大家不禁感慨：“国家赋予平潭一系列优惠政策，让平潭走向国际旅

◎平潭龙王头海洋公园（江信恒　摄）

游岛更有底气。”

每个地方都有它的特色、都有它值得借鉴的地方。如何挖掘资源、打好平潭区位政策牌呢？我们还有很大一步需要去跨越。

调研后形成的《打好区位政策牌　加快平潭国际旅游岛建设》调研报告，从六个方面建言献策助推平潭国际旅游岛建设，分别是：抓住时代新机遇，努力探索新政策；完善城市基础设施建设，提升城市和景区风光；立足旅游资源原生态，开发旅游项目新特色；优化人才发展环境，实施人才培育工程；培育文化创意产业，打造旅游新风景线；推动旅游营销发展，打造国际旅游新名片。

转化成果，协商办理，提供民主党派参政平台

在2015年福建统一战线建言献策成果汇报会暨第十一届建言献策论坛上，《打好区位政策牌　加快平潭国际旅游岛建设》获得优秀论文评审二等奖。调研成果转化为社情民意信息，得到了省政府领导的批示，同时也成功

转化为省政协十一届四次会议口头发言和提案。

省政协非常重视该提案，积极搭建提案办理协商工作平台，及时了解提案办理的进展情况，使提案所提问题建议得到较好解决落实。该份提案得到平潭综合实验区管委会、省旅游局两个提案办理单位的高度重视，他们多次来电沟通协商提案办理工作。在提案办理答复函中，他们认真听取提出的问题和建议，有针对性地答复办理。

2016年10月19日，省政协领导带领提案委负责同志、部分省政协委员、相关提案单位及承办单位负责同志，赴平潭召开提案办理协商座谈会，听取平潭综合实验区提案办理工作情况介绍，共同探讨推进提案办理工作、解决问题的办法，并深入实地调研，为平潭的开放开发和国际旅游岛建设建言献策。省政协领导指出，平潭综合实验区要把握好实验区、自贸区、国际旅游岛多重叠加的政策优势，集中力量做好项目策划、生成、落地等各项工作，通过项目建设带动平潭经济社会加速发展。平潭国际旅游岛建设要聚焦台湾、着眼世界，在旅游基础设施建设、旅游产品开发、旅游要素完善等方面要有国际视野和规划，通过优化旅游资源配置、提升旅游项目档次、丰富旅游产品体系，策划、打造一批特色旅游产品和项目，努力推进平潭旅游产业国际化、全区域、全要素、全产业链发展。

实地督办提案不仅能进一步推动提案办理协商工作，增强沟通协商，而且为民主党派知情参政、有效履职提供很好的平台。通过省政协提案督办，也启发了我们在未来推动平潭旅游发展工作中继续深入研究、开拓思路，向着全域生态旅游方向发展。

2016年8月8日，国务院批复《平潭国际旅游岛建设方案》，正式开启平潭国际旅游岛的奋进征程，这是福建的一件大喜事。《关于打好区位政策牌加快平潭国际旅游岛建设的建议》提案，是为平潭发展鼓与呼，让这个渔村小岛乘势蜕变，更是落实“建言建在需要时，议政议到点子上，监督监在关键处”要求的体现，让平潭以更加自信的姿态逐浪扬帆起宏图。

（供稿：民革福建省委会　执笔：王文军）

“未来社区”提案诞生记

实施城市更新行动，加强城市基础设施建设，打造宜居、韧性、智慧城市，是满足人民群众日益增长的物质文化生活需要的题中应有之义。那么，作为城市居民生活最直接的承载空间——社区，在未来应该是什么样的呢？

一次主题党日活动的意外收获

2022年11月的一个下午，福建省工商联机关第五党支部与福州市石材协会党支部联合开展“学习新思想 资政商会行”主题党日活动。参观全国廉政文化教育基地——林则徐纪念馆后，大家围绕“学习贯彻党的二十大精神，全面构建亲清政商关系”进行交流座谈。这是省工商联机关第五党支部以“党建+业务”为牵引，服务民营企业，打造“资政商会行”党建品牌的一次实践活动；也是省工商联畅通民营企业参政议政渠道，提高议政建言水平的一次有效尝试。

在这次座谈会上，福州市石材协会郭恒禄会长谈了自己学习党的二十大报告的体会，描绘了未来社区的场景。他说：“新时代城市更新背景下，老旧小区提升改造要形成功能更加全面、要素更加多元、层次更加丰富、手段更加智能的新局面，可以围绕邻里、教育、健康、创业、建筑、交通、低碳、服务、治理等场景，为居住在此的居民们提供全生命周期配套服务，打造一个共建共享的未来生活服务圈。”

回来后，大家都觉得郭会长的想法很好，恰逢省两会提案征集在即，同事建议我和郭会长进一步沟通，围绕社区服务综合体建设方面写个提案，作为省工商联团体提案上报。

一次侃侃而谈交流的智慧碰撞

我和郭会长是老朋友了，一谈到此事，他打开了话匣子。

他告诉我，随着生活水平的不断提升以及对美好生活的向往，人们对居住品质有了更多期待，不仅对住房本身，也对社区空间环境和配套设施、便利服务提出了更高的要求。这些都使得大力发展社区经济这一课题研究迫在眉睫。社区作为城市化的重要载体和表现形式，是城市人口的集中地和密集区。因此，实现高品质生活就要从完善并满足社区居民高品质生活的需求多样性抓起，大力培育为社区居民提供就近、就地实现高品质生活的“好项目”“好服务”，优化消费环境，完善消费载体，进一步释放社区消费潜力。一方面，要提高收入水平和社会保障水平，实现“能消费”“敢消费”；另一方面，要大力发展与高品质生活相适配的“好项目”“好服务”，增强高品质生活的获得感。

郭会长曾就“发展‘好项目’‘好服务’，挖掘社区消费潜力，发展壮大社区经济”主题，配合福州市工商联开展调研。通过调研，他发现有些企业专门为小微商户、个体企业提供租铺找铺、开店选址等创业服务和商业管理咨询服务。这种线下实体店结合移动互联网租赁平台的商业运营模式启发了他对未来社区的思考。

我们最终达成了共识。“远亲不如近邻”，我们都希望能结合老旧小区提升改造，统一打造体小、点多、价优，方便群众、服务百姓的网格化社区服务综合体，满足居民基本生活保障要求；支持民营企业、个体工商户等各类市场主体平等参与、共同发展，以良好发展前景和优惠条件吸引社区周边商家参与进来，促进市场要素自由流动，激发市场主体活力，借助移动互联网平台优势，在新发展阶段打造一个可推广、可复制的新经济模式。

一份干货满满提案带来的改变

满足社区居民的生活需求和消费需求，必须完善与高品质生活相匹配的社区服务设施和功能，做到“强功能、优服务”，才能引导社区居民实现“住在社区”“消费在社区”“睦邻在社区”。根据与郭会长的交流，我整合完善他的建议，归纳为：一是聚焦老旧小区改造，为居民提供全生命周期配套服务；二是完善资金体系，拓展城市更新项目资金筹集渠道；三是探索建立政府引导、市场运作、公众参与的运行机制。

这三点建议转化为省工商联团体提案《关于加快推进城市更新，打造“未来社区”综合体的建议》。2023年1月省政协十三届一次会议上，提案被《重要提案摘报》第18期摘编，两位省领导批示后转省住房城乡建设厅、省发展改革委、省财政厅等相关部门办理，并获评省政协2023年度好提案。

当前，我省正持续着力保障和改善民生，以“好房子、好小区、好社区”为目标探索实施路径，在政策和项目上推动各地打造县城更新、完整社区建设试点。我们有理由相信，“未来社区”的未来会更美好，既解决“有没有”的问题，更强化“好不好”的建设，不断把人民对美好生活的向往变成美好现实。

（供稿：省工商联　执笔：陈素平）

早诊早筛让百姓健康有“医”靠

“当我们的移动肺癌筛查车到村里之后，前来就诊的群众络绎不绝，我们都走不出来。”2023年10月30日，在福建省肿瘤医院召开的《关于科技助力乡村大病筛查 推动健康振兴乡村的建议》提案办理协商会上，省肿瘤医院院长重温当初把车载CT送到宁德福安市坑门里畲族村开展义诊时，受到当地百姓热情欢迎的场景。

让第一次 CT 来得更早些

党的二十大报告提出，健康乡村建设是乡村振兴战略的重要内容。预防是最经济、最有效的健康策略。古人云：“上工治未病，不治已病。”我省城乡高发肿瘤早诊早治率存在严重不平衡，乡村肿瘤晚期的患者居多，早诊率明显低于城市人口。因此，开展以慢病管理和肿瘤预防筛查为主要内容的乡村大病筛查是建立健康“守门人”制度的重点内容之一。如何开展乡村的大病筛查，特别是一些高发肿瘤（如肺癌）的筛查一直是难点和痛点。

早在2021年，省肿瘤医院就利用有限的科研经费租用一台移动CT车开到三明市尤溪县义诊，在尤溪县总医院的支持下，为7个乡镇1000多名群众免费做CT检查，并采用先进的AI诊断技术，共发现280多例肺部结节，其中高危结节20多例，有6个手术病例证实是早期肺癌。项目发起人、省肿瘤医院胸外科陈主任介绍说：“移动筛查让乡村群众在家门口就能享受省级医院的服务。早筛早治，不仅能保全患者的生命，而且治疗费用仅仅是晚期肺癌的

20%—25%，既能减轻患者的经济负担，也为医保减轻一些压力。” 这种方式也为拓展福建三明的医改经验增添了新的举措。

省政协委员郑忠辉在基层调研时发现，造成乡村居民早诊率低的原因，一方面是乡镇卫生院医疗资源有限，很多医生缺乏肺癌早期诊断技术，即使在一些大医院，很多医生在发现肺癌方面也经验不足；另一方面是乡村居民防癌体检意识不强。福建山区多，有些地方交通不便，老百姓嫌麻烦不愿进城看病，一般都是“小病扛，大病拖”，往往出现症状后再去医院，也就错过了最佳治疗时机。在提案办理协商会上，省肿瘤医院院长提到，在坑门里村义诊时，就听到不少村民表示“一辈子都没有做过一次B超、照过一次CT”。

“肺癌的早诊早治效果很好，低剂量螺旋CT检查是肺癌筛查的有效方法。”陈主任在临床中发现，大多数农村肺癌病人在确诊时已经进入中晚期，失去了手术治疗的最佳时机，不得不进行放疗和化疗，常常是钱花了，人没了。因此，陈主任带领的团队一直在思考如何让乡村群众早日做上人生第一次CT，提高乡村群众肺癌的早诊早治率。

合力推进肿瘤防治

早在2022年省政协十二届五次会议上，省政协委员李惠长提交提案《关于加强我省乡村肺癌筛查工作，提升肿瘤防治水平的建议》得到了多位省领导的批示。省政协提案委还专门召开办前协商会，在省政协办公厅、省卫生健康委、省财政厅、省科技厅、省医保局的共同支持下，共同推进肺癌早筛早诊。

2023年省政协十三届一次会议上，郑忠辉委员在调研的基础上提交了提案《关于科技助力乡村大病筛查 推动健康振兴乡村的建议》。他建议，借助科技力量，采用“移动医疗+人工智能”等前沿技术助力乡村大病筛查，

◎在相关医院召开提案办理协商会

加大我省肿瘤防治工作的经费投入，扩大乡村肿瘤筛查试点范围等。同时，在我省县级医院建立肿瘤防治分中心，购置移动车载CT等设备和相关软硬件，设立肿瘤筛查和早诊早治的重大研发专项，以肺癌研究为突破口，开展肺癌早筛早诊早治试点科研项目，加大科研攻关。因此，省政协再次将目光聚焦于农村大病筛查工作，这也是提案委对2022年点题督办的一次“回头看”。

在省政协办公厅的积极牵头推动下，在省有关部门支持下，省肿瘤医院、闽东医院、尤溪县总医院等单位以肺癌作为肿瘤筛查试点，启动乡村肺癌筛查项目，采用移动医疗新技术和新设备，深入全省16个县市、36个乡村，为10160名群众上门体检，免费照CT，为更多老百姓提供家门口的健康服务。当时，明确诊断为肺部恶性肿瘤者80人（其中早期74人、中晚期6人），高度怀疑恶性肿瘤的有134例。经测算，人均费用不到正常体检的一半，每投入1万元，可以为政府节省近10万元的医疗投入，达到了“筛查一个，发现一例，早诊早治一例，挽救一个，幸福一个家庭”的目的。这项活动得到全国有关媒体的关注，全国政协“委员议事汇”栏目对此进行了专题报道。

“这种集中体检不仅可以降低体检费用，还能以有限的资金扩大筛查面，使更多老百姓受惠。”省政协领导非常赞同这种小规模的筛查试点，认为这种方式简单、方便、成熟、安全，有助于节省患者家庭的开支，能够挽救更多早期病患，适合大规模推广。

在省政协提案委点题督办协商会上，承办单位省卫生健康委、省科技厅、省财政厅等单位负责同志与提案者代表、部分省政协委员开展面对面沟通协商。大家直奔主题，充分交流，直面困难，直击要害。

“最大的困难还是经费。”会上有专家指出，“虽然近年来省肿瘤医院承担了很多早诊早治工作，取得了一些成绩，但对福建4000多万的人口来说，筛查力量还是很有限，没办法覆盖到更多的人群。”他建议，借鉴浙江、江苏等兄弟省份的经验，将癌症筛查作为为民办实事的民生工程来抓，由省里给予专项经费保障。对此，省财政厅表示，将立足财政职能，积极支持乡村大病筛查等肿瘤防治项目，做好相关经费保障。

省卫生健康委、省科技厅也表示，将积极吸纳委员的意见，积极开展肿瘤预防、治疗和康复工作，运用互联网、人工智能等技术开展远程会诊，提高基层诊疗能力，进一步加大卫生领域技术与装备研发并推广应用等，共同推进我省肿瘤防治工作。

当前，福建医改的重点是“以治病为中心”转向“以健康为中心”，满足群众多层次、多样化的健康需求，通过早筛早诊早治，进一步完善医防融合体制机制，打通乡村医疗服务“最后一公里”。省政协将一如既往地发挥优势，凝聚各方共识，汇聚各方合力，推动提案成果转化，助力全省乡村大病筛查工作，推进健康乡村建设，为巩固拓展脱贫攻坚成果同乡村振兴有效衔接贡献政协力量。

（供稿：《政协天地》杂志社　执笔：于玉艳）

我为构建生育友好型社会加把力

民之关切国之大事

人口生育不仅是关系你我的家事，也是关系中华民族长远发展的国事。

第七次全国人口普查数据显示，2020年我国育龄妇女总和生育率为1.3，已经处于较低水平。到了2023年，根据国家统计局的数据，中国人口近61年来首次出现负增长，总和生育率仅为1.0左右，不仅低于世界上几乎所有国家，比严重少子老龄化的日本还低不少。

人口总量的转折点通常被认为对一个国家未来的命运和走势影响重大，尤其是日韩、欧洲的少子化趋势已是前车之鉴，提升生育率更加刻不容缓。因此，我对如何从政策层面提升生育率，建设生育友好型社会这个热点问题十分关注。

在做案头工作的时候，我注意到各省市的一些经验做法。有的城市直接发钱补贴，比如四川省攀枝花市从2021年7月起实施育儿补贴，生二胎、三胎的一年给予补贴6000元，三年共1.8万元。从效果看，实施一年后，全市出生人口数量较政策实施前一年增长了1.62%，其中，能够直接体现政策实施效果的二孩出生增长了5.58%，三孩出生增长了168.40%。

与此形成鲜明对比的是，一些一线城市由于生养和教育成本太高，生育补贴如杯水车薪，政策效果不彰。根据2024年2月发布的《中国生育成本报告2024版》数据，全国家庭0—17岁孩子的养育成本平均为53.8万元。0—17

岁城镇孩子的养育成本平均为66.7万元。报告中，养育费用最高的是上海，高达101万元，同时上海也是国内生育率最低的大城市。看来，生育补贴并不是“万金油”。

还有一些城市尝试多项政策联动，如山东省济南市将生育与公积金贷款政策联动。此外还有加产假、减免买房首付、补贴托育服务等措施，有的有一定效果，有的则效果不佳。

2022年3月，我省修改《福建省人口与计划生育条例》，优化和调整生育政策，纾解生育堵点，为“生娃”减轻负担。但是总体上看，效果还是不佳。于是，我转了一个方向，站在群众的角度开始思考：影响“生与不生”决策的因素有哪些，希望政府出台哪些方面的政策。沿着这个方向，我开始有意识地在平时工作中收集相关的意见、建议。

扎实调研听取意见

调研中，反映最突出的一个问题：生难、养更难，特别是孩子三岁以前的托育，更是让许多工薪阶层双职工父母发愁。如何解决幼儿托育这个社会性难题，是摆在全社会面前的一份问卷。2021年，《中共中央、国务院关于优化生育政策促进人口长期均衡发展的决定》提出将大力发展普惠托育服务，到2025年每千人口拥有3岁以下婴幼儿托位数由目前的1.8个提高到4.5个的具体目标。但在实践中，我省公办托育服务还是非常稀缺。福建省统计局2022年的调研报告显示，当时福建省3岁以下婴幼儿约195万人，全省共需托位约15万个，而实际托位共6.6万个，差距明显。全省普惠性托位共1.22万个，仅占全部托位的18.4%，比重较低。因此，我们应该将发展托育机构，提供托育服务作为建设生育友好型社会的一个重要抓手。

在调研中，我们还收集到群众反映的很多既琐碎又非常现实的问题。比如送娃上学，一家多娃的家庭若用汽车则交通拥堵难准时；用电动车则超员且出行风险大。这让我意识到，简单的鼓励生育政策恐怕不够，更重要的是因地制宜、多措并举，营造一个更友好的生育环境。

生育问题，不只应考虑育龄和生育成本，还需要关注和统筹就业、消费、住房以及地方与中央财政资金分配问题。

实践已经证明，仅仅依靠生育政策的放宽来刺激生育率水平的提升只具有短期效果。要实现适度生育率水平，更加重要的，也是起决定性作用的，是与生育政策配套和衔接的经济社会政策体系。

此外，在调研过程中我也更深入思考了多生与优生问题。鼓励多生固然没错，但更重要的还是优生。目前政策更多倾向于鼓励多生，却对优生优育的重视程度不够。我从妇科专家那里了解到，相对于一胎、二胎，三胎妊娠并发症、合并症的发生概率要高，且随着夫妇双方年龄增长，流产、早产、胎儿畸形的发生率也要高得多。如何做到鼓励多生和优生优育的政策平衡需要进一步考虑。

2022年5月，中共福建省委、福建省人民政府印发了《关于优化生育政策促进人口长期均衡发展的实施方案》（以下简称《实施方案》）。我欣喜地发现，《实施方案》在建立与生育政策配套和衔接的经济社会政策体系方面做出了制度安排、突出了优生优育的政策导向和大力发展普惠优先的多元托育服务等内容，有力促进了我省生育友好型社会建设。

建言献策推动落实

考虑到生育友好型社会建设是一项长期性的系统工程，我感觉除了《实施方案》，还需要更多的配套制度，以及对现有法规、规章和规范性文件的全面梳理更新。2022年底，我撰写了相关提案。为了让提案能更好地落地，在对策建议上，我力求突出针对性和可操作性。我建议要对相关的法律法规以及政策规定做彻底梳理，与三孩生育政策不相适应的规定、条款以及政

◎召开生育友好型社会专题研讨会

策，该废止的废止、该修改的修改；探索适当调整儿童积分权重，使部分公共资源向育儿家庭倾斜，以此来鼓励和支持生育；加快推进将3岁以下婴幼儿照护费用纳入个人所得税专项附加扣除政策的落地，以及将子女教育专项附加扣除的定额计算方式转变为实际费用扣除方式，依据子女数量构建差异化的个人所得税扣除额等；参照普惠性的学前教育，根据普惠性托育机构招收孩子的情况，将一次性的办园补贴改为提供每个月的运营补贴，提高社会提供托育服务积极性等。

在省政协十三届一次会议上，我向大会提交了提案《关于构建我省生育支持政策体系加快建设生育友好型社会的建议》，这件提案得到了省领导和有关部门的重视。省卫生健康委表示，到答复时共修改或废止了《福建省人口与计划生育条例》等地方性法规、规章和规范性文件达194件。在落实3岁以下婴幼儿照护个人所得税专项附加扣除的基础上，我省还加快发展普惠托育服务，继2022年投入过亿，2023年又安排了1亿元资金用于普惠托位建设。截至2023年11月底，我省可提供托育机构达到3152家，托位数157776个，千人口托位数3.76个，超额完成全省千人口托位3.5个的年度目标。我省还积极落实妇幼惠民服务项目，2022年妇幼各项公卫项目惠及人数达205万。

通过撰写社情民意信息和提案，把群众的呼声传递给有关部门，所提建议能够得到采纳，推动工作取得新的进展和成效，是我最高兴的事。这件提案还获得了2023年度省政协好提案的表彰，对我更是一种莫大的肯定和鼓励，也更加坚定了我履职建言的信念，为我开展调研撰写提案指明了方向。作为一名政协委员，今后，我将不负所托，为擦亮“为闽协商、为民履职”品牌履好职，建好言，争取再出新成果。

（供稿：民盟福建省委会 执笔：吴芳华）

跨越“达尔文死海” 链接研发与市场

发展新质生产力是推动高质量发展的内在要求和重要着力点。对于产业来说，培育新质生产力，重点是对技术等领域的改造与升级，以科技创新催生新产业、新模式、新动能。我在调研中注意到，企业虽有较强的创新意识，也愿意加大研发投入，但很多创新要实现最终投产见效却是困难重重，技术成为普遍存在的卡脖子问题。

如何有效破解企业创新的技术卡脖子问题？带着这个问题，我开始对产业、企业进行深度调研，从一线找问题、摸痛点、寻思路。从理论研究到产品市场这中间的空白地带，被业界形象地称为“达尔文死海”，而中试基地凭借一端连着创新、一端连着产业的优势，被视为跨越“达尔文死海”的科创之舟。中试基地是进行新产品中间试验的专业场所，其主要任务是对科研成果进行中间试验，不断研制出新产品的配方及生产工艺和样品。基于翔实的实地调研与案例分析，我认为加快中试基地落地建设，是有效破题产业转型发展的关键突破口，并于2023年1月提交了《关于完善我省科技创新链条，推动中试基地建设、提速科技成果转化的建议》的提案，从完善体系建设、激发市场活力等维度提出针对性的建议。该提案最终入选省政协2023年度好提案名单，并获两位省领导批示。

掣肘企业升级的“达尔文死海”

作为“晋江经验”发源地的晋江，形成了超3000亿元的鞋服、超1000

亿元的纺织两大千亿级产业集群及多个百亿级产业，“聚链成群、集群成势”，成为民营经济活跃、制造业发达的地区之一。近年来，晋江各大产业以“敢为天下先”的先行者气魄，纷纷开启高端化、绿色化、智能化转型升级之路，创新求变、创新求强成为企业的普遍共识。

但在实践中，企业的创新之路并非一帆风顺。较为常见的痛点在于，企业在产品、技术等领域的创新投入，不一定能够落地或者落地后的市场反响一般。“我们在研发方面投入大量的资金、人力，但研发出来的新产品，在市场上却卖得不好。”“都说要加大创新、加大研发、加大升级，但具体要怎么做却无人指导。”“为了增强企业的市场竞争力，我们引进人才、组建团队，在创新研发、产品升级方面不遗余力，最终反而拖累了企业的发展步伐。”诸多来自一线的声音，反映出一个事实：企业的创新方向与实际需求存在错位。

从全省看，同样存在这一问题。数据显示，2021年的技术合同成交额，广州市2413亿元、陕西省2343亿元，而福建仅214亿元，且集中在福州、厦门两地，明显存在“研发和需求两头旺，熟化催化中间弱”的问题。我与业界专家、企业人士展开多次调研和探讨后认为，加快中试基地的建设和落地，是引领产业跨越“达尔文死海”的“关键之舟”：中试基地定位在产业链中下游，是打通实验室和产业化之间的重要通道，建立中试产业平台是科研成果商业化的“催熟剂”。有数据显示，通过中试的科技成果产业化成功率可达80%，未经过中试的科研成果落地转化的成功率则只有30%。

破解中试基地落地的多重症结

福建的中试基地建设也存在多个问题：中试基地与产业发展不匹配，多数主导产业和支柱产业缺乏中试基地；企业的技术需求外包外联市场化、信息化程度差，科技转化市场中介力量的培育和引进严重滞后于产业需求；缺乏针对中试基地的专门扶持政策和专项行动，也缺乏对中试转化过程合理的利益分配和市场化定价机制；运营人才支撑不足，中高端人才难引难留。

破解上述四大症结的关键，在于打造“政府主导、产业培育、企业运用”的中试基地建设模式。2021年10月22日，晋江市委科技创新委员会成立，着眼“企业、平台、人才”三大创新主体，为科技创新树“主心骨”。依托该委员会，晋江先后引进中国科学院泉州装备所、中国皮革和制鞋工业研究院、中国纺织科学研究院等12家机构，集聚院士工作站19家，国家高新技术企业总量已突破849家，顺利通过国家首批创新型县（市）验收，获批国家级“双创”示范基地。我认为，可以借鉴晋江的成熟探索模式，在全省各地推动成立科技创新委员会，统筹科技创新各项工作，定期研究科技创新建链、强链、补链事宜，形成协同推进、一体发力的全方位科创体系，为中试基地的建设与运用提供良好的土壤。此外，政府层面也要尽快出台加快建设中试基地，促进科技成果转移转化的方案，有效激活当地产学研等资源，建设一批功能齐全、产业覆盖广泛的中试基地，转化新成果，输出新产品，孵化新企业，培育新业态。

调研中，我注意到现有的中试基地与企业的黏性有待加强。例如，有些中试基地在承接企业技术研发需求时，双方的对接频率、深度不足，甚至企业的实际诉求没有得到真正理解与贯彻，导致最终的合作成效大打折扣。较高的成本也让不少中小企业对借力中试基地望而却步，与之对应的是部分中试平台存在订单不足的发展困境。

要让中试基地实现良性运作，也要让企业用得起、乐于用中试平台，借助市场力量推动中试基地创新运作。要发挥财政资金引导作用，采取撬动社会资本投资、对接引入国内外产业投资基金和创业引导基金，以及将部分科技经费补助转为中试成果采购转化补助等方式，形成多元化投入、市场化运营、可持续发展的长效运行机制，建立市场化的中试技术服务机制。

打通研发与市场链接通路

提案中的多项具体建议，都是对国内其他省市的成熟做法与福建产业实际的有机融合，为福建提升中试基地平台效率、破解产业发展壁垒提供了新的思路。

以“引导企业设立科技经理，充分发挥中试基地引才育才作用，以高质量人才供给助力产业高质量发展”为例。近年来，江西赣江新区就聘请了多位省内外高校和科研院所的高层次人才担任“科技经理”，他们带着技术、成果、团队，走进生产一线，为企业转型升级“精准把脉”，帮助企业针对关键技术难题开展联合攻关，为产业创新提供人才支撑、智力服务和创新赋能。这种科研人才入企、科研成果留企的模式，可以让企业的创新升级需求得到精准匹配、精准研发、精准落地，让创新投入“有的放矢”。

◎调研企业研发情况

中试之“试”在于对新技术、新工艺的探索，自然存在失败的可能。以包容心态构筑容错试错机制尤为必要。黑龙江省就出台了《黑龙江省科技创新容错纠错实施办法（试行）》，明确提出充分尊重科技创新规律及市场规律，遵循科技成果转化市场运行机制，重视科研试错探索的价值，支持和保护科研人员创新的积极性和创造性，消除对创新风险的顾虑。因此，为加快推进中试技术的熟化，建议环保、安全生产等相关部门以实际效果监测为准，对新技术、新工艺采取灵活包容的态度，探索建立容错纠错机制。

值得一提的是，我的提案提交后，福建中试基地建设的步伐加快了。2023年，泉州出台了《泉州市促进科技成果转化落地若干措施》，明确提出从资金上大力补助中试平台运营：经认定的平台将按非财政资金购置设备软件费用的30%，给予不超过500万元的补助。实际运行后，按年度服务性收入的30%给予补助，连续3年，累计最高300万元。2024年4月，在成立全省首个市委科技创新委员会的晋江举办了第一届晋江科技成果转化对接洽谈会，吸引了36家高校、61家科研平台、32家投资机构、113家本土及国内行业龙头企业参加，超1000项科技成果集中亮相。可以说，依托中试基地，产学研多方构建了深度对接、创新合作的机制，有效打通了研发与市场的链接通路，正为福建产业创新发展注入源源不绝的新势能。

（供稿：民建福建省委会 执笔：庄天怀）

助力绿水青山转化金山银山

生态补偿机制是以保护生态环境、促进人与自然和谐为目的，根据生态系统服务价值、生态保护成本、发展机会成本，综合运用行政和市场手段，调整生态环境保护和建设相关各方之间利益关系的一种环境经济政策。中共十八大以来，九三学社福建省委会围绕流域生态补偿机制，不断深入开展调研，精准献计献策，提交的《关于完善我省重点流域生态补偿机制的对策建议》，被福建省政协确定为2014年重点提案，为助力生态文明建设作出积极贡献。

九三论坛 初显端倪

2012年底，中共十八大召开，明确提出要“建立反映市场供求和资源稀缺程度、体现生态价值和代际补偿的资源有偿使用制度和生态补偿制度”。九三学社福建省委会敏锐地把握这一契机，2013年围绕流域生态补偿开展课题调研，形成《关于推动流域上下游生态补偿机制建立与完善的对策研究》调研报告。

恰逢九三学社中央2013年在宁夏银川举办以生态文明建设为主题的“九三论坛”，九三学社福建省委会提交的报告被选为专题发言。报告从行政、法制、机制上对推动流域生态补偿长效机制的建立与完善提出建议，得到与会人员的热烈反响，引起与会的九三学社中央领导高度关注，勉励福建省委会继续深入研究生态补偿课题，拓展宽度，提升高度，把课题做成“精品”。

再接再厉 精准献策

受此鼓舞，九三学社福建省委会决定继续将课题做精做深。课题组将重心放在重点流域，奔赴福州、南平、三明、泉州、厦门、漳州等市县开展深入调查研究，与当地有关部门进行座谈，取得了大量翔实的第一手资料，数易其稿，形成《关于完善我省重点流域生态补偿机制的对策建议》调研报告，提出建立重点流域生态补偿办法及制定多元的补偿方式、可行的筹资渠道和科学的考核方式等建议。

2013年11月，该调研报告被中共福建省委政策研究室采用，编入《研究动态》第200期，作为专报件呈省委、省政府主要领导参阅。当年底，九三学社福建省委会在调研报告的基础上，形成党派集体提案提交福建省政协十一届二次会议，引起广泛关注，被省政协确定为2014年重点提案，由省政府、省政协领导共同督办。

省发展改革委、省环保厅、省财政厅等6个办理提案的省直部门组成联合调研组，在充分沟通协商和广泛听取意见的基础上，省发展改革委会同省财政厅、省环保厅起草了《福建省重点流域生态补偿办法（草案）》，分管副省长多次召开省政府专题会议对办法进行研究讨论。2015年1月，省政府正式出台《福建省重点流域生态补偿办法》（闽政〔2015〕4号）。鉴于此提案取得的显著成绩，省政协将其评为2013年至2014年度优秀提案，为该提案画上一个圆满的句号。

更上一层 再立新功

2014年，福建被国务院确定为全国第一个生态文明先行示范区，省政协在当年的提案督办调研过程中，把推动生态补偿办法贯彻落实作为2015年调

◎福建省洋口国有林场杉木培育基地（黄海 摄）

研课题。调研中，九三学社福建省委会课题组发现，规范了重点流域的生态补偿形式和内容、资金的分配方式、使用程序和扶持重点，在协调各方利益关系、维护社会公平、改善水环境方面效果显著。但由于跨区域的水质监测水平难以达到生态补偿的数据核算要求，各方对监测结果存在争议，且国家没有专门的生态保护补偿立法，对生态补偿机制实施影响很大。

在多番研讨后，课题组认为，生态保护补偿立法、提高水质监测水平和完善技术标准体系需要国家层面的支持，且我国的跨省大江大河流域面积广、治理难度大，建立完善的生态补偿机制具有全国普遍意义。因此，九三学社福建省委会向九三学社中央申报“流域生态补偿机制创新”课题，并成功入选2016年九三学社中央与地方合作课题。

2016年10月，九三学社中央领导率山东、江苏、上海、浙江等省社员专家赴闽开展调研，国家海洋局、生态环境部有关领导受邀参加调研。三天的时间里，课题组辗转四地七个考察点，与地方政府及有关部门进行座谈交流。11月，《关于创新流域生态补偿机制的建议》由九三学社福建省委会主委会议审查，正式完稿。该报告经九三学社中央采用，提交全国政协十二届五次会议，并被国家发展改革委主管刊物《改革内参》采用。

围绕生态补偿开展课题研究的过程中，九三学社福建省委会从群众普遍关心、切合群众自身利益的“水质”破题，中央、省、市三级联动、优势互补，汇集各方力量，形成合力。建立流域生态补偿机制，是实现“百姓富”与“生态美”的有机统一，事关百姓福祉、民族未来。推进绿色发展，助力绿水青山转化为金山银山，我们一直在路上。

（供稿：九三学社福建省委会　执笔：杨文斌）

“全福游”搭上文旅提案“列车”

2024年“五一”假期，文旅消费升温显著，“文旅热”正成为拉动内需的一股强劲风潮。哈尔滨的冰城雪景、山东淄博的齐风鲁韵，南北风情皆入画的格局让全国文旅行业呈现一片繁荣景象和勃兴态势。

福建省文化和旅游厅提供的数据显示，2024年“五一”假期，全省累计接待游客2716.65万人次，游客旅游总花费213.96亿元。发展文旅经济在促进经济增长、优化产业结构、传承和弘扬当地文化、助力乡村振兴等方面都具有重要意义。

在福建省文旅经济持续升温的背景下，民建福建省委会积极响应号召，在开展民主监督调研工作的过程中，聚焦文旅经济产业，充分发挥民主党派优势，通过深入调研、广泛交流、精准施策，为提升福建文旅消费水平建言献策。

2024年，民建福建省委会在省政协十三届二次会议期间提交了提案《关于进一步提升我省文旅消费层次水平的建议》，该提案不仅被列为省政协重点提案，更是作为民建界别发言的代表提案而广受关注。

目前，这件提案已被省委、省政府多位领导批示肯定，足见提案内容的“含金量”。那么，这篇优秀的提案是如何“炼成”的？让我们跟随这趟以福建文旅为主题的“提案列车”一探究竟。

始发站：构思与启动——聚焦短板 有的放矢

在明确提案调研方向后，民建省委会组织会内专家学者成立了课题组，通过走访相关部门、分析收集数据等方式，第一时间掌握了福建省近年来的文旅消费概况：文旅消费市场呈现逐年向好的趋势，文旅发展空间不断拓宽，发展动力不断深化，发展短板持续夯实。

在深入平潭、福州、龙岩等地调研后，课题组发现，福建文旅发展虽前景可期，但仍受多个因素影响：如缺乏文旅大市场、大服务的发展理念，资源依赖惯性大，且文旅产品同质化、缺乏核心竞争力的问题较为凸显。现有的文旅产品业态老化，旅游线路陈旧，有“吃老本”现象，产业延伸与突破相对滞后，转型升级效果不明显，资源优势尚未有效转化为文旅优势。

2023年至2024年，民建辽宁省委会曾两度来福建调研文旅产业。对方坦言，福建文旅名声响亮，但标志性品牌太过固化，提到福建旅游只能想到武夷山、厦门鼓浪屿等地，其他地区的文旅品牌宣传相对不足。因此，已打出名号的文旅产品需要不断创新，而“养在深闺人未识”的文旅资源则急需打造品牌。

另外，福建的海洋旅游、康养旅游、工业旅游、体育旅游等“文旅+”“+文旅”跨界融合的新业态偏少，产业链的纵向延伸不充分。课题组还指出，福建缺少文化行业领军企业，没有上市的文化企业；文旅企业在发挥文旅经济的产业融合作用上略显不足，横向拓展与纵向延伸均不充分；全省文旅产业链呈现旅游资源“碎片化”、旅游线路“节点化”、旅游品牌“行政区域化”等特点；文旅产业规模效应与区域辐射效应未能充分显现。

2019年3月，福建提出“全福游”理念，旨在以“一盘棋”留住游客，提升过夜游占比及人均旅游消费。课题组发现，如今，“全福游”理念的践行效果有待提高，各地仍存在各自为战的现象，相似资源的产品开发雷同，竞争多于协作，未形成以点串线、以线带面的旅游态势。

经停站：调研与交流——他山之石 可以攻玉

短板与问题一一浮现。课题组围绕以上问题于2023年5月开始在云南、山西等地走访文化和旅游厅、旅游发展集团等，与100多位文旅行业人员座谈，广泛征求意见、建议。

彩云之南，风景秀丽，课题组成员却将目光落在当地旅游产业基础设施建设、全域旅游概念的贯彻落实上；山西太原，底蕴悠长，课题组成员将重点放在汲取文化赋能旅游、打造独特文旅品牌的经验中。

在三个多月的时间里，“提案列车”收集了大量宝贵的信息与数据，并逐渐转化成推动提案进一步完善的“燃料”。

由此，民建福建省委会在提案中提出了“含金量”颇高的建议。

首先，强化顶层设计，推动产业新发展。借鉴云南、山西等地经验，进一步完善文旅项目联席会议机制，加强对文旅经济产业发展的统一领导、统一规划；汇聚高校、科研机构和业界力量组建文旅领域智库，为产业科学化、专业化发展提供人才保障和智力支持。持续深化文旅项目“放管服”（简政放权、放管结合、优化服务）服务，激发文旅市场主体活力。

其次，打造旅游精品，提升产品竞争力。探索成立全省景区发展联盟，建立重点景区联动会议制度，实现信息共享、客源互送、门票互惠；集中资源开发标杆式重大项目，打造“引爆点”，增强对省内外客源的吸引力。围绕5个世界文化遗产、11个5A级景区，坚持连片打造、全域提升，培育更多高品位、高水准、受欢迎的标杆式原创文化精品力作；聚焦全省188项非遗等优秀传统文化存留，结合艺术、时尚、热门IP等潮流元素，打造独具特色的文旅消费产品。

最后，加强跨界融合，汇聚发展新动能。建设一批休闲农业重点县，加

◎泉州文旅地标之一——泉州西街（陈英杰　摄）

大美丽休闲乡村景点线路推介；鼓励依托工业生产场所、生产工艺和工业遗产开展工业旅游，建设一批工业旅游示范基地；推动“商贸+文旅”融合发展，加快国家文化和旅游消费试点城市建设；在全省打造一批文旅龙头企业，依托龙头企业，以点带面，统筹区域协调，因地制宜开发各具特色的地方文旅产品，避免同质化，实现资源共享、产业协同、营销整合、资金融通，拓展文旅产业发展新空间。

“终点”站：提交与实施——民主监督 不断前行

2024年“五一”假期，泉州的文旅消费潜力得到释放，逛世遗、游古城、品美食、赏南戏、戴簪花等成为假日热点，接待游客总数量、增速及旅游花费增速均居全省第一。

“不难发现，泉州文旅的强势出圈与提案中的多个建议不谋而合。文旅发展的关键在于文化赋能，下一步，建议在此基础上加大宣传力度，让泉州文旅发展更加出圈出色。”课题组成员说道。

目前，被列为省政协重点提案的《关于进一步提升我省文旅消费层次水平的建议》，正由省政协领导带队，前往省内外开展进一步调研，提案的相关内容将会被进一步优化，继而推动具体落实。

民建福建省委会表示，民主监督无“终点”，这辆提案调研的“列车”，象征着政府与社会各界共同努力、共同推动社会发展的决心与行动，它将继续前行，为构建更加美好的社会贡献力量。

（供稿：民建福建省委会）

打赢滨海湿地“保卫战”

福建是国务院确定的全国第一个生态文明先行示范区，拥有全国最长的海岸线，风光旖旎、水产丰富。但在美丽的海岸线上，却蛰伏着一个危害不小且长期未得到有效防治的“超级入侵者”。

一封盟员来信

2021年5月，南平一位长期从事农林高新技术与植物化学调控技术研究开发的盟员致信台盟福建省委会。信中大致介绍了互花米草在我省沿海的分布情况和危害，表达了参与治理互花米草、保护沿海生态环境的意愿和决心。这是我第一次听说这个“超级入侵者”的名字——互花米草。随后，我便查阅了这种植物在我国的分布情况、主要危害以及沿海部分省市对其防治的基本情况。

互花米草产自北美大西洋沿岸，属多年生草本植物，曾是“护滩小能手”，最高可长到两米，且根系发达，极易在河口、入海口区域繁殖。20世纪70年代末，我省出于防浪护堤等考虑，引种互花米草。但由于其根系发达、繁殖传播迅速，不仅容易侵占航道，淤塞港口，影响船只出入，给海上运输业带来不便，而且还会阻滞海水交换，导致水质恶化，诱发赤潮，并破坏潮间带泥质滩涂水生生物栖息环境，影响渔业、养殖业发展等。

经过多年的人工种植和自然扩散，互花米草已遍及我省沿海滩涂，其规模远大于国内其他地区。初步统计，我省互花米草分布范围北起宁德福鼎，南达漳州云霄，覆盖了我省全部沿海市、县，侵害面积近14万亩，而且还在以每年增长10%的速度扩张，其对我省的近海生态环境的危害持续存在，已成为我省滨海湿地生态与环境面临的重大挑战。

一件“除草”提案

为了取得第一手资料，我先后到福州福清城头镇、连江马鼻镇浮曦村、宁德蕉城鳌江村、霞浦长春镇武曲村附近海域，向当地相关部门、群众了解互花米草的侵占、危害和整治情况。许多渔民表示，原来适合滩涂养殖的湿地，被互花米草入侵后，湿地板结严重，养殖户只能另觅出路。

由于互花米草在我省分布点多面广、治理方法标准不统一、生态治理成本高、整治难度大且容易复生等原因，其治理工作一直进展不大，根治工作

◎互花米草治理后的罗源湾红树林海岸公园（王惠平　摄）

更是难上加难。为破解这一难题，我先后请教了厦门大学环境与生态学院、福建省野生动植物与湿地资源监测中心、福建省林业科学研究院的专家以及相关职能部门的干部，他们建议对互花米草采取早发现、早清除的治理措施，长期开展跟踪监测，统筹科研力量加以防控。

经过深入的调研和严谨的论证，我认真撰写了《关于根治我省沿海互花米草 修复海域生态的建议》，于省政协十二届五次会议期间，以委员提案的方式报送给省政协。在提案中，我明确提出组建全省互花米草入侵监测网络、统筹科研资源力量、对重点生态区优先治理、加大生态治理的资金保障等举措，呼吁相关部门重视起来，对我省滨海的互花米草开展统一整治活动，进一步改善海湾生态环境，提高人民群众临海亲海的获得感和幸福感，建设海洋强省。

提案提交后，得到省政府和相关部门的高度重视。省林业局湿地中心作为办理单位，复电表示他们将会认真研究吸纳提案的相关建议内容，开展全省性的统一整治行动。让我没想到的是，当年9月份，福建省政府常务会议即研究并通过了《福建省互花米草除治攻坚行动方案》，全省互花米草除治攻坚行动动员部署视频会在福州召开。

一次跟踪调研

虽然省林业局的提案办理复文早就交到我的手上，对复文内容和后续办理工作我也十分满意，但互花米草整治成效如何、整治后滩涂生态如何修复、长期管护机制如何构建、我省沿海生态旅游经济如何发展等一系列问题，却在我脑中萦绕、挥之不去。2022年10月，提案办理单位负责同志得知我的困惑，便热心牵线搭桥。在他的帮助下，我特地带着问题再次走进罗源湾。

口小腹大的罗源湾静水流深，公路沿着海岸线铺开，放眼望去，一片郁郁葱葱，候鸟不时从芦苇丛中腾空而起。据罗源县林业局相关负责人介绍，截至目前，罗源县利用非候鸟迁飞季节快速推进互花米草治理，累计除治面积达1810亩，基本完成福州市下达的除治任务。此外，松山镇、碧里乡已种植红树林、短叶茳芏、海三棱藨草等乡土植被800亩，剩余75亩种植任务年底前将完成。经过全省对互花米草的除治攻坚，我省滨海湿地生物多样性和生态系统安全已逐渐恢复，“水清、岸绿、滩净、湾美”的八闽海岸线已重现眼前。

跟踪调研后，我感觉肩上的责任更加重了，因为我深知，虽然除治互花米草攻坚已取得阶段性胜利，生态文明建设却是一项长期性的系统工程。互花米草的生态治理需要借鉴山东、上海等省市的先进防治经验，治理标准化程度还要进一步提高、治理区域功能修复需要更加精准等问题，已成为我调查研究、履职尽责的新方向。

行百里者半九十。在今后的履职实践中，我将继续坚持人民至上，扎实调研、务实献策，为建设生态强省多作贡献。

（供稿：台盟福建省委会　执笔：许勇铁）

社区老人有了吃饭的“家”

每当正午时分，厦门老城街巷的鹭江街道菜妈街16号的社区食堂便热闹非凡，“烟火味”十足。宽敞明净的用餐区域内，各种菜品琳琅满目，色香味俱全，众多老人汇聚于此，他们一边享用美食，一边愉快地交谈，享受着这午间惬意的时光。

这家社区食堂不仅是一个用餐的地方，更是履职成果的体现，我备感欣慰。

从最难处、最急处入手

党的二十大报告提出，实施积极应对人口老龄化国家战略，发展养老事业和养老产业，优化孤寡老人服务，推动实现全体老年人享有基本养老服务。这既是党对我们提出的新要求、新任务，也是广大人民群众亟须着力解决的急难愁盼问题之一。

近年来，随着社会人口老龄化，我注意到社区老年人日益增多，而在众多养老服务需求中，老人做饭难、吃饭难问题显得尤为突出，许多老人因年龄、健康、空巢、孤寡等原因，难以自行准备餐食，这个问题一直萦绕在我的心头，如何为这些老人提供一个既舒心又放心的用餐环境和卫生、可口、便宜、便捷的“热乎饭”？

为了找到解题良方，我踏上了调研之路，考察了北京、上海等多个城市。北京西城区的做法给了我很大启发。在西城区政府的支持推动下，2018

年1月开始，国企北京华丰餐饮管理有限公司承接了西城区的什刹海街道、长安街道、月坛街道的居家养老配餐中心服务项目，为本辖区的老人提供优质的服务和营养膳食套餐。上海徐汇区也推行“长者食堂”，菜品单价3元起，每份饭不超过15元。北京、上海能做到，我们也应该能做到。

社区食堂不仅是民生工程，更是功德工程，真希望福建能有社区食堂啊。我穿梭于厦门市思明区的大街小巷，与社区工作者和老年人面对面沟通，聆听他们的声音，记录他们的需求，思考解决问题的策略。

在调研过程中，思明区的情况最让我担忧。这里人口密度大，老年人且空巢老人、孤寡老人多，居家养老吃饭问题显得尤为迫切。

在广泛调研走访、掌握较全面资料的基础上，我撰写了《关于为老年人提供社区食堂的建议》。在这件提案中，我提出了打造社区食堂的设想，旨在通过创新管理模式，满足老年人多样化、多层次需求，将这一项目打造成优质的养老服务。2022年1月，我将此提案提交给十二届省政协五次会议。

我还以厦门市政协老委员和特邀研究员的名义，积极向厦门市政协反映这一情况。我重点提出三条建议：一是提升现有服务，充分利用现有照料中心、居家养老服务站等养老服务场所，为老年人提供助餐服务；现有的养老服务场所要增加助餐功能，已有助餐功能的要进一步完善，扩大服务范围，就近辐射更多的老年人和周边居民。新建照料中心或者居家服务站时，要先考虑助餐功能。二是扩大社会参与，积极争取闲置的场所，搭建平台吸引社会资本参与助餐行业，通过对外招商，吸引国企、大型餐饮机构介入老年助餐行业。三要因地制宜，结合各街道社区的实际情况，拓宽思路，从群众需求出发，为老年人开展形式多样的助餐服务，如在有条件的街道设立配餐中心，依托小区内的餐饮机构设立助餐点等。

作为厦门市思明区鹭江街道的一名人大代表，我也向思明区人大提交了相同的建议。为了加强这一建议（提案）的影响，加大办理力度，我发起联名，与其他10位代表共同签名提出建议。这份建议很快引起了相关部门的关注，并被列为厦门市思明区十八届人大一次会议议案，交由厦门市思明区政府办理。

在议案办理过程中，我积极参与思明区人大常委会组织的走访、检查督办、专题视察，听取汇报，助推思明区政府部门把实事办好、把好事办实。我珍惜每一次机会，每次都提前做准备，细心询问、认真记录，并不断完善自己的意见、建议。我的努力得到了有关部门的认可和支持，思明区民政局、工商管理局领导多次就相关办理情况面对面征求我的意见，共同探讨如何将这一好事办得更加实在。在议案办理结束后还来征求意见，让我感受到政府部门为民服务的积极作为和态度，让我内心充满了感动和温馨。

让“民意”变“满意”

在多方共同努力下，2022年11月9日，厦门市思明区首家社区食堂——鹭江街道社区食堂正式揭牌运营。从此，厦门市思明区鹭江街道辖区老年人无须开火做饭，就能在家门口享受到营养健康的“热乎饭”。

真高兴，走出了可喜的一步！我盼望社区食堂持续办好，让更多群众受益。这一成果通过政府部门的重视、群众的口碑相传和媒体宣传等渠道，不仅让辖区老年人受益，更在思明区乃至厦门全市范围内引发了连锁反应。如今社区食堂、“长者食堂”如雨后春笋般涌现。真是“办成一件，受益一片”。

思明区政府还坚持尽力而为，在现有养老服务场所为老年人提供助餐服务的基础上，逐步探索形成“为老服务助餐中心+就餐点+上门送餐”的三级配送链服务体系。如今，温馨、暖心的“烟火气”在厦门这座美丽的海滨城市不断升温。据了解，2024年上半年，思明区共设有77个社区食堂，累计助餐约13.78万人次。更值得一提的是，这些社区食堂不仅解决了老年人的

◎调研社区长者食堂（林旭东 摄）

吃饭问题，更是以“吃”为纽带，进一步丰富了老年人的精神文化生活，它们成了实实在在深受群众喜爱的“幸福食光”。

一蔬一饭非小事，一枝一叶总关情！回顾这段省市区三级联动让“民意”变“满意”的履职经历，我深感荣幸。“人民政协为人民，为民生民利鼓与呼。”“人大代表人民选，人大代表为人民。”这是政协委员和人大代表始终不变的初心和使命。作为政协委员和人大代表，要时刻留心身边的每一件小事，倾听民声，反映民意，将来自基层的声音转化为具体的提案和建议带上两会平台，转化成为民解忧、为民办事的实际举措，以担当作为来提升群众的获得感和幸福感。

社区食堂里老人们脸上洋溢着的幸福笑容，是我履职为民的最大收获。

（供稿：省政协教科卫体委员会 执笔：黄秀惠）

潮平岸阔风吹帆　融资租赁获发展

金融是实体经济的血脉，也是推动两岸融合发展的重要支撑。两岸融合，金融先行。2011年，厦门经济特区建设30周年之际，国务院批准实施《厦门市深化两岸交流合作综合配套改革试验总体方案》（以下简称《总体方案》），为厦门市乃至福建省在新形势下进一步推动深化两岸交流合作指明了方向，给予了丰厚的政策红利和制度保障。在此重大机遇下，如何推动两岸金融与实体经济融合发展？台盟厦门市委会立足对台特色优势，围绕《总体方案》的落实，选择在两岸金融合作领域寻找金融与实体相互促进发展的突破口。课题组实地走访相关部门和行业协会、经营融资租赁业务的相关企业，了解到两岸融资租赁合作发展具有广阔的前景，在调研基础上提交《加快两岸融资租赁合作，促进实体经济健康发展》报告和提案素材给台盟福建省委会。该项调研成果转化后成为台盟福建省委会2013年省两会的党派政协提案，被列为当年省政协重点提案。

为何关注两岸融资租赁合作

台湾的融资租赁业萌芽于20世纪70年代，比大陆起步早、发展快，在台湾已成为银行信贷以外的最重要的企业融资渠道，积累了一定的运作经验。随着台资企业在大陆融资难问题日显突出，两岸融资租赁合作可为台资企业化解融资难提供必要的帮助。此外，大陆大批民营中小企业面临企业转型和技术升级，在承接台湾产业技术转移方面，也为两岸融资租赁合作发展提供了巨大的潜在市场空间。《总体方案》的获批实施，使厦门作为海西龙头增进了对内陆地区的经济辐射能力，在政策先行先试方面提供了较为宽松的环境，也为两岸融资租赁合作发展提供了政策支持。

如何深入扎实开展两岸融资租赁合作调研

为取得第一手资料，提出有针对性、有可操作性的对策建议，调研组先后走访了厦门海翼集团等多家融资租赁企业。在调研过程中，偶遇一位曾任浙江省融资租赁协会秘书长的同志，他对于调研组的工作极为兴趣，热情地介绍了江浙一带开展融资租赁的情况、成功与失败的经验，同时，他建议应当发挥厦门的区域优势，以“厦门两岸区域性金融服务中心”为平台，将融资租赁企业法人，视为法人金融机构，纳入“厦门两岸区域性金融服务中心”同享优惠政策。

得到这位同志的指导，结合扎实的社会调查，调研组修正了先期案头工作的若干看法，撰写了调研报告。初稿形成之后被推荐参与台盟中央在吉林举办的有关经济发展议题的研讨会。会上，兄弟台盟地方组织又提出了一些意见和建议，两岸融资租赁合作的专题调研得以进一步拓宽视野，拓展了理论深度和实践韧性。

结合台盟福建省委会实际工作需求，调研组拟将相关成果转化为政协提案、大会发言。为进一步提升意见、建议的理论依据和针对性，调研组专门拜访了受聘为厦门市政府经济专家的厦门大学财经学院教授。他们对课题成果给予较高的评价，同时，建议应当以更宽的视野、更高的层级去看待和推动这项工作，如可以厦门为试点，在取得一定的经验后，在长江三角洲地区、珠江三角洲地区甚至全国范围内梯次推动。

在听取多方的意见、建议和专家的专业评点后，调研组结合提案的体例，对调研成果进行了大幅修改，针对融资租赁行业面临的重要痛点、堵点，辩证施治，提出一系列方案。

两岸融资租赁合作相关提案提出哪些创见

提案就发展融资租赁行业的现状进行分析：一方面，两岸融资租赁行业合作发展有很好的前景；另一方面，现实的困难也是客观存在的，发展之路并非一帆风顺。在实际业务中，由于融资租赁服务在我国起步较晚，信用保险机制缺失，租赁企业要自己承担较大的风险，也为融资租赁机构的发展带来诸多不利影响。

当时的配套法律法规不健全，缺乏专门的金融租赁法。2007年中国银监会修订并颁布实施了《金融租赁公司管理办法》，允许银行进入融资租赁行业。2010年上海、天津等城市陆续出台了一些法规、规定。2011年商务部出台了《关于“十二五”期间促进融资租赁业发展的指导意见》。但是，这些法规、规定多数是部门规章或地方法规，规范性和可操作性不强。而且，融资租赁行业的监管主体也不统一。金融机构性质的融资租赁公司的审批监督部门是银监会，非金融机构的融资租赁公司的审批管理部门是商务部。而到了地方又分为内资融资租赁企业归口经发局，外资融资租赁企业归口外资局。由于监管主体不统一，政出多门，多头监管，给融资租赁的行业管理、公平竞争带来了一些问题。

为进一步促进两岸融资租赁合作、支持融资租赁企业做大做强，提案提议，结合海峡西岸经济区建设和《总体方案》实施，以“厦门两岸区域性金融服务中心”为平台，将融资租赁企业法人视为法人金融机构，纳入“厦门两岸区域性金融服务中心”同享优惠政策。同时，加大对融资租赁业的政策扶持力度，研究出台融资租赁增值转型的相关财税优惠政策，鼓励企业使用租赁公司产品，发展资产轻量化生产经营方式，通过融资租赁帮助中小企业实现产品和技术更新，拓展多元化融资渠道。要建立和规范融资租赁信用保险制度，设立专项保险基金，提高融资租赁企业风险准备金额度，加大融资租赁风险防范措施。

提案取得了哪些成效

该项调研成果作为台盟福建省委会集体提案，被列为2013年省政协重点提案。2013年1月26日，省领导在提案《关于加快两岸融资租赁合作 促进实体经济健康发展的建议》上批示："请经贸委会同外经贸厅研究支持融资租赁发展的措施，特别是如何加强两岸融资租赁合作，要创新思路，加大力度。"1月31日，省领导在政讯专报第106期《我省外资融资租赁业发展现状分析与建议》上再次批示。省经贸委、省政协提案委联合发函省政府金融办、省外经贸厅等单位，针对提案建议开展调查研究，提出加快两岸融资租赁合作的有关措施意见，形成重点提案督办调研报告。主管部门明确支持设立融资租赁公司，支持融资租赁公司拓展业务范围，鼓励融资租赁公司探索开展融资租赁与风险投资相结合、租赁债权与投资股权相结合的风险租赁业务，支持融资租赁公司以租金、租赁物残值、承租企业股权作为主要收益，为创业期和成长期企业提供融资、管理、技术、财务、法律等综合型服务，依托大型仪器设备协作共用网络等，不断拓宽服务领域，扩大服务范围。在财政和税收政策上也给予力度很大的支持，对经国家有关部门批准，在福建省新设或迁入的金融租赁公司和融资租赁公司法人机构，由税务登记地财政部门给予奖励和税收抵免。同时，进一步研究制定有针对性的政策制度措施，集中力量解决影响租赁业发展的突出问题，创造良好的商务环境，形成强大的发展合力，促进福建省融资租赁业改革创新发展。数据显示，2014年福建省融资租赁企业增长到69家，其中外资企业62家，融资租赁行业迎来了高速发展期，效果超出预期。

台盟福建省委会关于融资租赁的调研提案建议，得到了实践的检验，并持续为新的两岸经济融合发展检验。2022年9月，台资企业仲信国际融资租赁有限公司分公司正式在厦门自贸片区落户，为服务厦门市实体经济发展，推动两岸金融交流合作增添了一股新力量。该公司瞄准了厦门先行先试的政策优势及优质高效的营商环境，在自贸片区、市金融监管局和市场监管局的大力支持下，企业积极融入当地建设，提供特色金融服务，发展势头良好。

（供稿：台盟福建省委会　执笔：丘岱）

让传统畲族医药焕发时代光彩

具有浓郁畲族特色的宣传牌整齐列队，显示屏滚动播放着“畲嫂救曾志”等畲族医药历史故事、红色故事、地理故事和创新故事，6名畲族医药非遗项目代表性传承人现场操演……在省政协举办的这场“铸牢中华民族共同体意识·畲族医药与健康养生同行”2022福建省畲族医药非遗项目“四进”活动，是福建省民族与宗教事务厅提案办理的具体举措之一，更称得上是一场沉浸式的重点提案办理“三结合”协商会。畲族医药传承人们为与会人员提供畲药锤板拍打疗法、畲医问诊等医药服务体验，并宣讲畲族医药知

◎畲族医药（刘其燚　摄）

识，推广畲族医药健康理念，展示畲族医药非遗文化；部分畲药生产企业还展示、推介畲族医药和药食同源相关产品，获得了在场干部群众的广泛好评。通过沉浸式展示体验活动，参会人员切实增进了对畲族医药的感性认识，领略到畲族医药文化的独特魅力，增强了扶持畲族医药发展的共识。省政协领导还逐一看望非遗传承人并与他们交流互动，勉励他们坚定中华文化自信，传承弘扬好畲族医药文化。

畲族医药是祖国传统医药瑰宝的组成部分，是畲族人民在长期的生产生活中与疾病抗争的经验总结。福建是我国畲族主要聚居地，也是畲族医药的主要发源地。近年来，我省重视挖掘整理畲族医药文化，把扶持畲族医药发展作为助力乡村振兴、促进民族团结进步的重要举措来部署落实，取得了一定进展。但由于畲族没有民族文字，畲族医药主要靠口传心授，随着老一辈畲医相继离世，畲族医药文化濒临失传，畲族医药科研和临床实践、人才队伍建设、标准化和产业化发展等都亟待加强。在科学技术迅猛发展的新时代，如何守护传承好作为八闽“福”文化有机组成的畲族医药文化，让传统的畲族医药焕发时代光彩，是省政协少数民族界委员共同的关注。2022年，少数民族界别提出的《关于扶持畲族医药发展的建议》被列为省政协重点提案。

协商会前，省政协民族和宗教委组成调研组赴福州、三明、宁德等地，深入畲医药种植基地、企业、研究机构、非遗传承中心、诊疗场所调研，并广泛听取有关部门、从业及研究人员、基层干部群众意见、建议，在充分论证的基础上形成课题报告（征求意见稿），作为协商内容提交会议。协商会上，省政协民族和宗教委负责同志简要介绍调研情况及协商内容，省卫生健康委、省民族与宗教事务厅、省科技厅、省农业农村厅、省商务厅及相关单位负责人介绍了部门推动提案办理的成效、下一步工作打算。与会的省政协少数民族界委员、畲族医药研究及从业人员还与有关部门同志，聚焦深化畲族医药文化挖掘、整理、保护，扶持畲族医药科研攻关，加强畲族医药人才培养，提升畲族医药服务能力，推动畲族医药产业发展和融入康养旅游等问题，深入交换意见、建议，达成积极的协商共识。

在有关各方的共同努力下，提案办理取得积极成效：将推动畲族医药的保护传承工作写入《福建省中医药健康发展“十四五”规划》和《福建省中医药条例》；促进了畲族单验方、民间单方和食疗、药膳方等较为系统的整理和总结；“畲药‘十二时辰’外用治疗类风湿关节炎的抗炎镇痛药效活性部位筛选”“畲药乌饭树不同提取物的抑菌活性及其初步的机制研究”课题列入省中医药科研项目；举办2期畲医畲药职业技能培训班，培训120人次；举办多场畲族医药非遗项目展示体验活动和海峡两岸“畲族医药发展云论坛”，促成畲族医药产品亮相中国国际贸易投洽会、商博会等，加强畲医药宣传和市场推广；下发《关于开展“畲药种植基地”申报认定工作的通知》，支持畲药全过程可追溯基地建设，带动民族乡村畲药种植业发展；在永安市青水畲寨省级森林康养基地、顺昌下沙山哈省级森林康养基地试点推行“畲医药健康旅游项目”，推动畲族医药融入康养旅游产业，等等。

省政协领导在协商会上指出，福建省是畲族医药的主要发源地，自然条件优越、药材资源丰富，发展畲族医药具有独特优势和潜力。要在尊重畲族医药发展规律的基础上，加大力度推进畲族医药文化挖掘整理、畲药科研攻关和产品研发、畲族医药人才队伍建设，以推动畲族医药产业化发展来带动农民增收致富，助力民族乡村振兴，让畲族医药融入“健康福建”建设，造福广大人民群众。

该重点提案督办调研报告所提意见、建议也得到省委领导的重视，批转有关部门办理。

扶持畲族医药发展，是一项系统工程，更是一项长期的任务，需要各级各方齐心协力、久久为功，接续推进畲族医药保护和开发利用，共同讲好福建畲族医药故事，让传统的畲族医药焕发时代光彩，助推有形、有感、有效铸牢中华民族共同体意识。

（供稿：省政协民族和宗教委员会 执笔：蒋晓燕）

治理小水电站，让生态更美

我省小水电站建设起步早，点多面广，在我省早期电力供应保障以及乡村建设中发挥了重要作用，在全国各省中居领先地位。但随着时代的发展，也累积了不少问题。2020年，在省政协十二届三次会议上，省政协人口资源环境委员会提交了提案《加强小水电站治理，改善水生态环境》。

小水电站过度建造之弊

为什么在这时候提出这一提案，这一提案的提出对我省的小水电站发展和水生态环境的改善又有什么作用?

我省山地多、降水充沛，早在20世纪60年代，前辈们就已经利用福建自然地理特点开始了小水电站建设。小水电站曾经是我省电力发展和农村经济发展的一张名片，永春县还曾经成为全国小水电站发展的先进典型。从当时的情况看，小水电站建设体现了我省对水资源的比较充分的运用，是我省能源发展因地制宜的一种体现。

近年来，小水电站建造过度对水环境的负面影响日益受到关注：截水断流影响了生态补水和农业农村用水；建有小水电站的河流流速减缓，自净能力下降，水质容易富营养化；占小水电站总数80%以上的引水式小水电站造成河流季节性减水脱流，个别坝体下游河段甚至出现断流；水生物洄游路线被切断……而随着我省经济社会快速发展和我省能源消费不断转型升级，小水电站发电量占全省总发电量的比例也逐年降低，2020年小水电站发电量占全省总发电量不到13%。无论是从生态文明建设角度还是从经济发展和能源消费转型升级角度来看，小水电站的发展都到了应当重新思考的时候了。

实际上，20世纪末我省已经开始关注小水电站发展中产生的问题了。21世纪初，小水电站治理已经纳入生态文明建设计划，一些措施也陆续出台。近年来，省委、省政府高度重视生态环境保护，采取措施加大小水电站整治力度，如加快生态泄流设施改造，推进减脱水河流生态修复，推进小水电站退出试点等。这些措施不少已经产生良好的效果，如推进小水电站绿色发展，在长汀、永春等县先行先试、以点带面、示范推进的做法得到水利部充分肯定。2019年水利部还在永春县召开了全国农村小水电绿色改造现场会。

为小水电站治理持续发力

“深化国家生态文明试验区建设”是2018年省政协常委会专题协商议题之一，小水电站治理是生态文明建设的一项重要内容。2019年，省政协人口资源环境委员会重点关注小水电站课题，起草了《关于加强我省小水电站治理的建议》，以省政协专报件报送省委、省政府。2020年，在充分调研的基础上，省政协人口资源环境委员会提出了《加强小水电站治理，改善水生态环境》提案。经省委研究确定，省政协将其列为2020年重点督办提案。

省政府领导对提案督办非常重视，多次提出要求，指导督办工作。省政协也多次研究督办方案，于2020年4月中旬召开情况通报会，邀请省水利厅等单位负责人介绍我省小水电站治理工作情况；8月，组织重点提案督办调研组赴省内南平等地和省外甘肃、重庆开展调研，实地察看小水电站运行情况，召开座谈会，广泛听取各方意见，分析存在问题，研究相关建议。

调研中发现，我省在小水电站综合开发以及小水电站管理上还存在一些问题。例如，个别水电站执行最小生态下泄流量规定不到位；部分电站布局不符合流域环评规划；大部分电站缺少防洪、灌溉、供水功能，综合效益差。

情况明朗了，问题清晰了，调研组集思广益，提出建议措施。建议措施主要围绕生态环保、流域规划、生产安全管理、小水电站综合效益发挥四个方面，重点提出开展综合评估，划分为退出、整改、保留三类电站，综合施治的办法，聚焦在生态流量下泄的管控、生态电价的奖惩、退出机制安排、严把保留提升关口等实质性问题，强调完善责任机制、政策法规机制、督促机制。

一件提案成功与否不仅要看提得好不好，还要看提案办理落实和产生的效果怎么样。2021年省政府正式出台《福建省水电站清理整治行动方案》，按照"退出、整改、完善"三类标准部署开展核查评估和处置工作。省水利厅牵头推进清理整治工作，引导安全标准低、生态影响大且经济效益差的老旧水电站退出，截至2024年5月全省水电站从6554座减到5101座，退出1453座，占比22.2%，比长江经济带的15.8%高出6.4%。2023年度水利部考核，我

◎下党水电站水库全景

省小水电生态流量执行情况综合得分居全国首位。从承办单位的办理情况答复和近期的办理“回头看”反馈情况来看，这些单位提案办理的着力点主要是放在前述聚焦的实质性问题上，有的已经取得效果，有的正在着力实施。例如省发展改革委会同水利厅、生态环境厅联合出台了《福建省水电站生态下泄流量监督管理办法》，建立了考核通报处置制度。从提案的提出、立案，到提案的办理、落实，形成了一个比较完整的闭环。这既归因于提案紧紧围绕治国理政的热点，也归因于所提提案能深入实际调研分析，抓住要领反映实情，所提建议切实可行，更归因于省委对重点提案的重视、省政府和省政协联动的督办机制。

（供稿：省政协人口资源环境委员会 执笔：庄丽娟）

加强监管，守护外卖食品安全

在当下快节奏的生活中，外卖已融入了中国百姓日常生活。无论是在忙碌的工作日午后，还是疲惫归家的夜晚，外卖成了人们解决用餐问题的便捷选择。

外卖风靡：便捷背后的隐忧

随着时代的发展，外卖市场“井喷式”增长。越来越多的“吃货”们沉浸于享受指尖美食所带来的福利：只需轻轻一点，便能品尝到来自四面八方的美味。然而，在这看似美好的表象背后，却隐藏着令人担忧的问题。一些外卖食品的质量参差不齐，有的食材不够新鲜，有的烹饪过程粗糙，卫生状况更是让人放心不下。食品安全问题逐渐浮现，如阴霾般笼罩在人们心头。

如今，点外卖的人群日益庞大，涵盖了各个年龄段和职业群体。从忙碌的上班族到学业繁重的学生，从年轻的白领到居家的老人，外卖的便捷性使其受众范围不断扩大。正因如此，我们不得不深入思考，在线上美食的“幕后”，其安全究竟应如何严格把关？消费者作为市场的重要主体，他们的健康权益又该如何得到切实有效的维护？如何才能打造一个让百姓毫无顾虑、放心享用美食的环境？如何才能确保每一份送到消费者手中的外卖，都是安全、健康、美味的？这些问题亟待我们去探索和解决，以守护百姓“舌尖上的安全”。

外卖困境：多重监督的思考

为了解决外卖食品安全这一迫在眉睫的问题，台盟漳州市委会展开了全面且深入的调研。我们发现，当下的外卖食品安全监督过度依赖于平台自律和市场监督管理局的抽检，这种单一的监督模式存在明显的局限性，难以实现对所有商家的无死角覆盖。于是，我们积极主动地与漳州市市场监督管理局取得联系，多次和相关负责人进行坦诚且深入的沟通与交流。

在一次市场调查过程中，与一位外卖员的交流令人印象深刻。他竟劝我们若有条件在家做饭，就尽量别点外卖。他坦言，自己见了太多后厨的不堪状况，甚至表示日后决不让自己的孩子吃外卖。这番话折射出的，是一个身处行业内人士对其工作所涉食品安全问题深深的不信任，着实令人唏嘘。

为了更全面地了解情况，我们广泛收集意见、建议，并对这一课题进行

◎实地考察外卖工作情况

了细致的梳理，最终完成了《建立外卖食品安全多元化监管体系，解决百姓点餐安全问题》这篇提案。

首先，建议进一步完善第三方平台信息化监管机制。一方面，推动第三方平台的信息系统与当地政府监管部门的监管系统无缝对接，携手构建一个统一联动性的食品安全云数据信息平台。通过这一平台，实现信息的高效共享与实时监控，让监管更加及时、精准。另一方面，要全面采集食品安全信息，将网络外卖食品产业链的全过程置于透明化的监控之下，从食材采购、加工制作到配送环节，每一个细节都清晰可见，让消费者吃得明白、放心。其次，必须加强平台的责任担当。要求平台对入驻商家进行更为严格、细致的审核，从源头把控食品安全。同时，建立一套科学合理的信用评价体系，让消费者能够一目了然地了解商家的食品安全状况，从而做出更明智的选择。与此同时，呼吁相关部门加大对外卖食品的抽检力度，提高抽检的频率和范围，对不合格的商家绝不姑息，予以严厉处罚，形成强大的威慑力。此外，我们还殷切希望能够发动社会各方力量，鼓励消费者、外卖员共同参与到监督中来。例如，设立便捷、高效的举报渠道，对举报属实的消费者给予一定的奖励，激发大家的监督热情。

通过这一系列全方位、多元化的监管体系，消费者能够更加安心地点餐，商家也会更加自觉地注重食品安全问题，从而营造一个健康、安全的外卖消费环境。

外卖治理：多方协力的实效

我们认为，外卖这一课题牵涉千家万户，其影响范围极为广泛，绝不应仅局限于市级层面。为了能够获取更高平台的重视与支持，我们满怀期待与责任，将此课题报送至台盟福建省委会。令人欣喜的是，该提案最终被欣然采纳，并作为台盟省委会团体提案。

2022年，在福建省政协十二届四次会议期间，这一提案被列入当年的《重要提案摘报》，是当时唯一一件同时得到两位省领导批示的提案。省政协针对该重点提案专门召开办理“三结合”座谈会，省领导出席会议并发表讲话。会议指出，我省是最早整治餐桌污染问题的省份，食品安全工作关系着千家万户的幸福安康，牵涉众多部门。要做好相关工作，必须坚持问题导向，清晰梳理并压实各方责任，采取切实有效的措施，充分发挥商家主体责任、相关部门监管以及第三方平台把关的协同作用。

这一提案还被福建省纪委监委列为当年的“点题整治”项目，省、市的市场监督管理局也积极响应台盟省委会的倡议，迅速采取了一系列具体行动。对外卖平台落实主体责任提出了明确而严格的要求：其一，健全制度机制，建立完善外卖餐品描述、消费引导提示、配送安全管理等一系列机制，积极探索建立对商家的正向激励制度，加强对商家、食品安全管理人员和外卖送餐员的专业培训；其二，全面开展自查，重点针对商家未亮证亮照、超范围经营、诱导过度消费等违法违规行为，定期开展覆盖线上线下的全面自查清理，并将有关情况按时准确地报送市场监管部门；其三，引导理性消费，指导商家在平台页面上向消费者提供食品分量、规格或者建议消费人数等实用信息，为消费者提供适量点餐的贴心提示，方便消费者科学、理性点餐；其四，畅通投诉渠道，进一步规范投诉处理流程，鼓励消费者积极维护自身合法权益，妥善处置消费纠纷，有效化解消费矛盾；其五，营造宣传氛围，探索在 App 点餐界面进行外卖“点题整治”和防范餐饮浪费的广泛宣传，推广含相关宣传内容的“食安封签”，显著提升群众知晓率和崇尚节约意识。

提案捍卫：舌尖安全的堡垒

在台盟福建省委会和各级相关部门的不懈努力下，我省的外卖食品安全多元化监督体系得以逐步建立和完善，为广大消费者的饮食安全构筑起了更为坚固的防线。

我们深刻地意识到，百姓的点餐安全问题绝非某一方能够独立解决，它需要社会各界共同的关注和持续的努力。只有大家齐心协力，才能让每一份外卖都变得更加安全、可靠。每一个环节的参与者，从食材供应商到餐厅后厨，从外卖配送员到监管部门，都肩负着保障食品安全的重要责任。

该提案的积极推动，意义重大且影响深远。台盟福建省委会通过不懈的努力，不仅切实守护了百姓舌尖上的安全，让人们能够放心享受便捷的外卖服务，更在社会层面传递了积极的信号。它促进了相关行业的规范发展，增强了公众对食品安全的信心，也为社会的和谐与发展做出了一定的贡献。

相信在未来，随着各方合作的不断深化和监督体系的持续优化，外卖食品安全将得到更有力的保障，为人们的美好生活增添更多安心与幸福。

（供稿：台盟福建省委会　执笔：陈晓华）

一份提案助力内河“颜值”提升

“这趟航线是城区内河游的精品线路。”航线讲解员指着福州西湖到白马河的方向，脸上洋溢着笑容。游客泛舟内河，欣赏着清澈的河水倒映着瓦蓝的天空，微风拂面，好不惬意，纷纷点赞：“内河的水质越来越好了！”

内河河道及沿河陆域环境整治不仅是建设生态福建的重要内容，更是重塑城市空间，落实生态文明、城市治理、城市更新等发展理念的重要载体。我省地处东南沿海，各地降水丰沛、河流密布。例如，省会城市福州河网密布，沟汊纵横，水巷蜿蜒，城区共有内河107条，分属白马河、晋安河、磨洋河、光明港、新店片、南台岛等六大水系，总长244千米，水域面积10.08平方千米，水面率为4.44%，密集程度位居全国前列。

近年来，我省各主要城市持续进行大规模、系统性的内河综合整治，全域河湖的生态环境质量与人水和谐程度持续改善向好，城市内河水质明显提升。据《福建省幸福河湖评价报告（2023）》显示，福建省179条河流幸福指数平均83.8分，比2022年的81.9分高了1.9分；179条河流中幸福指数大于85分的五星级河流有62条，占比34.6%，比2022年的31条数量多了1倍。城区水系已形成风廊、水道、绿带相结合的旅游休闲观光带，游客络绎不绝。民进福州市委会围绕内河治理尽心建言献策，参与感与荣誉感油然而生。

“把脉”内河水体

市民小王就住在福州安泰河附近。她说：“安泰河经过一段时间的治理，水质有了明显改善，还养了一些锦鲤，但这段时间河水又呈现浓浊白色，鱼儿也不知游到哪里了。”像小王遇到的内河黑臭水体反弹问题十分常见，群众对持续改善内河水质抱有很大的期望。

民进福州市委会对我省城市内河治理情况始终保持关注，近年来持续报送关于内河整治的建言献策成果。2016年起，我省各主要城市开启了新一轮内河水系治理历程。与历次内河治理不同的是，这轮治理决心更大、理念更新、措施更强，通过引入社会资本等形式，使部分内河水质和生态环境继续得到一定程度改善。但是，随着近几年城市经济的发展、城镇人口的增加和工业的迅猛扩张，即使经过治理，仍然有大量的工业废水和城市生活污水直排内河，生态环境隐患依然存在，内河水质在得到持续性、持久性改善方面仍面临较大问题。

基于此，2021年民进福州市委会组成课题组，先后赴福州晋安河、西湖、光明港，厦门海沧过芸溪、集美后溪流域，莆田木兰溪，泉州晋江、洛阳江等地走访调研。调研发现，内河治理的基础设施不够健全、截污纳管还不彻底、面源污染量大且不可控、河道水生态系统损坏、管理权责不明确等问题，在部分地市不同程度存在。例如，福州内河排污口众多，点源污染多，面源污染面广；厦门流域内工业占比较多，硬化面积较大；莆田河道自净能力较弱，城区排水体制不健全；泉州晋江和洛阳江流域跨行政区域多、水环境复杂，治理难度大，等等。调研中也多次听到群众对持续改善内河水质的呼吁。

此外，民进福州市委会还邀请相关政府部门、专业人员、高校学者、市民群众等，围绕城市内河水质改善提升课题进行座谈交流。座谈会上，各方畅所欲言、各抒己见，会场内时不时碰撞出智慧的火花。

民进福州市委会持续收集各方建议，认真梳理总结，形成《关于持续推动我省城市内河水质改善提升的建议》，被民进福建省委会采纳，并作为集

◎整治后的晋安河（周英琦　摄）

体提案向福建省政协十二届五次会议提交，对内河水质改善提升提出专业的看法和建议，希望通过持续推动内河综合整治，为福建省带来崭新的投资和生活环境。

提案建议：全面开展污染源调查，排查河道的排放口，再根据不同类型的排放口进行分类处理；对雨污合流排污口进行溯源整改。无法改造时，应在合流排污口设置截流井，同时选取适当的截流倍数，降低污水溢流频次；完善城区雨污管线，使雨污管网系统完整，减少因错接、混接、漏接等问题导致污水流入河道；定期清淤疏浚黑臭水体底泥污染物，及时清除河道可见的生活垃圾、生物残体等漂浮物；尽可能恢复河道蓝线，完成城区内主要河流岸线规划，根据规划岸线结合防洪堤建设改造旧城区河道岸线；强化执法，严格把控建设项目和活动，坚决清理整治非法排污、捕捞、养殖、侵占水域岸线等行为；建立长效的监管机制，日常定期清捞、养护、监测，对公众开放信息监督举报平台。

配合部门推动建议落地

提交提案之时，正是污水处理提质增效专项行动（2022—2025年）的第一年。我省各地围绕“设区市巩固城市建成区黑臭水体治理成效，县级城市建成区基本消除黑臭水体”的总体目标持续开展城市内河水质改善提升工作。提案立案后得到了各方的重视，还被评为“省政协2021年度好提案”。省生态环境厅、省住房城乡建设厅、省水利厅都对所提建议一一作出了明确答复。省住房城乡建设厅表示，将围绕“到2025年，城市生活污水集中收集率力争达到70%以上，进水BOD（生化需氧量）浓度高于100毫克/升的城市生活污水处理厂规模占比达90%以上；设区市巩固城市建成区黑臭水体治理成效，县级城市建成区基本消除黑臭水体”的总体目标，开展污水处理提质增效专项行动，深入打好县级城市黑臭水体治理攻坚战。省生态环境厅等省直部门联合印发实施《福建省深入打好城市黑臭水体治理攻坚战实施方案》，进一步规范内河两岸污染源整治，将其纳入碧水保卫战重要工作内容。省生态环境厅表示，要以福州市内河污染源整治为样板，帮扶指导各地强化对入河排污口规范整治进展情况的监督管理，深化排污口设置和管理改革，建立健全长效监督管理机制，有效管控入河污染物排放，并纳入属地党政领导生态环境保护目标责任考核。省水利厅将建设“一河一网一平台”，进一步推动河湖长制从“有名有实”到“有能有效”，坚持问题导向，提升城市内河治理成效，着力保护、修复、强化城市内河生态管护，努力建设造福人民的幸福河湖。

美丽“答卷”入画来

随着内河水质改善提升工作持续开展，我省交出了一张张成绩瞩目的美丽“答卷”：主要流域优良水质比例达99%，河湖长制工作连续6年获得国家正向激励；福州以内河步道及绿带串起风廊、水道、绿带相结合的立体绿色生态空间，2023年作为中国唯一上榜城市，荣获首届全球可持续发展城市奖；三明金溪（将乐段）、厦门筼筜湖入选全国美丽河湖；漳州九十九湾、三明池湖溪先后入选全国幸福河湖建设试点……

如今，当你沿着河岸走过大大小小的河道，会看到福建人民的生活百态：早上晨练的人们、清理街道卫生的环卫工人、赶路的上班族；午时饭后散步的白领、泛舟游湖的旅客、树下纳凉的行人；晚时嬉戏的小孩、跳广场舞的老人、闲谈的人们。人来人往，熙熙攘攘。在各方合力之下，波光粼粼、绿荫成道、鱼翔浅底的美丽画卷成为百姓日常生活的点缀，也成为人民幸福生活的缩影。

2024年《福建省人民政府工作报告》提出，要全力守护碧水，统筹水资源、水环境、水生态治理，深化闽江、九龙江流域综合治理等。我们要继续推动内河治理与发展的工作，为生态福建、清新福建、美丽福建建言献策，为保持内河“水清、河畅、路通、景美”继续努力。

（供稿：民进福建省委会　执笔：郑梦靓）

久久为功赓续红色血脉

2021年省政协大会上，由省政协文化文史和学习委提出的《关于加强我省红色文化遗产保护利用的建议》被列为省政协重点提案，由省政协文化文史和学习委承担督办调研具体工作。省政协文化文史和学习委既是提案者又是提案督办具体负责单位，使得我们有更强的责任感和使命感去做好各项工作。功夫不负有心人，经过我们的精心组织与用心付出，提案确实办出特色、办出了成效。

对口协商促进提案提出

2020年省政协将“我省红色文化遗产保护传承发展”列为当年的对口协商议题。省政协组成调研组，分赴龙岩、宁德、南平等地，深入20多个革命遗址地开展实地调研和考察，与当地有关部门座谈交流，听取市县区有关负责同志和专家学者的意见、建议。当年10月，文化文史和学习委召开对口协商会，与省委宣传部、省委党史研究和地方志编纂办公室、省文化和旅游厅、省民政厅等单位负责同志面对面协商，坦诚交流。在对口协商的基础上，文化文史和学习委办公室综合大家意见，形成调研报告并得到省政府领导的批示。

在调研协商过程中，许多委员认为这项课题调研意义重大。2021年是建党100周年，把红色文化遗产保护利用工作作为政协参政议政的选题，推动我省红色文化遗产保护利用工作高质量发展，是对建党100周年的献礼。委员们希望这项工作不要浅尝辄止，止步于对口协商会，建议久久为功，持续跟踪这项工作，通过提案、社情民意等形式，推动政协履职成果提质增效。基于委员们这些意见，2021年省两会前夕，文化文史和学习委深入研究总结对口协商成果，提交了提案《关于加强我省红色文化遗产保护利用的建议》。该提案从689件中脱颖而出，被确定为当年10件重点提案之一，由此可见，省政协对这件提案的高度重视。

提案督办成效显著

令我们高兴的是，2021年3月国家文物部门召开了全国革命文物工作会议，习近平总书记对革命文物工作作出重要指示。我们紧紧抓住这一重要时机，于4月召开重点提案督办协调会暨情况通报会，随后就紧锣密鼓开展调研活动。

福建是全国著名革命老区，红色文化遗产众多，具有文物数量大、区域分布广等特征。根据2020年的普查，全省拥有不可移动革命文物1657处，其中全国重点文物保护单位19处，省级文物保护单位225处，市县级文物保护单位773处，一般文物640处，可移动革命文物约14.26万件/套（在已公布名单中总数位居全国首位）。数量这么大的红色文化遗产为我们提供了宝贵的财富，同时也为保护与利用工作增加了难度。大家商议要从红色文化遗产保护利用中的重点难点问题入手，提出有针对性意见、建议，切实解决保护利用的困难问题，实实在在把重点提案办出成效来。

通过广泛深入的调研，我们提出要切实加强文化遗产保护利用人员力量，统筹推进全省红色文化遗产保护利用工作人员队伍建设，加强革命旧址提档升级、确保各项保障措施落实到位等方面的意见、建议。这些问题和意见、建议受到省领导和省直有关部门的高度重视，督办调研报告得到省委领导的批示，促进有关问题得到落实。

在提案督办调研中还有个意外的收获。在连城县调研过程中，连城县有关部门反映，连城县新泉整训纪念馆陈列场所一直设在当地张氏家庙，是全国少有的无独立产权和场馆的重大革命历史题材纪念场所，这一尴尬局面让人唏嘘不已。多年来张姓族群多次要求将展陈馆迁出祠堂，后来新泉整训纪念馆临时迁移至新泉文化服务中心，展陈面积不足600平方米，且布设简陋，没有符合文物收藏保护条件和要求的专门库房，馆藏的2700多件文物都寄存他处而无法陈列布展，这与“新泉整训”在中国革命史上的重要地位极不匹配，新建新泉整训纪念馆十分迫切，亟待提上议程。

我们掌握到这一信息后，就马上整理了一份《连城县新泉整训纪念馆亟待重建》的社情民意信息报送给省委省政府，随后不久，这份社情民意信息得到省领导的批示，推动有关问题得到解决。

民主监督推进保护与利用工作

为持续深入推进红色文化遗产保护利用工作，2022年文化文史和学习委在谋划当年工作议题时，把“提升我省红色文化遗产保护利用水平”列为协商式民主监督议题，我们以民主监督的形式继续推动红色文化遗产保护利用工作。

通过与省文物局等有关部门沟通商量之后，我们认为2019年省委、省政府制定出台的《福建省革命文物保护利用工程实施方案》是一个重要的抓手。这份文件从目标要求、工作重点、保护措施、部门职责等几个方面对我省革命文物保护利用工作作出明确部署，而且任务非常具体，即5项工程15项工作任务，文件对革命文物保护利用工作的组织实施的牵头单位和协作单位，都有明确规定，目标任务一目了然。大家一致认为，以省委的决策部署文件的贯彻落实情况作为民主监督的内容，符合政协履职的定位，为此我们就商定以此份文件的执行情况作为民主监督的重点。

◎ 2021 年 6 月 9 日，赴漳浦车本（中共闽粤边临时特委旧址）红色基地开展重点提案督办调研

为了做好这项工作，2022年4月开始，文化文史和学习委向省直各有关部门和9个设区市有关单位发出工作调研函，让各有关单位从省委文件入手，对5项工程15项工作任务逐一梳理工作落实情况。随后，调研组赴全省各地开展实地调研，逐项逐条梳理《福建省革命文物保护利用工程实施方案》工作落实情况，形成了《深入开展革命文物保护利用工作协商式民主监督情况报告》的民主监督调研报告，这份报告报送省委、省政府后得到高度认可。

在开展民主监督等相关工作的推动下，《福建省红色文化遗存保护条例》于2022年11月24日经福建省第十三届人民代表大会常务委员会第三十六次会议通过，并于2023年1月1日正式施行。这为福建红色文化遗存以及革命文物的挖掘研究、保护管理和传承利用提供了法治保障。

回顾这件重点提案办理过程，我们连续三年将“红色文化遗产保护利用工作”课题列为协商议题，从2020年的对口协商，到2021年的重点提案办理协商，再到2022年协商式民主监督，我们持续把一件课题做深做透，做出成效，以抓铁有痕的工作韧劲推进我省红色文化遗产保护利用工作。这对于一届政协五年时间来说是一件难能可贵的事情。做成并做好这件事情，让我们感到无比欣慰与自豪。

（供稿：省政协文化文史和学习委员会　执笔：杨星）

畅通向“上”通道，助力职业教育向“好”发展

职业教育是现代国民教育体系的重要组成部分，在实施科教兴国战略和人才强国战略中具有特殊的重要地位。2021年，在福建省政协十二届四次会议上，省政协常委吴丽冰提出的提案《关于进一步拓宽职业教育学历提升和职业发展空间的建议》重点关注了这一议题。

畅通向上通道让职业教育“热起来”

长期以来，受社会认识偏差以及技术技能人才发展前景有限等问题影响，职业教育在中国教育体系中排于末端，职业教育吸引力不强、社会认同度不高的问题突出。

“职业教育与普通教育是两种不同教育类型，具有同等重要地位。”2019年1月出台的《国家职业教育改革实施方案》明确了职业教育的定位，也成为推动我国职业教育改革发展的强心剂。“职业教育与普通教育同样重要，打破了长久以来社会对职业院校‘低人一等’‘差生学校’的思想枷锁，让广大职校生对自己有信心、对未来有希望。”厦门软件职业技术学院一位教师感慨道。

之后，国家持续释放政策利好，职业教育进入黄金发展期。2019年，为解决产业升级和经济结构调整对技术技能人才越来越紧迫的需求，教育部等六部门联合下发《高职扩招专项工作实施方案》，高职扩招工作正式启动，并在随后两年得到持续推动。2020年，教育部等九部门提出《职业教育提质

培优行动计划（2020—2023年）》，福建入选教育部“提质培优建设职业教育创新发展高地”试点省份，职业教育发展迎来更大的机遇，也面临更严峻的挑战。

提案《关于进一步拓宽职业教育学历提升和职业发展空间的建议》正是在职业教育政策持续利好的背景下提出的。“当前，作为中职学生继续深造且承担着技术技能型人才培养的高职院校普遍存在生源不足、学生就业质量低等现象，成为‘提质培优’迫切需要解决的问题。”吴丽冰深挖福建职业教育在学历提升、社会评价以及教师成长等方面存在的制约因素，提出构建“1+1+N”办学共同体、提高应用型本科向中职和高职招生名额及比例、制定技术技能人才同等学力认证办法、建立技能人才职业资格证书与职称互认互通制度、改革职业院校专业教师职称评审等8条建议。

省教育厅多次与吴丽冰沟通，逐一核对提案建议，积极向教育部争取适度扩大本科层次职业教育试点院校、应用型本科高校招收中职毕业生规模；支持设区市组建“1+1+N”办学联盟，探索开展中职—高职—应用型本科贯通培养；会同省人力资源社会保障厅修订《福建省中等职业学校教师水平评价标准条件》，深化职业院校专业教师职称和评价制度改革，突出教师实践技能水平和专业教学能力。委员有建议，部门有推动，“双向奔赴”让提案办理更显成效，切实助推福建培养更多高素质技术技能人才。截至2023年，全省有职业教育院（学）校289所，在校生规模从2018年的68万人增长到2023年的102万人。

聚焦发展短板让职业教育更优化

自2019年以来，吴丽冰整合民进厦门市委会教育委员会以及厦门市中华职业教育社的专业资源，组织相关课题组多次走访厦门理工学院、兴才职业技术学院、厦门软件学院、厦门海洋职业技术学院、厦门信息学校、厦门技

◎调研职业院校产教融合实训基地

师学院、厦门工业学校，围绕福建职业教育提质培优开展持续跟踪调研。

“双师型”教师队伍建设是职业教育提质培优行动的重要抓手之一。2017年，福建就出台了《福建省职业院校“双师型”教师认定指导性标准（试行）》，推动各地建立认定标准和流程，开展“双师型”教师认定工作，取得了积极成效。随着职业教育改革进入快车道，“双师型”教师培养得好不好，能不能满足产教融合、校企合作深度推进的需求，成为课题组的重点关注。

在调研中，课题组发现，按照原有的福建“双师型”教师认定条件，获得职业教育教师系列中级及以上专业职称的专任教师大多数都可以达到认定要求，但因尚未建立低、中、高级晋升机制，“双师型”教师缺乏职业生涯发展路径。据此，课题组在2021年底形成并提交了《“双高计划”下高质量高标准建设“双师型”师资队伍的建议》，提出希望制定《福建省职业院校“双师型”教师认定标准》，建立“双师型”教师认定等级管理制度，为“双师”发展畅通通道。

相关建议得到省领导的重视。2023年，《福建省职业教育“双师型”教师认定实施办法（试行）》正式出台，将职业教育“双师型”教师设置为初级、中级和高级三个层级，明确了具体认定条件，推动了“双师”能力提升。持续、精准的建言有力地促进了职业教育向“上”向“好”。

（供稿：民进福建省委会　执笔：王珏荣）

以“侨”搭台，助力引才工程

福建作为侨务大省、全国著名侨乡，闽籍侨胞有1580多万人，分布在全世界180多个国家和地区，每4个华侨华人中就有1个是闽籍。发挥闽侨人才资源优势，特别是促进侨界新生代和海外留学生群体向闽集聚，对于强化福建高质量发展的人才支撑具有重要意义。2022年1月，致公党福建省委会向省政协十二届五次会议提交集体提案《关于发挥福建“侨海”优势，助力打造人才荟萃的东南高地的建议》，被列为省政协重点提案，不少举措得到落实，助推了新时代人才强省战略的实施和福建高质量发展。

一场调研引发一项关切

作为唯一具有“侨海”特色的参政党，“侨”一直是致公党福建省委会重点关注的领域。结合参政议政、社会服务、海外联络等工作，致公党省委会积极围绕涉“侨”内容开展调研，力争把海外侨情摸清来，把侨界民生了解到，把“侨海”心声说出来，把侨心侨力聚起来。做到每年开展涉侨调研课题，每年提交与“侨海”有关的政协提案和大会发言。

中共十九届五中全会提出，要加快构建“双循环”新发展格局。致公党省委会认识到，福建侨资源丰富，要在构建新发展格局上率先行动、率先破题，应该更好地发挥福建“侨”的优势和作为。因此，致公党省委会于2021年2月确立了“发挥‘侨海’优势，服务双循环新发展格局”年度重点课

◎ 2021 年 5 月，致公党福建省委会召开课题调研研讨会

题，赴泉州、莆田等地侨资企业开展系列调研。

在梳理调研情况时，致公党省委会调研组发现，有多家侨资企业及多名在闽创业的海归人才反映了他们回国创业过程中遇到的制约因素，并对我省海外引才工作提出意见、建议。“推进发展离不开人才。大家反映的问题这么集中，看来这方面可以再深入挖掘。”调研组敏锐地意识到，在优化海外引才机制、支持人才来闽创新创业等方面，福建作为侨务大省的潜力和优势尚未充分发挥，“侨海”力量大有可为。

为此，调研组重新拟定调研提纲，重点围绕我省海外引才工作的经验做法、存在问题以及发挥“侨海”优势加强海外引才工作等方面开展补充调研。在随后的4个月里，课题组先后赴浙江宁波、上海、天津等地开展实地调研，实地走访当地留学归国人员创业企业并召开调研座谈会，了解外省在引进侨智工作方面的经验和成效，就引导支持华侨华人融入并服务构建新发展格局听取意见、建议。

汇聚众智形成一份提案

2021年11月，中国共产党福建省第十一次代表大会在福州召开。会议强调，要深入实施新时代人才强省战略，并提出要实施侨资侨智侨力引进工程，开展“引侨资、聚侨力、汇侨智”行动。

这次会议也为致公党省委会聚焦党委中心工作积极参政议政明确了方向。会议对人才、对侨的关注和重视，更是让致公党省委会感到振奋：“这说明我们围绕‘侨海’人才开展的相关调研很有价值，很有前瞻性。”这也坚定了致公党省委会在接下来的省两会上就此提出意见、建议的信心和底气。

为此，致公党省委会根据前期扎实调研了解的情况，数易其稿，形成了《关于发挥福建“侨海”优势，助力打造人才荟萃的东南高地的建议》提案文稿。同时，依托致公党省委会留学归国人员工作、侨台工作委员会等专委会的力量和福建致公侨情研究基地，听取致公党内外专家的意见、建议，就“以侨搭台、以侨引才”等引才方式在福州再次进行了小范围调研。最终，汇聚众智，提案文稿几经修改完善，作为致公党省委会集体提案提交省政协十二届五次会议。

在这份提案中，致公党省委会建议我省加强联系对接，利用“侨海”优势锁定海外人才；拓展平台渠道，加快推进海外人才来闽发展、向闽集聚；优化服务保障，为海外人才安心在闽创造良好环境；发挥侨力作用，助力我省本土化人才培养。

该提案受到省政协的重视，入选《重要提案摘报》，获省领导批示2件次，并被列为2022年重点提案，由省政府、省政协领导共同督办。

一份提案助推一项工作

为配合做好提案办理工作，致公党福建省委会积极与办理单位沟通联系，及时对办理意见进行反馈交流。2022年6月至8月，致公党省委会先后参加了重点提案办理协商专题调研，考察了中国科学院福建物质结构研究所、福州留学人员创业园等；9月，又参加了重点提案办理“三结合”座谈会，与提案办理单位、省直有关部门、政协委员同商共议，进一步推动我省海外引才工作。

各相关单位高度重视提案办理，持续推动工作落实，促进我省发挥“侨海”优势，以更好的政策、更实的举措、更优的环境集聚海外人才。如：省委人才办建立了顶尖海外人才引进工作机制，优化调整省引才“百人计划”；省人力资源社会保障厅建立了特级、A类海外高层次人才快速认定机制，做到“申请一个，研究一个”；省科技厅设立了创新人才项目遴选平台；省教育厅实施高层次人才育引工程、特级人才（团队）培育支持计划；省司法厅推动我省律师事务所境外经营联营，吸引一批海外高端律师人才归国发展；团省委实施引进台湾高层次人才“百人计划”以及海外引进高层次人才在安家补助、出入境、配偶安置、子女入学、医疗保障、职称评聘等方面的支持政策，等等。

一滴水可以折射太阳的光辉，一件提案可以讲述履职故事。以更高站位展现参政党履职作为，以更优建言服务中国式现代化福建实践，这是积极践行中国共产党领导的多党合作和政治协商制度的题中应有之义，致公党省委会将继续努力。

（供稿：致公党福建省委会　执笔：陈锦）

“无陪护”让医疗更有温度

持续艰辛的探索

2020年5月的一天晚上，厦门大学附属心血管病医院（以下简称“厦心”）接到同安区一家养老院送来的突发房颤老年患者。接诊后，该患者被收治进医院并当晚实施了手术，等在手术室外的老人儿子在住院单上签字后，医院便让他回了家。走进医院，一切秩序井然，没有嘈杂的吵闹声，没有患者家属和护工，有的是干净整洁的院区和护士们忙碌穿梭的身影。

“厦心”是厦门市率先推行大范围的无陪护模式的医院，院长王焱作为亲历者，经历了从摸索到逐渐成熟的过程。

2017年10月，“厦心”借鉴了国内外先进的管理经验，开始探索推行无陪护管理，引进第三方的泰心康护进入医院实行陪护；2018年4月，无陪护护理覆盖全院病区；11月开展“患者外出检查全陪护”。2019年6月“厦心”整体搬迁至新址后，医院硬件条件大为改善，为全院无陪护的落地提供有利条件。2019年10月起，“厦心”在多次组织调研、患者摸底调查和座谈的基础上，经过反复论证和方案修改，正式在全省首家推行覆盖全院的无陪护管理模式。

经过逾三年的探索和实践，“厦心”已经形成一套系统、科学、完善的

◎ 2023 年 7 月，赴相关医院调研

管理方案，成为全国最早开展全院无陪护管理且不增加市财政负担的医院。无陪护管理模式不但减轻了患者家属的陪护压力；由护工24小时照顾患者，实时观察患者病情变化，也能更好了解患者住院期间的情况，可以说是实现了家属不奔波、护理更贴心的双赢。与实施无陪护前比较，感染发生率下降了1.71个百分点，医疗纠纷发生率下降了2个百分点，平均住院日下降1.17个百分点，在2019、2020年全省二级以上公立医院患者满意度调查中，“厦心”位列全省专科医院第一名。厦门这一无陪护试点工作得到国家、省、市相关部门认可，经验做法被多家媒体宣传报道。深圳全市高水平医院推行无陪护模式正是借鉴了“厦心”的做法。“厦心”的实践让农工党福建省委会感到，在更大范围内推行无陪护模式已经具备了较好的基础。于是，探索如何全面建立护理员制度，建设无陪护医院，被列为农工党福建省委会和厦门市委会重点调研课题。

不容忽视的现实

医疗服务是各级党委政府和广大群众十分关注的问题，住院护理是其中困扰很多家庭的难题。调研组认识到，当前，我国已进入老龄化社会，大部分家庭呈现“4—2—1”的家庭结构。家庭结构和供养方式的改变急剧削弱了传统家庭照护的功能，人口高龄化、失能化、空巢化带来的护理保障问题愈发凸显。而且，不仅是老年人，群众住院需要的护理也成为很多家庭的负担。与此同时，我国护理服务供给却严重滞后。截至2021年底，中国护士达到501.8万人，每千人口注册护士数量3.56人。厦门有注册护士16866人，每千人（常住人口）注册护士3.8人。这个比例与日本11.2人、新加坡7.1人相比还有不小差距。同时，分级、分类护理执行不到位，社会化护工造成医院医疗环境混乱。传统患者家属自己照护不仅缺乏专业性，更有让家属疲惫不堪等弊端。

“一人住院、全家陪护”，照护住院病人成为很多人的难事，也成为当前医疗行业和医患关系的一大痛点，护理管理模式的改革迫在眉睫。

努力扛起的责任

农工党作为以医药卫生界为主界别的参政党，扛起为医药卫生改革积极建言献策这份沉甸甸的责任，责无旁贷。农工党福建省委会课题组联合厦门市委会课题组，多次到“厦心”调研，并走访了省内外多家综合性医院，不断论证实行无陪护医院的可行性。

2022年底，这份凝结着多位农工党党员智慧的调研报告，首先通过厦门市政协转化成提案，并得到厦门市卫生健康委、医疗保障局、财政局和住房城乡建设局的答复。厦门市通过规范护理员管理制度，加强护理员培训，开展无陪护病房试点工作、支持民间资本办护理院、二级及以上康复医院等措施，着力解决陪护供需矛盾下的社会痛点。相关部门还表示，今后将根据《国家卫生健康委办公厅关于进一步加强医疗机构护理工作的通知》精神，坚持“以患者为中心”的理念，夯实基础护理，提高护理质量，加强科学管理，促进医疗机构护理工作贴近患者、贴近临床、贴近社会，进一步开展无陪护工作调研，争取财政资金支持，推动无陪护病房在全市开展。

在此基础上，根据福建省的实际情况，农工党福建省委会把调研报告改成提案，提交给省政协十二届五次会议。该提案提出按照“住院患者护理由医院全程负责”的改革发展理念，建议通过全面建立护理员制度，建设无陪护医院，还一个医生可以专心诊断、病人可以安心治疗、家属可以放心托付的健康的治诊疗环境，解决“一人住院、全家受累”的群众“痛点”，缓解医患矛盾。该提案被确定为2022年省政协重点提案，有力地推动了福建省无陪护病房试点工作的开展。目前，福建省卫生健康委、省财政厅等部门联合印发通知，在全省范围内开展无陪护病房试点工作。首批无陪护病房试点将在全省三级公立医院中择优确定，计划创建1至2家示范医院、50至100个示范病区，加快推动形成一支由护士和护理员组成的专业、规范的护理从业人员队伍，为患者提供全面、全程、优质的护理服务。

陪护工作千头万绪，每个患者的需求不尽相同，随着无陪护医院试点的全面铺开，或许将面临更多的难题，以及一些新的民生诉求。但相信随着探索和经验累加，医院可以找到更加灵活和有效的办法，医患之间也有更多的默契，让多方受益。我们也将继续跟踪无陪护医院推进情况，为助力“健康中国”持续建言献策，精准对接新时代人民群众日益增长的多样化健康需求，让所有人都感受到“健康中国”的温度。

（供稿：农工党福建省委会　执笔：黄嘉铭、张恬）

“青马工程”，我们在行动

党的十八大以来，习近平总书记高度重视在青年群体中开展马克思主义教育，提出要加强对青年的政治引领，在广大青年中加强和改进理论武装工作，引导广大青年运用马克思主义立场、观点、方法观察分析问题。“青年马克思主义者培养工程”（以下简称“青马工程”）是贯彻落实习近平总书记关于青年工作的重要思想和来闽考察重要讲话精神的重要载体。

2020年团省委在省政协十二届三次会议上提出《关于探索福建省高校“青年马克思主义者培养工程”实施机制创新的建议》，获省领导批示并被列为省政协年度重点提案，由省政协主要领导领衔督办，有力推动我省“青马工程”各项工作开展，着力为党培养可堪大用、能担重任的优秀青年政治骨干。

实施意见引领“青马工程”

“这份实施意见充分体现了省委、省政府对‘青马工程’的重视和支持，为我们接下来更好开展青年工作指明了前行道路。”2021年7月，省委办公厅、省政府办公厅印发《关于创新高校青年马克思主义者培养工程机制的实施意见》后，福州大学团委书记由衷感慨道。

团省委不断健全完善“省、市、高校”三级工作机制，高校校、院（系）两级培养体系，覆盖高校、国企、农村、社会组织等四大领域优秀青年的“324”培养格局，促进“青马工程”覆盖层级延伸、培养对象拓展、考评维度多元。福州团市委联合市委教育工委等5部门出台《福州市青年马克思主义者培养工程规划（2022—2025年）》。省内62所高校出台本校“青马工程”文件，83所高校举办校级“青马工程”培训班，促进全省“青马工程”提质扩面增效。

思想引领筑牢青年信仰

2021年10月，来自福建师范大学的老师在第21期“青年马克思主义者培养工程”大学生骨干培训班开班式上为学员讲授了一堂特别的专题思政课。他紧扣习近平总书记“七一”重要讲话中对广大青年的殷切勉励、深情寄

◎ 2023 年 7 月，“青马工程”高校班在龙岩长汀开展社会实践

语，通过党领导教育事业发展的百年光辉历程，引导“青马班”学员从“受教育者”的视角，深刻认识教育振兴与青年发展的重要关系，感悟以志气“培根”、以骨气“铸魂”、以底气“力行”的理想信念，更加坚定报国之志。

为了让学员拥有更多的学习资源，团省委除建立“青马工程”高水平团队、成立“福建省高校青马工程联盟”外，还牵头整合、打造了涵盖习近平新时代中国特色社会主义思想、毛泽东思想和中国特色社会主义理论体系、马克思主义经典原著研读、以党史为重点的“四史”、社会主义核心价值观、中华优秀传统文化、党情国情省情等7个专题和1个哲学社会科学类课题调研组成的“7+1”“青马工程”课程体系，推动各高校、各行业、市县两级共享优质资源，构建覆盖高校、少先队辅导员、社会组织、国有企业、农村等多领域的“青马工程”培养体系。

理论学习读懂原著原理

根据“7+1”课程体系，青年学员在培养周期内要深读马克思主义经典著作和《习近平谈治国理政》等马克思主义中国化最新理论成果，重点学习《习近平在福建》等系列采访实录，认真领会习近平总书记在福建工作时的创新理念和来闽考察重要讲话精神，感悟思想伟力，从中汲取政治、思想和精神力量，带动青年群体做好学习贯彻习近平新时代中国特色社会主义思想的深化、内化、转化工作。团省委还向“青马工程”学员赠阅《习近平与大学生朋友们》等采访实录，真切感悟习近平总书记关于青年工作的重要思想的深厚实践根基和炽热情感，牢记习近平总书记教导，努力做德智体美劳全面发展的社会主义建设者和接班人。

不少高校还开展了丰富多彩的理论学习活动。厦门大学每月开展一次

“青马工程”集中读书活动，邀请资深教授讲授马克思主义经典著作。福州大学邀请团歌作者、中国好网民、福建日报社首席记者等，与“青马工程”学员进行交流。福建师范大学校青年讲师团、校博士生理论宣讲团等成员，为“青马工程”学员开展宣讲。福建农林大学开设“青年马克思主义者培养教程”课程，编写《思行如一：青年马克思主义者培养教程》。福州软件职业技术学院推出“当代中国马克思主义最新成果”“读懂习近平治国理政思想”等10门线上“青马工程”课程。

实践锻炼赓续红色血脉

2022年暑假，福建农林大学“青马工程”大学生骨干培训班成员，沿着习近平总书记在福建走过的足迹，研读《闽山闽水物华新——习近平福建足迹》，在地方政府部门、企事业单位、乡村开展480多场“小规模、互动式、接地气、有特色”的理论宣讲和学习交流会，在实践中深刻感悟习近平总书记对福建人民的深厚感情和亲切关怀，从领袖的思想伟力里汲取奋进新征程力量，传承红色基因，赓续红色血脉。

团省委精心打造福建团史馆、“青春福建”融媒体中心、“青春频道”等新阵地，确立古田会议纪念馆、廖俊波先进事迹展示馆、谷文昌纪念馆、寿宁县下党青少年教育基地等10个青少年思想政治教育基地，组织“青马工程”学员体验学习。团省委还充分发挥优势，开展“红色筑梦之旅”等主题活动，培养“青马工程”学员在“耳濡目染中学、迈开步子中学”。在红色精神的感召下，“青马工程”学员的实践脚步遍布闽山闽水，涌现出了许多生动案例。“青马工程”学员在实践中受教育、长才干，增强为人民服务的责任感和使命感，充分发挥学科特色和专业特长，为当地经济振兴、文化振兴和生态文明等全面振兴中作出了应有的贡献。

畅通渠道深化“青马”实效

我省“青马工程”自2007年启动实施以来，累计培养1000多名省级青年政治骨干；全省高校每年培养校、院（系）级“青马工程”学员3.3万名。团省委立足培养青年政治骨干的定位，建立统一的遴选标准、方法、流程，“一人一档”监督、记录“青马学员”学习表现情况，实现培养过程“全程可追溯”，不断提升培养管理质量。设定培训结业后5至10年的跟踪培养期，持续拓宽各级“青马工程”学员培养路径，提升人才举荐效能，盘活人才“蓄水池”，推动把更多领域优秀青年人才集聚到党和国家事业中，为中国式现代化建设培养挺膺担当的先锋力量。

2021年以来，各级“青马工程”优秀学员中累计有1384人担任校、院团委兼职团干部，794人获得市级以上荣誉称号，243人获推荐免试攻读研究生资格，326人录用为公务员（其中48名选调生），20人担任思政课教师。“青马工程”全力打造培育青年马克思主义者“福建样本”，发挥榜样示范、引领、激励作用，努力培养具有忠诚政治品格、浓厚家国情怀、扎实理论功底、素质能力突出，忠恕任事、人品服众的青年政治骨干，为奋力谱写全面建设社会主义现代化国家福建篇章贡献青春力量！

（供稿：团省委　执笔：林华婷）

百年侨批的“申遗”故事

侨批是海外华侨华人寄给国内书信和汇款凭证的合称，又称“银信”，它与一般书信无甚差异，仅信封左上角或书“外附××银××元”稍稍看出些许的不同。然而在通讯并不发达的年代，侨批是维系广大海外华侨华人与侨乡亲眷情感、经济和文化联系的重要纽带与桥梁。

起跑：侨批入选《中国档案文献遗产名录》

侨批产生伊始便自带国际光环，批中书写的内容或多或少皆谈及华人侨居地社会的状况，是东南亚、南亚、欧洲、北美经济社会发展进程和变迁的中国史证。它以不同于官方记载的角度，见证了中华文明与世界文明之间持续不断的交流与融合，留存了大量中国及东南亚、南亚、欧洲、美洲等地区和国家的集体记忆，数量之大、持续时间之久，在国际上亦属罕见。历史上侨批的作用十分重要，它在福建、广东、海南乃至广西、云南等地都曾盛行一时。

2008年，省政协委员林少川在福建省政协十届一次会议上建议推动闽南侨批申报“世界记忆遗产”，并提交了提案《关于加快“闽南侨批”申报“国家档案文献遗产”，进而申报“世界记忆遗产”的建议》。2010年、2011年，林少川分别提交了《关于抢救“福建（闽南）侨批”的建议》和《关于支持“福建（闽南）侨批档案”申报“世界记忆遗产”的建议》，这两件提案进一步提升了社会各界对侨批的认知与关注。作为提案的承办单位，省档案局立即作出回应，积极向国家档案局递送相关申报材料。经“中国档案文献遗产工程”国家咨询委员会审定，侨批档案最终入选《中国档案文献遗产名录》。

加速：侨批入选《世界记忆名录》

经初步调研，省档案局发现侨批不但在闽南地区盛行，历史上全省各地都存在数量不等的侨批档案。于是，2011年组织全省各级档案馆召开福建侨批档案资源调查工作协调会，加大对侨批档案抢救征集与保护经费投入，开展侨批业亲历者口述历史采集和侨批局遗址、史迹勘查工作，自此开启了福建侨批的申遗之路。

2012年，林少川再次提交了提案《关于继续加大力度促进“福建侨批档案”申报“世界记忆遗产”的建议》。提案通过对广东省侨批档案申遗工作的分析，提出了多项福建侨批申遗的改善性意见。以此为契机，省档案局加大侨批档案的抢救保护和宣传力度，组成侨批研究课题组，开展全省侨批档案资源普查建档工作，在资金、技术等方面加大对各地，尤其是侨批集中的泉州、晋江等地档案馆的支持力度。此外，还编印了《福建侨批档案目录》《百年跨国两地书——福建侨批档案图志》，汇聚国内外侨批研究成果。并在2012年、2013年连续两年举办“世界记忆·中国侨批国际研讨会”。2013年，还在泰国曼谷举办了“百年跨国两地书——福建侨批档案展”等。这些活动的举办，将侨批申遗工作由区域文化工程上升为国家文化战略和软实力建设的重要组成部分，为推动侨批档案进入《世界记忆名录》发挥了重要作用。最终，2012年侨批档案入选《世界记忆项目亚太地区名录》，2013年6月又顺利入选《世界记忆名录》，成为中国第八个、福建省首个入选世界文献遗产的项目。

侨批档案入选《世界记忆名录》后，福建省政协委员们并未停止对侨批工作的关注和重视，又相继提出了提案《关于利用珍贵侨批纪念抗日战争胜

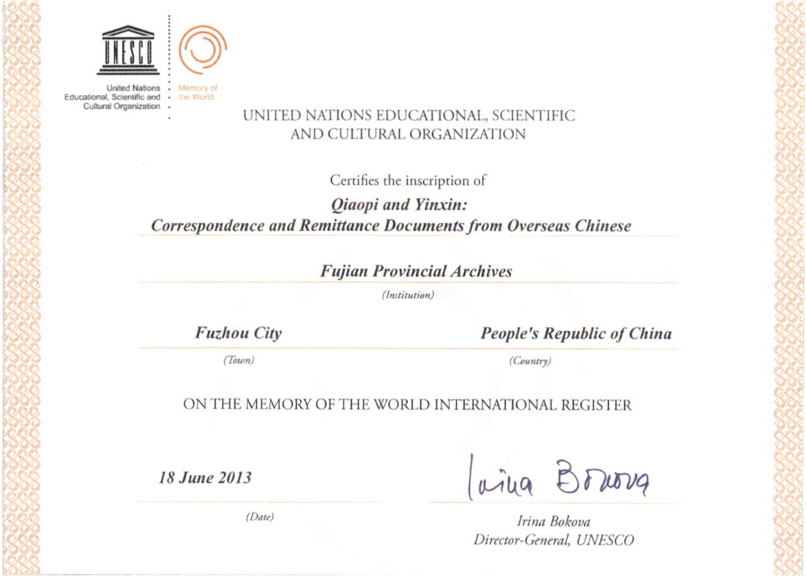
UNITED NATIONS EDUCATIONAL, SCIENTIFIC
AND CULTURAL ORGANIZATION

Certifies the inscription of
Qiaopi and Yinxin:
Correspondence and Remittance Documents from Overseas Chinese

Fujian Provincial Archives
(Institution)

Fuzhou City (Town)
People's Republic of China (Country)

ON THE MEMORY OF THE WORLD INTERNATIONAL REGISTER

18 June 2013
(Date)

Irina Bokova
Director-General, UNESCO

◎ 2013 年，侨批档案入选联合国教科文组织《世界记忆名录》

利70周年，并积极打造侨批品牌文化的建议》《关于设立“福建省侨批文物馆”的建议》《关于进一步讲好侨批故事，服务“海丝”战略的建议》等。这些提案立足于当前国家战略大局的服务需求，务实地指出了侨批档案的宣传与利用工作过程中存在的问题或不足，为更好开展侨批宣传和研发工作提出了意见、建议。

省档案局也未停止对侨批档案的研究与开发宣传的步伐：成立福建侨批文化研究中心，建设研究和宣传的平台；不仅在福建设立固定展示基地，还在国内各华侨农场、高校，甚至前往美国、日本、印度尼西亚、马来西亚、泰国、柬埔寨、新西兰等国家和地区巡回举办了数十场专题展览；印制或出版了《福建侨批档案目录》《百年跨国两地书——福建侨批档案图志》《中国侨批与世界记忆》《福建侨批档案文献汇编》等，向国内外大规模宣传侨批档案。考虑到受众不同的年龄段，还制作了数部侨批动漫宣传片，与图片、实物共同展示，深受海内外华侨华人和社会民众欢迎。

终点：一纸侨批　满腔家国

2013年底，“百年跨国两地书——福建侨批档案展”在印度尼西亚展出。在展览现场，印度尼西亚东方音乐基金会副主席吴重洋先生十分意外地见到了父亲吴序山1948年写给家中兄长的侨批，欣喜万分，立即把喜讯告知家住泗水的弟弟。吴先生在印度尼西亚长大，对国内亲人知之甚少，只知道祖籍大概是在泉州一带，对于自己的“根”并不十分清楚。展览上的意外发现，使其能凭借父亲亲笔手写的地址，找到自己的祖源，让子孙后代知道祖先是从哪里来的，为什么在印度尼西亚生活等。随着侨批档案的不断深入开发和对外宣传，相信这样的喜事、美事会越来越多地涌现。

在2014年马来西亚侨批档案展出期间，柔佛州华人曾福华先生得知福建省档案馆正在进行海外华侨华人档案资料的征集工作，想起家里还留着以前的一些书信，与展览上的侨批档案十分相似，查找确认后，捐赠给了福建省档案馆。随后，曾先生又在2015年“6·9国际档案日”活动之际应省档案馆之邀回国出席活动，并捐赠了家中陆续找到的200多份侨批，录制了近3个小时的口述历史档案。

近年来，省档案局从侨批档案文献征集、口述历史采集、相关遗址调查、侨批展览宣传、专题学术研究、文化产品开发等方面多维度地抢救、保护和宣传侨批档案资源，使福建侨批文化品牌建设取得了长足的发展。

纵观福建侨批申遗及其后的侨批文化品牌建设工作，步步离不开社会各界，尤其是关心档案工作的各位省政协委员的支持。在委员们的呼吁与推动下，以省档案局为主力，在省侨办、省侨联、省外办、省文化和旅游厅、省财政厅等的支持配合下，大家拧成一条绳，劲往一处使，形成福建侨批文化品牌建设合力，共同促进侨批在国际上的宣传、展示与利用。

岁月苍苍，流水潺潺。侨批已退出历史舞台，却又在不断地创造新的历史。

（供稿：省档案局　执笔：丁丽兴）

让“晋江经验”走出晋江

自2023年7月“创新和发展‘晋江经验’”写入中央文件后，晋江民营经济高质量发展再传佳音——县域经济和社会综合发展、工业百强县排名跻身全国第三，县域经济基本竞争力保持全国第四，被誉为“中国县域经济发展的一个典范”。

“‘晋江经验’始于晋江，但不止于晋江。”20多年来，福建走出了一条独具特色的民营经济高质量发展之路。在新时代，如何聚“新”提“质”，进一步传承弘扬、创新发展“晋江经验”？2022年底，在“晋江经验”提出20周年之际，福建省委、省政府作出了实施新时代民营经济强省战略的重大部署，在新的历史起点上促进民营经济提质增效、创新转型、再创优势，推动福建由民营经济大省迈向民营经济强省。

而在省委、省政府重大决策出台前后，作为党委政府联系民营企业的重要桥梁纽带，省工商联加强调研、深入思考，在福建省政协十二届五次会议上正式提出了《关于传承创新“晋江经验”建设民营经济强省的建议》的提案，前瞻性地提出了鼓励改革创新、发展优势产业、构建“亲清”新型政商关系等建议。提案的相关建议被《中共福建省委、福建省人民政府关于实施新时代民营经济强省战略推进高质量发展的意见》（以下简称《强省战略意见》）充分吸收采纳，省政协和省工商联积极参政议政、建言献策作用得到了全面彰显。

以“敢为天下先”的闯劲开拓创新

爱拼会赢，拼在格局、赢在胆识。有能力、有条件的民营企业要加强自主创新，在推进科技自立自强和科技成果转化中发挥更大作用。“晋江经验”明确了只要是有利于解放和发展社会生产力的，就要在实践中大胆去闯、去试。

但在时下，福建民营企业以中小微企业为主，科技含量偏低、发展后劲不足，配置资金、技术、人才等要素能力有限，一些企业存在“不想、不会、不敢”创新等问题。其中，2021年全省规模以上工业企业有研发活动的仅占总数的34.3%、建有研发机构的仅9.6%，分别比浙江低14.4和29个百分点。

省委、省政府高度重视提案办理，安排省政府和省政协的分管领导共同督办，要求省发展改革委会同科技厅、工业和信息化厅等部门共同办理。在进一步调研基础上，《强省战略意见》吸收采纳了提案中鼓励改革创新等具体建议，强调“坚持以创新驱动增添动能，推动民营经济成为实现科技自立自强和产业链自主可控的重要力量”。2023年以来，全省上下认真贯彻落实省委十一届四次全会精神，深入实施创新驱动发展战略，坚持以福厦泉国家自主创新示范区建设为牵引，强化企业创新主体地位，深入实施高新技术企业“双倍增”行动，推行“揭榜挂帅”“赛马”等新型管理制度，推动大型仪器向民营企业提供开放共享服务，强化民营企业智力支撑，增强民营企业核心竞争力，促进加快形成新质生产力。

值得一提的是，2023年，全省国家级高新技术企业也已突破1.2万家，增长30%，其中民营企业占90%以上。民营企业牵头设立的国家级企业技术中心67家，占比达85.9%。一批关键技术在民营企业的不懈努力下实现重大突破，如第三代CTP麒麟电池发布，汽车玻璃关键成型工艺、玻璃天线等技术全国领先，白羽肉鸡种源打破国外垄断等。

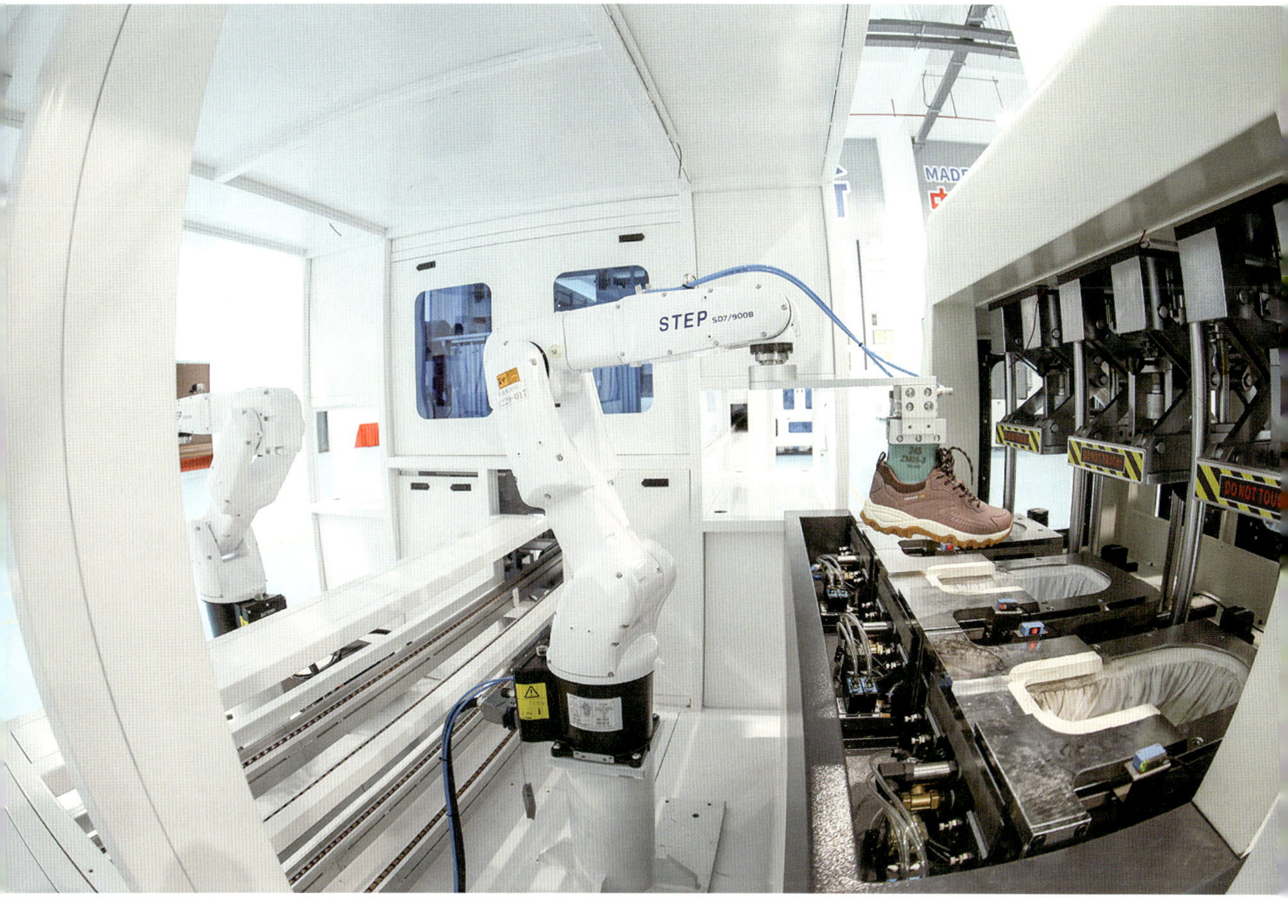

◎民营企业开发的运动鞋机器人自动化生产线

以“引商入八闽”的胸襟合作共赢

“恒变者安。”这是恒安人对自己企业名称所蕴含理念的新解，也是晋江企业求新求变的共同写照。

福建民营企业多数集中在纺织鞋服、食品加工、建材家居等领域，传统产业比重偏高，民营企业多而不强。近年来，福建积极探索推进以商招商、以会引商，凝聚闽商力量建设新福建，取得了较好成效。

《强省战略意见》充分吸收采纳提案提出的“引商入八闽”，合力发展优势产业的建议，进一步总结实践、凝练经验，强调“坚持以产业升级优化结构，推动民营经济成为建设现代化产业体系的重要力量”，要求“大力推进闽商回归工程”。按照《强省战略意见》部署，2023年以来，全省上下坚持把发展经济的着力点放在实体经济上，引导民营企业做“百年老店”，围绕构建现代化产业体系，加快传统产业数字化转型、智能化改造，实施专精特新中小企业提升工程，完善“一产业一专班”工作机制，提升产业集群发展能级。2023年，全省规上民营工业增加值同比增长3.5%，高于全省规上工业0.2个百分点；民间制造业投资增长8.1%，高于全省固定资产投资增速5.6个百分点；新增18个省级和6个国家中小企业特色产业集群，培育遴选数字经济核心产业创新企业350家。

以“亲清润闽商”的服务助力发展

“不叫不到、随叫随到、服务周到、说到做到……”好的营商环境，就像阳光、空气和水。

“晋江经验”要求始终坚持加强政府对市场经济发展的引导和服务，做到既不“越位”，又不“缺位”“错位”或“不到位”。

政商交往密切是福建民营经济发展的优势之一，但现在亲而不清、清而不亲等问题仍不同程度存在，基层和企业都在期盼进一步明确政商交往行为和边界。提案提出的要以“亲清润闽商”的温度构建政商关系等建议，具有很强的现实迫切性。

在充分吸收采纳提案建议以及省纪委监委开展的“精准监督执纪推动构建亲清政商关系研究”调研成果基础上，《强省战略意见》提出了“坚持以亲清互促优化环境，增强民营企业行稳致远的发展决心”。2023年以来，福建建立了省市县三级领导干部挂钩联系民营企业制度；健全完善与商会组织、民营企业沟通协商机制；深化实施“党建强企”联合行动；出台规范政商交往行为，推动全面构建亲清政商关系的意见；聚焦政务服务、商务活动、招标采购、用餐用车、联谊交往等五类20个高频情景，发布政商交往指导案例，明晰政商交往边界和底线；引导干部传承“四下基层”等优良作风，精准服务民营企业发展。其中，2023年民营经济同口径监测事项中，75%事项同比有所提升或继续保持高水平，平均提升幅度22%。

一座县城，因砥砺奋进而日新月异；一种经验，因高瞻远瞩而历久弥新。新征程上，从晋江江畔到八闽大地，必添锦绣繁华。

（供稿：省发展改革委　执笔：陈泽暖、章学俊）

让学前教育阳光明媚

学前教育是终身学习的开端，更是重要的社会公益事业。省政协十二届五次会议期间，民盟福建省委会提出了提案《关于采取“国有资本主导、多元化运营模式”加快我省普惠幼儿园建设的建议》，由省教育厅牵头办理。省教育厅严格按照办理程序，完善办理机制，坚持以提案人满意为目标，始终将沟通协商贯穿提案办理工作全过程，第一时间形成答复意见，并与提案者当面沟通，圆满完成提案办理工作。

以真为先，主动沟通交流

接到民盟省委会的提案后，省教育厅牵头处室基础教育处认真“备课”，主动向委员咨询相关情况，准确把握提案主旨意图，虚心听取委员意见、建议，自觉接受委员指导监督，为提案高质量办理工作打下坚实基础。

随着城镇化进程推进及全面二孩、三孩政策的实施，适龄幼儿入园需求急剧增加，“入园难”“入园贵”已成为老百姓的烦心事之一。民盟省委会长期关注我省教育事业改革发展，组织政协委员和盟员组成课题组，在深入调研的基础上，提出“建议出台政策鼓励和支持国有资本承办二类事业公办园”“引入国有企业解决‘民转公’问题”“甄别和筛选具备办学资质和办学能力的国有企业”等三个方面建议，对我省学前教育普及普惠发展具有重要的参考价值和指导意义。提案执笔人周郑毅表示：“引入国有资本做大做强公有制办学力量，既能提高公办园占比，又有助于建立完善学前教育服务机制。”这一观点与我省学前教育改革探索方向不谋而合。

近年来，省教育厅深入贯彻中共中央、国务院《关于学前教育深化改革规范发展的若干意见》，部署推进国企集团化办园等模式改革创新，在第二、三期“学前教育三年行动计划”中提出“扶持机关事业单位、国有企业和群团、集体组织举办幼儿园”“鼓励企事业单位、高校、乡镇（街道）、村集体等创办普惠性幼儿园”，拓宽途径加大资源供给。龙岩、厦门等地也不断加大力度支持国企参与举办普惠园，涌现出一批国企办园的“弄潮儿”。虽然我省在探索国企办园、推进学前教育发展方面取得一些成效，但由于底子薄、欠账多，目前学前教育仍是我省教育工作的短板，幼儿园学位压力仍较大，优质普惠性学前教育资源仍显不足，整体质量水平还有待提升。

以实为要，提高办理实效

商以求同，协以成事。提案办理过程中，省教育厅注重协商推进，在提出办理意见的同时，密切与对方的沟通联系，盯紧关键时间节点，及时向其反馈办理情况，一边听取吸纳意见，一边修改完善材料，力求方向不偏，符合提案人要求，切实把办理工作抓紧抓好。根据前期沟通情况，厅里相关处室有针对性地反馈了三条措施：一是继续将公办园建设纳入省委、省政府年度“为民办实事”计划，补助各地及省属有关单位和国有企事业单位、工青妇等群团组织新建、改扩建公办园；二是出台我省“十四五”学前教育发展提升行动方案，鼓励支持国有企事业单位等举办公办幼儿园，督促各地依据《事业单位登记管理暂行条例》等相关规定做好事业单位法人登记管理工作；三是鼓励支持各地深入探索国企办园等集团化办园新模式，发挥公办园和示范园作用帮扶国企办园，助力快速提升办学水平。同时，加强规范管理和评价引导，发挥教育集团规模化、集约化办园优势，提升整体办学质量。

形成答复初稿后，基础教育处立即联系民盟省委会，并通过电子邮件发送给对方征求意见。提案人周郑毅收到初稿深入研究后，发来回复函并进一步提出两点建议：一是建议省级在编制年度公办园项目建设规划时，考虑支持新建小区配套园及部分私立园优先由国企承接办园并给予相应补助；二是建议尽快出台支持国有企业办园的规定细则，组织修订《事业单位登记管理暂行条例》，明确资质要求，促进行业良性发展。

收到回复函后，省教育厅立即组织相关处室工作人员仔细研读，及时请教省委编办相关负责人，并就回复函中涉及的问题向地市调研了解情况。为进一步提高提案办理的针对性、有效性和委员的满意度，省教育厅组织有关人员前往民盟省委会面对面沟通交流，进一步听取意见、建议。

以诚为本，广泛凝聚共识

经过提、办双方多次协商，2022年8月24日，省教育厅基础教育处一行走访民盟省委会，就提案办理情况进行见面座谈。

座谈会上，省教育厅基础教育处的同志对委员的建议意见一一详细回应，并指出目前国企办园方面确实有许多不足之处，也存在一些体制机制障碍。如根据国务院发布的《事业单位登记管理暂行条例》，事业单位实行分级登记管理，但在实际操作中，因无国企办园具体实施办法可参照，有的地方按公益一类事业单位办园进行注册登记，有的地方按自收自支单位管理，也未明确相关准入门槛和资质，给工作带来了困难。另一方面，盘活国有和集体资产办普惠园对于扩大普惠资源供给有着重要意义，省级及以上已下达补助资金支持小区配套园建设，省级将继续鼓励地方政府利用闲置国有资产吸引社会资本改建和经营普惠园。

座谈在轻松、融洽的氛围中展开，承、办双方沟通了感情，增进了了解，凝聚了共识。各位委员对教育厅提案办理工作给予充分的理解和肯定，

◎舒适的学前教育环境

同时从普惠资源供给、未来幼儿园生源趋势等方面提出了建设性的意见、建议。通过研讨，大家更加明晰了关于企业等第三方办园面临的困难问题，也更好地了解了当前的教育形势和任务，为下一步深入研究办园主体构成、多渠道增加公办性质普惠优质学前教育资源、破解“入园难”“入园贵”难题奠定基础。

这是省教育厅加强提案办理的生动缩影。政协委员来自各个界别，是界别代言人，委员们的提案里有群众对高质量基础教育的期盼。办好政协委员提案，既是民心所向，也是发展所需。今后，省教育厅将以更高的要求和标准开展提案办理工作，更好地回应委员的关心关切，确保做到件件有回音、事事有反馈，促进提案成果转化，提升人民群众教育获得感，推进全省教育高质量发展。

（供稿：省教育厅　执笔：游恬）

科技赋能　助力畲乡增“智”提“质”

为推动宁德市民族团结进步事业高质量发展，2023年省政协少数民族界与民族和宗教委员会联合提交《关于把宁德打造成为“民族团结共同富裕示范窗口”的建议》（该提案被评为省政协2023年度好提案）。提案交办后，省科技厅主要负责人对科技助力宁德民族乡村发展工作多次进行指导、提出明确要求，指定由厅分管负责人牵头、厅农村科技处具体落实、厅其他业务处室和直属单位密切配合，协同推进帮扶宁德民族乡村工作，有效助力宁德市打造“民族团结共同富裕示范窗口”。2023年坂中畲族乡再次获评“全国民族团结进步示范单位”。

密切联系　共谋发展

坂中畲族乡地处宁德市福安市区西郊，是福安城区“西拓南展”重点区域、富春溪西岸城市新区核心区，也是闽东畲族群众最为聚集的区域。1998年，中共福建省委、福建省人民政府出台《关于加快我省少数民族和民族地区经济、社会发展的若干政策措施》，制定了一系列行之有效的政策措施，推动全省少数民族和民族地区的经济、社会发展。

为进一步落实提案办理，推动民族乡村高质量发展，有效助力宁德市打造“民族团结共同富裕示范窗口”，省科技厅多次召开专题会议研究部署落实推进工作。厅负责人多次带队赴坂中畲族乡现场调研、协调推进亟须解决的帮扶事项，围绕坂中畲族乡经济社会发展需要，专门组织专家编制帮扶五年规划，建立健全挂钩帮扶工作的组织领导和协调推动体系。同时，省科技厅农村科技处党支部、国家电网福安市供电公司党委、坑下村党支部联合开展党建“三级联创”，谋划坂中畲族乡坑下村产业发展、村集体经济收入、智慧能源等联创项目，助力乡村振兴。

近年来，省科技厅还以定向形式立项支持福安市坂中畲族乡组织实施“福安市坂中畲族特色美丽乡村建设及农业产业开发”“福安坂中畲族乡数字乡村建设与农业特色产业开发”等5个科技挂钩帮扶项目，推动整合各级各部门帮扶资金2400万元（其中省科技厅帮扶700万元），以科技赋能美丽畲乡建设，支撑畲乡特色产业发展，推动坂中畲族乡蔬菜、茶叶、畲药、水果等产业转型升级，壮大村集体经济，促进特色乡村游、农家乐等农村经济快速发展，有效带动当地群众增收。

科技赋能 示范引领

仲夏时节，宁德市福安市坂中畲族乡坑下村，田间地头一座座蔬菜大棚内郁郁葱葱、绿意盎然。坑下果蔬种植专业合作社负责人一早便来到村口的智能蔬菜大棚，掏出手机，打开软件，点击屏幕……熟练地操作着“新农具”。

“天气逐渐炎热，棚内温度高，要及时将棚顶帘子打开，给西红柿降降温。”在大棚里“趴”了20多年，村民此前从没想到蔬菜大棚也能如此智能。村民种菜模式的变化，是坂中畲族乡智慧种菜的“新”之所在，也是省科技厅对口帮扶的生动缩影。

坂中畲族乡毗邻福安城区，富春溪环乡而过，便利的交通、充足的水源为蔬菜产业发展提供了得天独厚的条件。调研组在坂中畲族乡坑下村的走访调研中发现，坑下村近临富春溪水，紧挨城区，在多年的农事活动中，坑下村菜农积累了不少种菜经验和技巧，但和大部分村子一样，看天吃饭仍然

◎坂中畲族乡智慧大棚种植的西红柿丰收（陈雅芳　摄）

是困扰坑下村蔬菜产业提质的一道坎。对此，坑下村民感触颇深，回忆道："以前冬季蔬菜保温，全靠铺地膜或搭一层不足一米高的小棚。特别是前些年的腊月前后，气温骤降，村里300多亩蔬菜苗全被冻死。"

如何破解坑下村特色产业发展瓶颈，真正发展优势？如何整合优势，赋能现代科技成果力量，促进产业提质增效？调研组带着问题思考，在项目帮扶、人才支持、技术保障等方面着手筹划解决推动。

随着现代化设施农业帮扶项目建设在坂中畲族乡全面铺开，坑下村蔬菜种植迎来转机。在村口，一个占地10亩的崭新"第三代"大棚格外醒目。"这个大棚采用自动化设施，喷灌施肥、天窗开关等都实现智能化。""西红柿受霜冻后就容易黑掉。现在我们在地表上盖地膜，地膜上再搭大棚，大棚套小棚，不仅保温效果好，病虫害也少了，蔬菜产量和品质大大提高。”坑下村村民介绍，第一代大棚高2米、宽3米，相当于给蔬菜盖了一层“棉被”，保温目的达到了，但使用传统塑料，两三年就要更换一次，不环保；第二代大棚高3米、宽6米，保温性能好，但空气流通性差，导致西红柿烂果多；第三代大棚高4.6米、宽8米，通透性好，抗寒能力强。

看着一行行茁壮成长的西红柿，村民满脸欣喜：“这是我们今年新引种的水晶圣女果，现在正值采收季。现在大棚环境好，采收时就可以吸引市民和游客前来自助采摘，发展观光农业。”

如今，坑下村共有230多户村民从事特色蔬菜种植。村里建有专门生产西红柿、茄子的蔬菜大棚170多亩，年产值超1400万元，村民人均收入3.3万元，被评为省“一村一品”示范村、省无公害蔬菜基地。“坑下好蔬菜”产地品牌、增值效益不断凸显。

除了新大棚，还有轨道车。在坂中畲族乡廉岭村，位于村道下方的上百亩八角丝瓜种植基地一片葱郁，村民穿梭于藤架下修剪枝条。“以前村民要沿着这条陡坡，将丝瓜一筐筐挑到村道旁装车，没点体力还真挑不动。”廉岭村民介绍道，2023年，村里沿陡坡建起了轨道车，丝瓜从田间可以直达村道，让村里蔬菜运输更省力、更便利。

人才进村　发展加速

好菜离不开好苗，经过前期专家团队的调研、试验、建设，眼下坑下村集约化育苗中心已完成机器安装调试，新品种育苗已陆续试种。一个个看似普通的大棚，却蕴含着众多现代农业技术，大棚内的温度、光照、湿度等数据能实时监测和调控；大棚遮阳网和自然通风系统，利用手机App就能遥控开关。

在坂中畲族乡，智慧种菜不只体现在设备迭代升级上，还体现在引进人才上，让科研成果在田间地头实现转化。省、市科特派团队、农技专家等人才的驻点帮扶，推动了坑下蔬菜的高质量转型升级。

民族乡村立足资源禀赋和农业特色优势，深入践行大食物观、大农业观，通过帮扶引入智能化设备、引进专业农技人才，引种高优新品种，给果蔬种植装上“数字引擎”，稳定推进特色优势产业增产增效，一幅智慧农业高质量发展的“工笔画”愈加清晰。

近年来，省科技厅以推行科技特派员制度为抓手，围绕民族乡特色产业发展需求，从省内外高校、科研院所等选任科技特派员及团队，以科技助力宁德市民族乡经济社会事业发展，促进民族团结进步。2017年以来共为宁德市民族乡选任44名省级个人科技特派员、9个省级科技特派员团队，由科技特派员牵头实施科技开发项目19项，项目总投资近2000万元，领办创办5家企业（其中市级以上龙头企业1家），累计推广新技术66项，累计引进新品种37个，服务宁德市民族乡农民近1万人，面向民族乡群众开展技术培训上百场次、培训人数超过1万人次。

文化互融　共促共享

作为畲族乡，坂中至今还保留着完整的畲族特色文化资源，城乡融合为畲族文化发展提供新机遇。2023年6月，省科技厅采取定向申报方式立项支持坂中畲族乡组织实施新一轮科技帮扶项目——“福安市坂中畲族乡科技助力特色产业发展与传统文化保护建设”，资助科技经费400万元，并协调马尾区政府等帮扶单位投入配套经费800万元，用于实施畲族乡村民科学素养提升工程、科技助力畲族传统文化宣传与保护工程（打造廉岭科技文创点、实施畲家乌米饭三产融合科技提升项目）、科技助力畲乡特色产业发展项目（扶持畲族医药产业发展、坑下村等智慧农业果蔬园建设、建设南岸村优质稻渔生态米无公害加工工坊等）。目前该科技帮扶项目正在有序推进中，为有效助力宁德市打造“民族团结共同富裕示范窗口”提供坂中经验。

（供稿：省科技厅　执笔：陈国华、钟迎）

率先立法“首台（套）”，发展新质生产力

党的二十大报告提出，“实施产业基础再造工程和重大技术装备攻关工程，支持专精特新企业发展，推动制造业高端化、智能化、绿色化发展”。首台（套）技术装备具有新技术密集、系统成套复杂、附加值高、带动性大等特点，是衡量企业核心竞争力的重要标志。我省是全国较早实行支持首台（套）发展政策的省份之一，2014年实施首台（套）政策以来，我省共认定298项首台（套）重大技术装备，带动首台（套）装备销售8000多台（套），销售收入200多亿；促进新产品研发1400多项，新申请专利（含实用新型）4000多项。首台（套）产品涵盖高档数控机床、轻工机械、食品机械、环保专用设备、工程机械、纺织机械等领域，带动了机械装备行业的提质升级，也为全省制造业发展提供了强有力的装备支撑。通过实施首台（套）政策，我省装备自主化水平迈上新台阶，一大批首台（套）产品取得突破，但还是存在品牌不够响亮、市场认可度不足、推广应用困难等问题。围绕如何强化政策引领，破解初期市场信任不足等因素导致的推广应用瓶颈，加大首台（套）产品的推广应用，省政协委员始终高度关注，积极建言献策。

在2020年福建省政协十二届三次会议上，民建福建省委会提出了《关于扩大“首台（套）”推广应用政策空间的建议》提案，就加快“首台（套）”研制和推广应用提出了扩大认定政策空间、扩大采购政策空间、扩大供需政策空间、扩大资金政策空间等四个方面的建议。

◎实地调研厦港拖 30 电动船舶

为响应提案建议，针对首台（套）技术装备推广应用存在的堵点和难点，将我省在推广首台（套）中的政策成果和经验做法以立法形式确定下来非常必要。省工业和信息化厅从2023年1月起积极推进首台（套）立法工作。2024年3月27日，省第十四届人民代表大会常务委员会第九次会议表决通过《福建省促进首台（套）技术装备推广应用条例》（以下简称《条例》），于2024年7月1日起施行。《条例》是全国首部促进首台（套）技术装备推广应用的省级地方性法规，是福建省贯彻落实党的二十大精神，推进新型工业化、发展新质生产力的具体举措。

创新驱动　提升发展潜力

新质生产力最核心的内涵是创新，也是新质生产力有别于传统生产力的根本属性。民建福建省委会在提案中提到“首台（套）代表着重大技术装备自主研发制造的最核心成果”。《条例》立足制造强省建设，提高先进装备自主研制能力，从研发制造全链条支持研发创新，全面提升福建省装备企业发展潜力。研发方面，支持关键技术装备研发创新、产学研用合作、研究成果转化；公共服务方面，建立健全检验检测公共服务体系，完善相关标准、计量、检验检测制度，加强重点实验室等建设；知识产权方面，支持加快首台（套）技术装备专利审查；人才方面，首台（套）可作为研制人员职称评审业绩以及考核、晋升、提级和职称聘用的重要依据。

综合施策　强化推广应用

民建福建省委会建议“扩大首台（套）创新产品推广空间；对已经认定的首台（套）产品，自认定之日起2年内视同已具备相应业绩；推行政府首购制度，对需要重点扶持的首台（套）产品，采购人依法可采用单一来源采购”。针对提案提出的建议，我省积极采纳提案意见。《条例》针对当前痛点、堵点问题，从协作机制、保险补偿、招标投标、政府采购、国企考核、容错机制等方面促进首台（套）技术装备推广应用，如：支持建立协作机制，搭建供需对接平台，建设推广应用基地；鼓励保险机构开发首台（套）技术装备保险产品；明确招标文件不得含有排斥首台（套）技术装备投标人的内容，首台（套）装备自评定之日起两年内视同已具备市场占有率和应用业绩；政府采购可以通过公开招标以外的方式；首台（套）研制和推广应用情况纳入国企考核；建立容错机制，符合规定条件的可免责或减责等。

政策扶持　实现保驾护航

首台（套）装备具有研制难度大、研发周期长、资金投入多、制造成本高、推广应用难等特点，民建福建省委会建议“设立我省首台（套）专项资金，各市县设立配套资金”。为响应提案建议，加大对首台（套）的政策扶持力度，《条例》从宏观层面上明确县级以上政府加强对首台（套）研制和推广应用工作的领导，纳入制造业发展规划，制定扶持政策，出台相关金融措施，所需经费纳入本级财政预算。同时，提出一些具体的扶持政策，如知识产权部门加强对首台（套）装备专利侵权纠纷的快速处理工作，及时维护首台（套）装备权利人的合法权益。研制和购置首台（套）装备的企业，可享受相关税收优惠政策，符合条件的可以同时享受地方政府及相关部门的扶持和优惠政策。

形成合力　发挥部门职能

民建福建省委会在提案中建议“建立起政府、装备制造企业、用户之间有效的沟通桥梁”。首台（套）推广应用涉及政策面广，需要各级各部门齐抓共管、共同努力。《条例》明确相关政府部门和单位职责，工业和信息化部门是首台（套）技术装备行业主管部门，发展改革、科技、财政、市场监管、国资、金融监管以及其他有关部门按照各自职责负责相关工作。《条例》还从规划引导、行业管理、政府采购、财政金融扶持、检测认证服务、知识产权保护等方面充分发挥相关部门、机构、协会等单位职能作用，共同推进首台（套）技术装备推广应用。

当前，福建省正加快推进制造强省建设，《条例》出台实施将大力推进首台（套）装备研制与推广应用，对加快我省制造业高质量发展具有十分重要的现实意义。

（供稿：省工业和信息化厅）

让离别温情时刻多留几分钟

福州长乐国际机场不仅是福建的重要口岸门户，更是华侨往来的温馨港湾。然而，部分私家车、网约车、出租车、酒店接送车等随意在机场占道停车，时常造成机场道路拥堵，严重影响了机场交通秩序和窗口形象。

聚焦难点，落地限时通行

为有效解决长乐机场道路拥堵、乱停车等问题，保障机场正常运行和旅客顺畅出行，福建省公安厅于2017年6月起在福州机场重点路段实行“限时通行”管理措施。在论证期，机场公安局调研了北京、深圳、青岛、哈尔滨、昆明、成都等大中型机场限时通行做法，充分考虑长乐机场高峰时段、天气原因、卸运行李以及乘车旅客的身体差别等因素，对相关路段开展了实地测试，确定了“候机楼出发层路段限时六分钟内通过，迎宾路和迎宾支路路段限时五分钟内通过”的限时通行措施。限时通行举措的推出，有效解决了候机楼、重点路段交通拥堵和乱停车等问题，对维护机场交通的安全畅通发挥了重要作用。

倾听民意，深度开展调研

“限时六分钟”的措施确实解决了机场候机楼出发层路段拥堵问题，却成了接送亲友的司机心中纠结的一个痛点。大家理解公安机关为解决交通拥堵、车辆违停而推出的这项限时通行措施，但从自身需求出发，又希望能够更加从容地上下车，送别亲人的时间能够更长一些。

2019年，叶道明委员向省政协十二届二次会议提交提案《关于福州长乐国际机场出发层路段设置动态提醒警示屏的建议》，提出“对出发层路段通过时间进行科学测试，调整限时通行时长”的建议。

接到提案后，省公安厅高度重视，立即由厅领导牵头，带领机场公安局相关负责同志开展深入调研。调研组通过实地走访、座谈会等多种形式，广泛听取司机、乘客以及机场工作人员的意见和建议。调研发现，虽然福州机场候机楼出发层旅客出入口增加了两个，可以停靠车辆下客的路段也相应增加了近100米，已在一定程度上缓解了车辆拥堵问题，但高峰时段候机楼出发层车流量大、车辆密集的情况仍然客观存在，实施限时通行的举措十分有必要。与此同时，福州及周边县（市）多为著名侨乡，常年有华侨、侨眷等乘机出入，许多人在接送境内外亲友时，往往会送到候机楼内，从而导致停车时间超过而被罚款，大多侨胞也希望能够有更多的时间与亲友告别。

基于调研结果，机场公安局坚持以人民为中心，从人性化执法出发，决定采取切实有效的措施，解决这一矛盾。

精心组织，实施延时措施

根据调研的相关数据，机场公安局着手制定具体的实施方案，并多次和叶道明委员进行深入沟通协商，充分听取意见和建议。同时组织对机场道路限时通行管理系统进行重新评估和论证，提出了“候机楼出发层路段限时通行的时间由6分钟延长至8分钟”的措施，于2019年6月4日起施行；2023年9月，经反复论证，又将通行时间延长至10分钟。

◎省公安厅机场公安局进一步优化限时停车措施

此外，机场公安局还专门召开办理工作部署会、协调会，分析难点问题，研究细化配套工作措施，积极建议元翔（福州）国际航空港有限公司按照相关要求规范建设车辆超时监控警示屏，对因发生故障或不可抗力情况而超时通过出发层路段的车辆建立救济机制等，确保交通管理措施有效落地。

回访反馈，提高管理质效

延长限时通行时间后，机场公安局又细化举措，及时受理因不可抗力或车辆故障等情况而超时通过该路段的免予处罚申请。一套组合拳下来，既有力保障了旅客群众顺利出行，又使候机楼出发层路段的违章数量大幅下降，因车辆超时通行问题的投诉基本未再出现。运行一段时间后，厅领导带着数据主动回访叶道明委员，梳理建议、诉求，反馈提案办理情况，获得了叶委员的高度认可。

机场公安局持续跟进政协提案的办理落实工作，制定出台了一系列针对性强的措施，如，建立机场骑警队，组织开展出租车、网约车综合管理，优化出发层标志标线，优化限时停车措施，以及深入开展“非法拉客”集中整治等，进一步加强对出发层路段交通秩序的管理，加强对高峰时段拥堵车辆的疏导。此外，还通过媒体及时发布相关信息和动态，向广大旅客宣传新规、解读政策，确保限时停车措施取得最佳成效。

提案办理是密切联系群众、自觉接受监督、加强和改进公安工作的重要途径。这温情的10分钟，也成了我们努力推动提案办理工作再上新台阶的莫大鞭策。

（供稿：福建省公安厅　执笔：朱炜韡）

山水工程让闽山闽水更灵动

钟灵毓秀，清新福建。优美生态离不开精心的呵护和科学的管理。作为习近平生态文明思想的重要孕育地和实践地，生态保护一直以来都是我省政协委员履职建言的聚焦点。闽江、九龙江分别是我省的第一、第二大河，是八闽大地的根脉、母亲河，具有重要的生态环境保护价值。新时代以来，我省政协委员围绕闽江、九龙江流域生态保护，深入开展调研、积极建言献策，有26件相关提案先后立案。作为承办单位，省财政厅充分吸纳提案意见、建议，联合相关部门先后实施了闽江流域和九龙江流域山水工程，确保提案全部办结，对改善流域生态环境、建设生态省起到了重要的推动作用。

践行生态共同体理念

省政协委员们就闽江流域生态环境治理存在的问题陆续提出“要进一步完善闽江流域生态保护补偿机制；要加强跨区域生态补偿的统筹协调，鼓励上下游之间开展资金、产业、人才等多种补偿”等具有前瞻性、可操作性的意见、建议，一系列涉及闽江流域的提案“金点子”交到了省财政厅面前。

在政协委员的呼吁下，在提案工作的助力下，省财政厅抢抓机遇，充分用好中央部署开展山水林田湖草生态保护修复政策，采取竞争性评选方式在全国开展试点工作，主动衔接、认真谋划，将闽江流域山水林田湖草生态保护与修复工程上报参与评审，经过在全国范围内激烈的答辩角逐，闽江工程成功入围全国试点项目。该项目从2018年就开始落地实施。就这样，一个水域流量居全国第三、流域面积占全省一半、流域内经济总量占全省四成的跨区域、跨部门、多项目的闽江综合治理工程拉开序幕。

随之而来的是，如何破解闽江“九龙治水、各管一摊”的问题。为此，省财政厅坚持不“破”不“立”、大刀阔斧地实施改革措施。

首先，在系统谋划上，横向与9个省直相关部门成立协调领导小组，纵向采取“省级协调、市为主体、县抓落实”的推进方式，积极探索“实施方案+控制性详细规划+可行性研究报告”多尺度规划体系，形成上下左右齐抓共管格局。其次，在资金保障上，建立横跨多部门的资金整合机制，并充分利用债券融资、项目新增耕地占补平衡、第三方治理等方式，吸引社会资金投入。再者，在综合施策上，在全国首创系统集成的精品示范项目，并建立全过程专家咨询机制。

大规模的跨区域项目建设涉及多方，必然带来不同的认识和利益差异，其中上下游投入比例矛盾尤其突出。对此，经省政府同意，省财政厅在采取分项目确定比例的同时，从缓解基层负担角度，让更多的比例由省级负担，并探索建立了正向激励机制。

以生命共同体理念推动生态保护治理，在生态、经济、社会等方面都交出了优异的成绩单。2021年，闽江干流和二级以上支流水质优良比例达100%，其中Ⅰ类—Ⅱ类优质水比例87.3%，较2017年提高了7.3个百分点；“台湾海峡闽江口水质优良比例”也从项目实施前的66.1%，提升到目前的81.8%。流域内生态复绿效果明显，生物多样性得到保护，流域环境质量和生态功能持续完善，资源环境承载力进一步提升。

闽江流域山水林田湖草生态保护修复工程在财政部组织开展的重点绩效评价工作中获优秀等次，入选财政部《贯彻落实中央重大决策部署深化财政改革发展的生动案例》；探索建立的“整体规划、资金整合、综合施策”创新做法，在国务院第七次大督查中获表扬并向全国推广。

持续拓展生态成果

随着闽江流域山水林田湖草生态保护修复工程的顺利完成，作为省内第二大河的九龙江，成为省财政厅下一步的工作重点。要建立九龙江横向生态补偿机制；要以“山水林田湖草是一个生命共同体”的重要理念，促进九龙江流域上下共谋、共建、共管、共享，形成合力……政协委员的积极建言献策，再一次为省财政厅送来了工作“良方”。为了争取中央财政的支持，省财政厅提前谋划、精心准备，深入开展九龙江流域生态本底调查，明确生态敏感脆弱区和生态保护重要区域；组织有关部门共同编写实施方案，多次邀请专家深入研究分析，不断修改完善方案，同时加强对上沟通衔接，及时掌握政策动向。2021年4月，财政部等三部委组织新的一轮竞争性评选，省财政厅主要领导以主汇报人、主答辩人身份参加评选。面对激烈竞争，我省以流域的重要性、项目的成熟度和充分的组织准备，在全国29个项目中脱颖而出，获得中央财政20亿元资金支持。

项目要建设，资金是关键。在争取到中央财政支持的基础上，省财政厅统筹9个部门生态环保类专项资金，并首创“受益者补偿”模式，由受益地但非项目实施区域的厦门市出资11.25亿元，进一步增强了项目的财政保障力度。得益于前期准备充分，项目建设迅速展开，省财政厅围绕工程“钱”“事”“效”三个方面做好系统谋划：上游重点布设森林保护修复、水土流失治理等工程，侧重维护生态安全；中游重点布设水环境治理、河流生态廊道建设等工程，侧重保护水环境质量；下游重点布设红树林、海岸带保护修复工程等，侧重保护海岸带生态系统。

在强有力的组织领导和政策、资金、技术保障下，目前工程已基本完成，正在组织验收，国家下达的三类20项绩效目标全部完成，生态保护修复总面积552平方千米，矿山修复32处4.28平方千米，湿地修复158公顷，河道

◎九龙江支流万安溪新罗生态廊道项目

修复362千米、岸堤修复352千米，整治土地面积1.28万公顷。一批生态效益已经看得见、一批社会效益已经摸得着、一批经济效益已经收得到。沿海红树林有效恢复，鸟类种类、数量增多，“海上精灵”白海豚等珍稀水生动物更多为人们所观测到。流域内河过水断面流量增大，使台风降雨不再给部分村镇带来水患。海陆生态的持续改善，更是催生了一批如牡蛎壳无害化处理运用的生态产业。

为好生态提供更有力的财政保障

2023年10月，财政部、自然资源部、生态环境部公布了山水工程首批15

个优秀典型案例，我省2个项目入选，成为入选案例最多的省份之一。可以说，闽江、九龙江山水工程已成为财政部门办理好政协提案，推动我省生态文明建设的生动典范。通过持续深化生态保护补偿制度、重点流域生态补偿机制，省财政厅逐步建立起分类补偿与综合补偿统筹兼顾、纵向补偿与横向补偿协调推进、正向激励与硬性约束协同发力的生态保护补偿制度。尤其值得一提的是，从2023年起，省财政厅调整完善市县财力状况分档补助政策，凡基本公共服务领域相关民生转移支付需依据财力状况分档的，对重点生态功能区涉及县（市），在所属档位对应的补助比例基础上，再予以适当上浮5个百分点，重点生态功能区市县财力水平得到有力提升。

久久为功，必有所成。随着我省生态保护财政保障力度的不断加强，清新福建这张生态名片必将越擦越亮。

（供稿：省财政厅　执笔：黄建龙）

“师带徒”筑巢引凤归

2022年2月28日，首届福建省（永春）“师带徒”引凤项目大赛复赛暨人才项目资本对接会在泉州永春北溪文苑举行。对接会上，“师傅”与“徒弟”结对成功的50个拟落地永春的项目举行签约仪式，总投资额达12.25亿元。出席对接会的领导感慨地说：“‘师带徒’引凤计划经过三年的探索，想不到有这么好的成效！”

成效显著　由点及面

永春是著名的侨乡，当天签约项目半数以上涉及“创二代”、侨界青年和海归人才，不少项目是人才带着技术、资金，后面还有客户追着，急于落地永春。年产8000吨纳米级硅酸盐材料加工项目、新型气凝胶吸声隔音材料的研发与生产等都是已孵化成功的二产项目，还有横口金山寨茶康产业园、玉兰香市新零售电商平台等都是很好的乡村振兴带动项目。这些项目落地后，将为永春县带来很好的经济效益和社会效益。当天下午还举办了“师带徒”引凤计划永春模式研讨会，《人民日报》《光明日报》《中国组织人事报》及侨报网等媒体进行了报道。

永春县作为省人力资源社会保障厅首批“师带徒”引凤计划试点县，2019年以来，将省内外创新创业领军人才的成熟产业项目“嫁接”给返乡入乡创业的群体，以“师带徒”的形式，领办、联办、协办各类经济实体，培

◎ 2024 年 3 月，第三届福建省（永春）乡村振兴“师带徒”引凤项目大赛现场

养创业人才，发展地方经济。尤其在乡村振兴方面，这种“引才育才+招商引资+创业就业”深度融合的模式，切实帮助地方落地了一批引领性强、成长性好、扎根农村的创新创业企业，形成“师带徒”引凤计划永春模式。其经验介绍文章《筑巢引凤 聚才兴业——永春县积极探索“师带徒”引凤计划永春模式》在《八闽快讯》上全文刊登，省政协领导特别批示：“永春积极探索‘师带徒’引凤计划，切实解决乡村振兴发展中的难点、堵点问题，取得良好成效，值得学习借鉴。”

2022年8月25日，省政协将“‘师带徒’模式在乡村振兴中的实践与探索”列为对口协商课题，组织省委组织部、省发展改革委、省科技厅、省财政厅、省人力资源社会保障厅、省农业农村厅、省文化和旅游厅、团省委等单位召开对口协商座谈会，研究“师带徒”引凤计划试点成功经验，谋划在全省推广应用，启动全省“师带徒”引凤计划。

成效背后的故事

“师带徒”引凤计划已成为省人力资源社会保障厅体制机制创新的一项人才工作品牌，这一成效的取得源于2019年1月省政协十二届二次会议的一份政协提案。

当时，省政协委员俞凯提交了《关于进一步吸引侨界青年人才返乡创业的提案》。他认为：“随着时代的发展，新一代华侨华人和海归青年逐渐成为社会的中坚力量，而这一批人也正是能推动福建经济转型发展的急需人才，因此，进一步吸引更多的侨界青年返乡创业，显得十分必要和重要。”

接到分办任务后，省人力资源社会保障厅立即委托对口直属单位省引进人才服务中心办理。服务中心接到任务的当天，恰巧接待了与提案有同样诉求的两波客人。

第一拨客人是泉州海归“创二代”。来客表达了到访的目的：他们选择回国接过父辈创办实业的重担，经营企业，但父辈传统产业技术水平上不去，仅靠低价竞争以量苦撑。因此，急需找到行业专家或科技领军人才，形成战略合作，引领转型升级，以质取胜。

第二拨客人来自永春县人力资源社会保障局、人才中心。来客表示，泉州作为全国重点侨乡、福建省侨务大市，侨商大都把子女送到海外留学培养。目前老一代侨商将要“退居二线”，如何吸引其子女“子承父业”，回乡投资创业，是他们本次拜访的目的。因此，希望引进人才服务中心帮助永春策划一个人才项目大赛，解决人才引流问题。

两波客人的需求是一致的，正当省引进人才服务中心苦思解决方案时，看到俞凯委员的提案，如获至宝，触动极大。提案关于进一步吸引侨界青年人才返乡创业的四点建议正是针对来访者需求的解决方案。大家拿着提案看了一遍又一遍，与其产生共鸣：是的，随着时代的发展，新一代华侨华人和海归青年逐渐成为经济社会发展的中坚力量，他们拥有国际化视野、先进的管理理念、对外交流经验、丰富的学识及技术资金支持，能将世界先进的科学技术和创新理念带回中国，而这一批人也正是能推动福建经济转型发展的急需人才。

受提案的启发，省引进人才服务中心逐步勾勒出“师带徒”引凤计划，并在第二天组织全体党员干部座谈，研读提案，在此基础上形成了“师带徒”引凤计划的实施方案。

“师带徒”引凤计划基本思路形成后，引进人才服务中心负责同志拿着首届福建省（永春）乡村振兴“师带徒”引凤项目大赛的方案专门拜访了省侨联和省侨界青年联合会，结果是一拍即合。省侨联领导表示：“省侨联也一直在探索搭建适合侨青回归的平台，筑巢引凤，完全支持你们以永春为试点，联合举办引凤项目大赛。”随后，又找到相关省政协领导，介绍了提案引发“师带徒”引凤计划思路的来龙去脉。省政协领导表示：“俞凯委员的提案很好，你们的思路很好，和我们的想法不谋而合。现在全国乡村振兴没有统一模式，需要我们去探索，同意联合举办永春引凤项目大赛。”

之后，省政协社会和法制委员会、农业和农村委员会及省乡村振兴促进会针对“师带徒”引凤计划的可行性，分别赴泉州、三明、龙岩等地开展实地调研，召开了6场座谈会，听取有关部门工作情况介绍，与基层群众和一线基层干部进行面对面交流，助推省人力资源社会保障厅的“师带徒”模式在乡村振兴中的实践和探索。年后，初步形成了“师带徒”引凤计划的永春模式，并最终出现了文章开头所描述的由提案建议引出的可喜局面。

（供稿：省人力资源和社会保障厅　执笔：俞凯）

“协”手谱写生态文明新篇章

福建是习近平生态文明思想的重要孕育地和实践地，从率先提出生态省战略构想到获批全国首个省级生态文明先行示范区，再到成为首个国家生态文明试验区，福建省不断续写着经济发展与生态建设的温情故事。当前，如何促进生态文明建设高质量发展，已成为委员们共同关注的话题。省生态环境厅高度重视政协提案办理工作，充分听取、采纳委员们的意见、建议，将委员们的妙策良计转化为实实在在的监管政策，奋力谱写福建生态文明建设新篇章。

◎三明市将乐县高唐镇常口村

高质量建言助推生态文明高质量发展

实现碳达峰碳中和是以习近平同志为核心的党中央站在中华民族永续发展和构建人类命运共同体的高度作出的重大战略决策。民进福建省委会提出《关于应对我省“碳达峰”“碳中和”风险挑战的建议》，剖析了我省经济社会快速发展对能源的需求剧增、环境治理与低碳转型协同推进难度增大、“双碳”支撑能力尚待整体系统提升等问题，建议全面摸清碳源碳汇家底、提升“双碳”目标支撑能力和推进减污降碳协同治理，以应对“双碳”实施风险挑战。焦念志委员建议发展海洋碳汇技术，统筹海洋碳汇标准研发各项工作，逐步构建完善海洋碳汇标准体系，为开展海洋碳汇自愿交易提供技术规范，主导引领海洋碳汇发展走向。

保护和修复生态环境是生态文明建设的关键。王永昌委员建议在深入研究废弃矿山价值的基础上，根据废弃矿山的特点植入相匹配的产业，将其与生态建设、产业平台、土地复垦、村庄整治、新农村建设、旅游资源开发、景观建设等结合起来，做到“一矿一案”，实现“宜农则农、宜林则林、宜园则园、宜水则水、宜景则景”。

“推行排污权交易是生态文明体制改革的一项重要内容。”吴丽冰委员表示，在调研中发现排污权交易试点仍存在地方法规支撑不足、排污权政策对异地交易环境质量和总量控制要求不明确、排污总量监管体系尚未健全等问题，建议制定和出台地方性规章，有机衔接环评、许可、执法等管理制度，充分发挥市场机制与行政管理协同作用，促进污染减排。

“健全陆域海域环卫衔接机制，建设完善海湾沿岸垃圾收集、转运设施，强化上岸后的堆场设置和分类处理，打通海漂垃圾上岸后从堆场到焚烧站（或回收利用、危废处理）的‘最后一公里’。”“建立互花米草常态监测机制，开展风险评价，坚持打早打小，防范扩散蔓延。”“建立健全生态补偿综合协调机制，使生态系统价值的产出与生态补偿收入相匹配。”以山水为底色，以经济为蓝本，委员们建言不断，真情描绘着一幅独一无二、不可复制的“福建生态”画卷。

高质量办理积极回应委员关心关切

政协委员有要求，生态环境部门就要有响应，政协委员有关切，生态环境部门就要有回应。5年来，省生态环境厅主要领导高度重视政协提案办理工作，每年主持召开厅务会或党组（扩大）会专题研究，将其作为转变职能、改进作风、提高能力水平的切入点，与生态环境保护中心工作同安排、同部署、同落实。

“要认真倾听委员们的意见、建议，将他们的真知灼见转化为我们的监管政策，提升我们的工作水平”，“要确保件件有答复、事事有回音”……在厅领导班子强有力的领导下，省生态环境厅牢牢把握政治机关定位，将办理工作作为重要政治任务，建立健全主要领导牵头抓、分管领导具体抓、经办单位主要负责人负总责、厅办公室协调督办的工作机制，精心制定机关办理工作方案，周密部署办理工作，立足职能职责，逐件研究办理，及时作出答复，极大增强了办理工作的针对性和实效性。5年来，207件政协提案办理工作按时办复率、同步沟通率、委员满意率均为100%。

省生态环境厅高度重视委员对办理工作的意见和态度，建立联系“直通车”，主动沟通、平等沟通、全过程沟通。认真倾听委员意见，坚持实事求是，有什么问题就答什么问题、存在什么问题就解决什么问题，实现良性互动。同时，把承办提案作为送上门的调查研究，将其中有利于深化改革、推动工作的真知灼见与部门职能职责紧密结合起来，与正在做的事情结合起来，充实融入生态环境保护监管各项政策措施中，有效推动新时代生态环境保护工作高质量发展。

将政协提案转化为惠民实事

“人民对美好生活的向往，就是我们的奋斗目标。”如何将省政协提案转化为惠民实事，也是满足人民对美好生活向往的应有之义。

强化涉疫生活垃圾收集、消毒、包装、贮存、转移、处置全过程规范管理和安全处置，是防范“物传人”感染的一项重要工作，更是与人民群众生活密切相关。民建福建省委会有针对性地提出了《关于加强涉疫“生活垃圾”管理工作的建议》，提出“加强各级各部门联动，落实对传统医疗废物产生单位、收集单位、运输单位和处置单位的涉疫垃圾处置监管机制”，更好满足人民群众对疫情防控的期望。省生态环境厅结合该提案的办理，先后制定出台《福建省生态环境系统常态化疫情防控应知应会》等30多份指导性文件，落实“六专”（配发专袋、设置专桶、专人收集、专业消毒、专车运输和专门处理）管理要求，推进医废处置设施“补短板”项目建设，处置能力从2020年的129吨/日增长到238吨/日；加强常态监管和帮扶指导，现场检查封控区等环境敏感场所1000多家次，推动980多个问题或薄弱环节整改到位，有力有效地保障人民群众身体健康安全。

在省委、省政府正确领导和省政协有力监督指导下，省生态环境厅政协提案办理工作始终平稳、有序开展，取得了积极成效。五年来，委员们的意见、建议被吸收采纳到《福建省深入打好污染防治攻坚战实施方案》《福建省“十四五”生态环境保护专项规划》《福建省减污降碳协同增效实施方案》等一系列政策文件中，有效推动解决了一批热点难点问题，提升了群众获得感和满意度。一个个提案从纸面成为现实，一个个愿景最终转化成了一件件惠民实事。

（供稿：省生态环境厅）

心系“国之大者”　守护“八闽粮安”

粮食安全是“国之大者”，习近平总书记念兹在兹。

福建是全国第三大粮食主销区，抓好粮食安全意义重大。2022年1月，省政协委员王京春在省政协十二届五次会议上提交了《关于加强粮食安全保障的建议》。“粮食安全问题是事关人类生存的根本问题，我们要牢牢把住粮食安全的主动权，才能为保持平稳健康的经济环境、国泰民安的社会环境提供更加坚实的支撑。”王京春分析，目前，福建粮食安全的基础还不够稳固，仍然要客观对待粮食生产的量与质的矛盾、可耕地减少、劳动力短缺等问题。

王京春委员建议，坚决遏制耕地“非农化”“非粮化”，守好耕地红线，藏粮于地；充分发挥科技支撑作用，提高科学育种水平、农业机械化水平，探索新技术在粮食产业中应用的广度和深度，推进高标准农田建设，藏粮于技；提升农民种粮积极性，加快培育新型职业农民，藏粮于农。该提案经省政协审查立案后，交省农业农村厅承办。收到提案后，省农业农村厅高度重视，厅领导组织召开专题会议研究提案办理，并创新工作思路，吸收提案有关意见、建议。

坚决扛稳政治责任　筑牢粮食安全底线

从“米袋子”省长负责制到党政同责，抓粮机制发生了重大调整。2022年，省委、省政府成立省贯彻落实粮食安全责任制领导小组，同时建立健全职责分工、督促检查、工作报告、考核、奖惩等五项配套制度。

◎ 2024 年 3 月建阳万亩再生稻育秧现场（陈琦辉 摄）

层层压实主体责任，需要用好考核“指挥棒”作用。“每年，我们提前下达全年粮食生产任务，各地第一时间按季节分品种分解到县、到乡，落实到村、到田。”省农业农村厅有关负责人说，任务完成情况列入乡村振兴实绩考核内容，对未完成的地方予以降档。

挂点包片齐发力，强化督导促落实。省农业农村厅建立厅级干部挂钩设区市、处室联系县（市、区）的工作机制，逐月跟踪推进挂钩市、县（区）粮食重点工作落实情况，统筹协调生产中存在的问题和困难。在春耕春播前，深入开展“两直两前”活动，省厅派出160多名干部到74个涉农县驻点指导1个月，开展全覆盖指导服务。驻厅纪检组开展“三农”政策落实情况专项调研检查，将粮食生产作为重点，专项督查组深入4个设区市12个县（市、区）24个乡镇48个村实地调查了解情况，推动粮食安全4个方面问题有效整改，整治乱占耕地问题12宗。调度数据显示，上半年全省复耕山垅田和撂荒地14.8万亩，其中3万亩以上山垅田连片开发种粮。

动员社会各界参与　营造重农抓粮氛围

福建人均耕地仅0.34亩，发展粮食生产的耕地资源十分有限。针对提案提出的“科学合理利用耕地资源”建议，省农业农村厅协调省委、省直机关工委发出倡议，动员省直机关党员干部职工积极参与“我在乡间有亩田”志愿活动，助力粮食安全。省农业农村厅领导在全省促进粮食生产视频会上对认领活动进行具体部署，总结交流“我在屏南有亩田”“周宁有鲤·邀您来种田”“我在平和有亩田”等一批典型模式，在省领导挂钩的38个乡村振兴重点县及欠发达老区苏区县先行倡导，推动规模连片开发，促进撂荒地复垦种粮。目前，已有33个县（市、区）认领耕地1.78万亩，“认领一亩田”活动不仅得到党员领导干部积极响应，也得到社会各界的认可和支持，吸引了省市机关单位、商会、公司、乡贤等积极参与。

除了防止耕地“非农化”“非粮化”，还需要深挖耕地潜力，比如向山地要粮、靠农艺增粮。2024年以来，全省各类农业经营主体积极实施山垅田复垦复耕种粮项目，推动抛荒山垅田复垦种粮，预计将复垦3万亩以上。在平和、安溪等果茶生产大县开展低效果园、茶园退果退茶还粮，2024年计划退果（茶）还粮3500亩以上；创新实施蔬菜大棚轮作种植一季水稻，鼓励利用果茶园特别是幼龄果茶园间作套种大豆、马铃薯等作物，预计可新增1万亩粮食种植面积。

“我们将与自然资源管理等部门密切配合，严格落实耕地保护制度，推进撂荒地统筹利用，坚决防止耕地‘非粮化’；积极发展冬种紫云英等绿肥，推进有机肥替代和畜禽粪污资源化利用，培肥地力，提升耕地质量；集成推广农艺调控、土壤改良等技术，持续推进耕地安全利用。”省农业农村厅有关负责人表示。

出台扶农惠粮政策 让农民种粮有甜头

种粮收入决定农民的种粮积极性。要建立种粮农民合理收益保障机制，更加有效地提高农民种粮积极性，实现“藏粮于农”。省农业农村厅认真采纳提案建议，在落实中央耕地地力保护补贴、实际种粮农民一次性补贴、水稻种植保险等补贴基础上，积极协调相关部门，争取各级财政支持，不断加大惠粮政策力度。

2022年，省农业农村厅印发《2022年扶粮政策汇编》，推动九市一区和90%以上涉粮县（市、区）出台配套惠粮政策，营造比学赶超扶持粮食生产的浓厚氛围。省财政厅安排专项资金对规模种植双季稻和蔬菜大棚轮作水稻给予每亩100—200元的奖补，省烟草专卖局统筹1.5亿元资金对烟后种植水稻给予每亩200元的奖励。

据初步测算，全省平均每亩粮食补贴达到215元，比2021年增加了45元。各种政策叠加让农民不再“望天收”，吃下扶农惠粮政策“定心丸”，充分保护、调动农民种粮积极性。“种粮有收益、生产有奔头。”获得全国粮食生产先进个人的福建浦城种粮大户马芳华如是说。

实施“藏粮于技” 让科技服务到田头

夯实粮食生产基础还离不开现代农业科技和物质装备的支撑。省农业农村厅围绕提案提出的“藏粮于技，发挥科技支撑作用”，持续打好现代农业科技装备“组合拳”，不断提高粮食综合生产能力，持续刷新单产纪录。调查数据显示，2022年全省早稻每亩产量421.8千克，在全国10个早稻产区中位列第一。

为推动高标准农田建设，福建不遗余力。省级安排1.51亿元财政资金，在原有每亩补助1600元的基础上，叠加每亩补助1400元，支持各地实施10.8万亩省级整区域推进示范项目；把水稻生产功能区高标准农田覆盖率列为效能绩效考核指标，全省覆盖率已超70%；实施耕地地力保护工程，在全省72个涉农县（市、区）大力推广秸秆还田、绿肥种植还田、化肥农药减量增效。“粮田”变“良田”，激发起粮食生产更大潜力。

种子，是粮食生产的“芯片”。福建积极实施种业创新与产业化工程，组织高校、科研院所、育种企业等单位开展优质水稻、优质专用甘薯和马铃薯良种联合育种攻关。2024年以来共有23个优质稻品种、3个玉米品种通过省级审定，3个水稻品种通过国家初审，2个甘薯品种、2个马铃薯品种通过国家品种登记，1个丝瓜品种申请认定通过了现场鉴定。福建种业“芯片”，正引领粮食高产优产。

生产机械化是提高粮食种植效益的重要途径。在推动机械化生产上，福建积极探索开展数字农机服务，目前已在建阳、建瓯等粮食主产区应用“滴滴农机”等信息服务平台，稳步推进信息技术在粮食生产上的应用，全省水稻耕种收综合机械化率近80%。

面对国内外环境变化带来的多重挑战，牢牢守住粮食安全这条底线至关重要。在办理该提案的过程中，省农业农村厅也深深感受到肩负的历史使命和责任担当。只有切实落实国家粮食安全战略，持续提升粮食供给保障能力，筑牢国家粮食安全防线，才能真正做到“手中有粮、心中不慌”。

（供稿：省农业农村厅　执笔：傅志伟）

完善蛇伤救治体系 保障人民生命健康

福建地处亚热带，多山地丘陵，适合蛇类生长繁殖，是我国毒蛇种类最多的省份。毒蛇咬伤具有发病急、变化快、并发症多、治疗复杂、致残率高等特点。毒蛇咬伤的黄金救治时段是被咬伤后4小时内，救治不及时容易造成严重伤残甚至死亡。因此，尽早进行综合有效的医疗救治，对于挽救被毒蛇咬伤者生命、减少伤残，具有十分重要的意义。

2020年4月，省政协委员吴水生的提案《关于重视蛇伤救治机构或科室重建，实现蛇伤致残率与死亡率降低的建议》引起了提案办理单位省卫生健康委的特别关注和重视。经过研究，省卫生健康委明确由与蛇伤救治工作最密切的中医药管理处作为牵头处室，规划处、财务处配合，负责提案办理工作。中医药管理处随即牵头组织调研，了解我省各地蛇伤救治工作开展情况，整理近年来相关资料，与提案人详细沟通，力求在做好提案答复的同时推动相关业务工作。

梳理我省蛇伤救治工作开展情况

福建古称“闽”，“闽”意指门内有蛇。大量文献和考古发掘都证明闽越人曾盛行崇蛇之风，这也从侧面反映了闽地蛇类众多。据统计，福建每年被毒蛇咬伤的群众在1万人次以上。中医治疗蛇伤古已有之，疗效显著，民间多有传承，常以当地青草药进行治疗。如今蛇伤救治工作多为中西医协同开展，蛇伤救治工作的主体是各级中医医疗机构。我省开展蛇伤救治工作比较突出的是福建中医药大学附属人民医院，1958年就成立了蛇伤科。1999年，省卫生厅依托该院设立了福建省蛇伤救治中心。2012年经推荐遴选，该院“福建黄氏蛇伤学术流派”成为国家级中医学术流派，并获得流派工作室建设项目。省里每年安排专项资金20万元支持福建省蛇伤救治中心软硬件建设、人才培养、辐射基层、药品储备等工作。该中心负责全省蛇伤危急重症病人救治、远程会诊、培训指导等工作，年均救治蛇伤危重病人500人次左右。福建黄氏蛇伤学术流派工作室在宁德市中医院、三明市中西医结合医院、晋江市中医院、尤溪县中医院、柘荣县中医院、建阳区中医院、长乐区中医院、江西省新干县中医院等省内外8家市、县级中医医院设立二级工作站，担负起基层蛇伤救治培训和指导工作。

自2011年以来，省蛇伤救治中心每年举办一期国家级蛇伤规范化救治学习班，培训学员200—250名；每年接受二级站进修人员2至3名。经过十余年的建设和培训学习，各级蛇伤救治机构发挥中西医协同作用，蛇伤救治水平已有大幅提升。目前全省开展蛇伤救治工作的医院约有20家，以各级中医医院为主，也有部分综合医院、基层医疗卫生机构，基本覆盖了我省主要的山区县（市）。

推动蛇伤救治技术传承创新与宣传普及

近年来，省卫生健康委在中医类科研课题项目立项中，积极支持蛇伤救治方面的科研课题，鼓励各级蛇伤救治机构开展相关研究，这方面工作与提案人的建议不谋而合。省蛇伤救治中心结合现代科技，开展中西医结合蛇伤救治研究，已获得国家自然科学基金课题2项，省市级课题十余项。科研成果十分丰硕。

省卫生健康委每年安排经费支持福建省中医药科学院持续性开展省内民间中医药传统知识挖掘整理、开发利用工作，治疗蛇伤的中草药偏方、验方以及技术的整理、研究是其中的重要内容。省卫生健康委支持开展的中医重点专科、特色专科建设中，有5个相关专科（包括中医外科、中医皮肤科、蛇伤专科等）将毒蛇咬伤列为优势病种。省蛇伤救治中心编写《蛇伤急救手册》，利用义诊、二级工作站、宣传活动等渠道，向基层单位及群众免费发放8000余册。各级蛇伤救治机构十分注重宣传教育，利用各类媒体、义诊活动、发放宣传手册、讲座等多种形式向群众宣传蛇伤科普知识，从而提高群众对毒蛇咬伤的重视，了解伤后规范性急救处理的方法，减少误诊误治，有效降低伤残和死亡率。

立项开展蛇伤救治二级站建设

虽然我省在蛇伤救治方面已经开展了许多工作，但经过调研了解，我们发现全省蛇伤救治体系还不够完善，部分救治机构的设备设施薄弱，急救药品储备不足，人才队伍建设有待加强，蛇伤救治能力有待进一步提升。

为此，省卫生健康委积极采纳吴水生委员的建议，进一步完善蛇伤救治体系建设。在每年安排经费支持省蛇伤救治中心的基础上，开展新的项

◎《蛇伤急救手册》封面

目——蛇伤救治二级工作站建设。经过组织申报遴选，符合申报条件的10家单位全部纳入了建设范围，给予每家单位每年25万元的经费支持。为指导项目建设，省卫生健康委还组织专家研究制定了《蛇伤救治二级工作站建设方案》，指导项目单位从四个方面开展建设：一是建立工作站制度，加强软硬件条件建设；二是完善中西医结合蛇伤救治诊疗方案，提高临床疗效；三是加强人才培养、学术交流及相关科研；四是加强蛇伤防治知识宣传普及。

古之蛇医，入山采药，捕蛇辨蛇，常有性命之虞；如今蛇医多已不再危险。但毒蛇咬伤在民间仍时有发生，蛇伤救治工作仍然十分重要。今后，省卫生健康委将进一步推动各地加大财政投入，完善蛇伤救治体系建设，提升基层蛇伤救治能力，为保障人民群众生命健康作出应有的贡献。

（供稿：省卫生健康委　执笔：陈明俊）

让防灾减灾科普教育事业蓬勃发展

福建省台风、暴雨、洪涝和地灾等自然灾害多发频发，加强防灾减灾科普教育工作对保障人民群众生命财产安全具有重要意义。省政协委员潘敖大对此深有体会，在2023年省政协十三届一次会议上提出交了提案《关于集纳多元力量强化防灾减灾科普社会责任的建议》。该提案被省政协列为2023年度重点提案，由省政府、省政协领导共同督办，省应急管理厅具体承办。省应急管理厅高度重视，以督促落实好提案促进提质增效为目标，组织人员深入基层开展调研，主动沟通协商，提出行之有效的对策建议，落实提案建议内容，圆满地完成省政协交办的工作任务。

以沟通为桥梁　准确把握主旨

潘敖大委员长期主管我省气象事业，十分关注我省防灾减灾科普工作，组织单位骨干组成课题组，深入开展调研，提炼形成提案《关于集纳多元力量强化防灾减灾科普社会责任的建议》。提案目标明确、措施具体，是推动我省科普教育工作的重要意见。接到省政协交办的重点提案督办任务后，省应急管理厅将督办工作列入本单位年度重点工作事项，主要领导亲自抓，主动带领相关人员走访潘敖大委员，介绍科普情况，交流防灾减灾工作经验，虚心听取委员提案办理的意见、建议。

近年来，省应急管理厅坚决贯彻习近平总书记关于防灾减灾救灾和科普工作的重要指示，认真按照省委、省政府的工作要求，进一步加强和改进防灾减灾科普工作，助力我省经济社会高质量跨越发展。通过面对面的沟通交流，我们与潘委员拉近了距离、加深了了解、增进了感情，准确把握提案建议的精髓要义，建立良好的沟通渠道，为办理好提案打下坚实基础。

以办好为目标　落实落细责任

为做好该提案的督办工作，促进提案提质增效，负责督办该提案的省政府领导全程过问、跟踪督办并作出批示，就如何做好督办工作提出具体要求；省政协分管领导多次召集相关单位听取承办单位办理情况和意见、建议，研究部署督办工作。省政协提案委会同省政府研究制定督办实施方案，及时召开重点提案办理协调会，了解掌握办理进展情况，督促落实工作。

我们深知督办政协重点提案是一项重要的政治责任，更是上级领导对省应急管理厅的重视和信任。我们认真按照省政府、省政协的工作要求，委派分管领导具体抓，指定监测减灾处牵头负责，交业务骨干人员具体承办，要求把做好督办工作作为应急管理厅拓宽思路、推动工作的重要渠道，作为接受监督、展示形象的有效形式。牵头承办处室监测减灾处认真做好功课，学深悟透提案建议，认真研究考虑督办事项，反复斟酌制定督办方案，提出督办内容和目标，对召开办理协调会、开展专题调研、起草调研报告和召开“三结合”座谈会等事项的时序和程序要点作出了详细安排。

同时，针对潘敖大委员提出“强化防灾减灾科普社会责任”的四项工作建议，制定重点提案办理任务清单，对照内容细化分解成13项具体工作任务，分别落实到责任部门，具体是将“优化完善科技科普协同发展工作机制”的建议分解为5项任务，落实给省科技厅、科协；将“面向各级干部强化‘靶向式’防灾减灾科普培训”的建议分解为3项任务，落实给省委组织部、省应急管理厅；将“面向青少年强化‘滴灌式’防灾减灾科普教育”的建议分解为2项任务，落实到省教育厅、科协；将“面向社会公众强化‘权威性’防灾减灾科普宣传”的建议分解为3项任务，落实给省公安厅、自然资源厅、水利厅、应急管理厅、海洋与渔业局、气象局和地震局。

以调研为基础　提出对策建议

为办理好重点提案，省政协分管领导带领课题组赴四川、山西两省学习考察，学习借鉴先进经验和做法，深入福州、宁德等地调研，深入省直涉灾部门、科普基地等单位了解我省防灾减灾工作情况。省应急管理厅注重督办工作有商有量，牵头组织省委组织部及省教育厅、公安厅、科技厅、科协等单位互相介绍提案办理情况，一起研究确定调研方式方法，分别组织各承办部门在3—7月间通过“实地调研+座谈交流”“线下调研+线上咨询”等方式，深入了解情况，广泛听取意见，全面梳理我省防灾减灾科普重点工作，分析存在的问题和短板，形成部门调研分报告。

在部门调研分报告的基础上，省应急管理厅主笔起草调研初稿，多方征求意见，协商形成调研总报告，总结工作成绩，指出在体制机制、重视和落实、科普创新、科普基地和公众意识5个方面存在的具体问题，提出优化完善科技科普协同发展工作机制、加强干部队伍防灾减灾科普教育培训、扎实推动防灾减灾智慧科普、支持推动防灾减灾科普基地建设、加大防灾减灾科普教育力度等5条对策建议。

为进一步督促落实提案建议，省政协10月召开提案办理工作“三结合”办理座谈会，会上潘敖大委员充分肯定调研报告，负责督办的省政府领导认为报告的指导性、针对性都很强，是一份富有建设性的高质量报告，并要求各承办单位对照存在的问题、按照对策建议要求进一步办理好重点提案，将各项意见、建议落实到工作中。

以实干争先　广泛开展科普活动

省应急管理厅把办理提案作为接受政协委员监督指导、展示良好形象的机会，坚决贯彻落实习近平总书记关于防灾减灾和科普工作的重要指示批示精神，强化防灾减灾科普宣传教育，努力提高人民群众的临灾避险意识技能，促进主动防灾、科学避灾、充分备灾、有效减灾成为全社会的行动自觉。

实施“五个一百”安全应急保障提升工程为民办实事项目。建成100个应急避灾示范点、100个应急物资储备站、100个微型消防站、100个安全宣

◎福建省应急管理厅进校园宣传防灾减灾科普小常识

教体验场所、100个安全文化公园。许多县（市、区）将公共安全体验区、安全生产体验区、应急救援体验区、防灾减灾体验区集中融入安全文化公园，搭建寓教于乐的宣教平台，利用100面联播联控大屏终端定时播放科普视频，普及防灾减灾知识。

建立新媒体科普平台。成立多媒体融合中心，构建全媒体立体传播矩阵，加强数字赋能，推进智慧科普，拓展科普传播渠道。如中心创作的《应急不要急 安全守护你》点击量超18万人次，《防汛兄弟》系列宣传动画得到应急管理部认可并转发推广。

开展线下防灾减灾科普活动。每年组织开展“防灾减灾日”等活动，进企业、进农村、进社区、进学校、进家庭举办专题讲座、知识竞赛、有奖问答、逃生演练、科普展览等科普宣教活动，讲解灾害事故预警信号和应急疏散路径，演示避灾逃生技能，培养群众自主避险意识和救护技能。

防灾减灾关乎每个人的安全，我们要让安全知识成为守护生命的重要力量、成为守护美好家园的重要保障。虽然这件重点提案办理结束了，但科普宣传永不歇步。今后，省应急管理厅将继续跟踪重点提案办理情况，推动我省进一步优化完善科技科普协同发展工作机制、防灾减灾智慧科普、建设省防灾减灾科普馆等事项，更好地落实委员的意见、建议，促进提案办理提质增效，推动我省防灾减灾科普工作迈上新台阶。

（供稿：省应急管理厅　执笔：林瀚）

写好海洋经济这篇大文章

海是福建的“半壁江山”，海湾、海岛、海峡、“海丝”等赋予了福建向海发展的巨大潜力。

2021年初，省委提出要做好数字经济、海洋经济、绿色经济三篇大文章。省政协委员紧扣省委、省政府中心工作，在省政协十二届四次会议上热议海洋经济，提出提案12件，其中《关于福建海洋经济高质量发展的建议》被省委确定为省政协年度重点提案，由省政府、省政协领导共同督办，省海洋与渔业局主办。

重认识细部署

为做好海洋经济这篇大文章，办好省政协重点提案，省海洋与渔业局多次召开专题会议，研究推进重点提案办理进度。恰逢省委组织“海洋经济高质量发展”专班开展工作，相关业务处室负责人被抽调参与，为该提案的办理提供了便利。

分管局领导和业务处室负责人主动对接省政协提案委，积极参与重点提案督办调研方案的制定，就传统渔业转型升级、海洋新型产业培育、深化区域合作和对外交流等三个方面提出7项具体调研任务，在省政协组织下，先后赴浙江、山东和我省6个沿海地市，实地考察临港工业园区、渔业养殖基地、滨海旅游项目、海洋制造企业、海洋科研院所等30多个单位和项目，带着问题开展调研，深入基层，与当地党政领导、基层干部、项目负责人、企业家代表及专家学者座谈，调动了社会各阶层、各界别、各方面为福建海洋经济建言献策。

识家底找差距

在宁德调研时，我们参观了渔排示范区和多彩渔村，色彩鲜艳的新型养殖设施漂浮海面，如同跃动的音符，让大家切身感受到宁德海上养殖转型升级和海漂垃圾治理的创新举措和成效。在厦门调研时，我们了解到其海洋生物产业年产值百亿元，以厦门蓝湾科技有限公司为代表的海洋生物医药产业正在茁壮成长，自然资源部第三海洋研究所海洋微生物菌种保藏管理中心坐落厦门，我省海洋生物医药产业的全链条正在不断完善，海洋科技创新水平正在不断提升。

但在山东省调研时，我们又深刻感受到两省海洋科技创新水平的差距。山东省依托与科技部共建“蓝色硅谷”，聚集了全国一半以上有影响力的海洋科研与教育机构，特别是青岛市拥有约占全国五分之一的涉海科研机构（约30家）、三分之一的部级以上涉海高端研发平台（超30家）、全职在青涉海院士约占全国的28%，海洋创新能力全国领先。根据《自然资源科技创新指数试评估报告（2019—2020）》，山东省的海洋科技创新指数位于第一梯次，而我省位于第三梯次，我省海洋科创新水平方面还有很大的提升空间。

寻问题谋建议

省内外调研后，我们认真分析对比，得出“我省海洋经济虽取得一定成效，但也存在不少短板”的结论：从经济总量上看，存在增长速度放缓的问题；从经济质量上看，存在产业层次不高的问题；从发展空间上看，存在近海开发过度和深远海利用不足并存的问题；从发展动能上看，存在高水平创新平台不多、创新驱动能力不足的问题；从发展保障上看，存在管理体制不完善、资金投入不足的问题。

针对发现的问题，我们提出了做大做强海洋经济的建议，即：打造海洋传统产业千亿集群，持续做大海洋经济总量；培育壮大新兴和前沿海洋产业，不断提升海洋产业发展层次和水平；奋力打造海洋科技创新国家格局中的福建重要一极，增强海洋经济高质量发展持久动能；统筹做好海洋生态环境保护，保障海洋经济永续发展能力；推进海洋高水平开放合作，有效拓展海洋经济发展新需求、新空间、新格局；加强组织保障，确保海洋经济高质量推进落实。

强协商汇共识

2021年7月15日，省政协“做大做强福建海洋经济”专题协商会议拉开帷幕。会上，政协委员、院士专家、企业代表、基层干部集思广益、凝智聚力，助力推动全省进一步关心海洋、认识海洋、经略海洋，向海图强的协商“重头戏”由此唱响。

“从亚太地区最大的海上风电机组，到全国首创深远海机械化养殖平台‘福鲍1号’，福建海工装备产业已处在了海洋经济产业链的核心位置，希望进一步壮大海工装备和船舶产业，助力‘海洋强省’建设。”在省政协机关主会场，薛雄志常委抛出第一个话题。紧接着与会委员就“滨海旅游”“智慧海洋”等专项规划提出各自建议，省发展改革委、工业和信息化厅、文化和旅游厅、海洋与渔业局及时回应，“将重点突破与海洋密切相关的新领域新业态”，“巩固提升海工装备产业基础，推动海上风电产业发展”，“将加快‘智慧海洋’建设”，“有序推动渔旅融合发展”等。会议现场气氛热烈，中国科学院院士、中国海洋大学副校长吴立新，省政协常委、中国科学院院士、厦门大学海洋与地球学院教授焦念志等专家学者，通

◎深远海智能环保型鲍鱼养殖平台——福鲍 1 号

过远程视频，就“发展战略性海洋新兴产业”“海洋碳汇科学研究”等建言献策，将会议推向高潮。

“加快‘海上社区’试点建设，拓展海上社区综合治理功能。”“充分发挥福建三峡产业园的引领带动作用，强化布点、优化布局，不断推动福建省海上风电装备产业做大做强、走在全国前列。”……当天，福州、宁德、厦门视频连线点的企业代表、基层干部也参与了这场“联动”协商。

专题协商会议的召开推动重点提案协商办理走上“快车道”。提案办理协商提出的“致力打造‘数字海洋产业’福建示范区”“全力做大地下水封洞库储油产业”“建设我省‘海上粮仓’”等11项21条具体建议，被省政府出台的《加快建设“海上福建”推进海洋经济高质量发展三年行动方案（2021—2023年）》和《福建省“十四五”海洋强省建设专项规划》吸纳，实现了与政府工作的良好互动，共同推进我省海洋经济高质量发展，为海洋强省建设贡献智慧力量，为谱写全面建设社会主义现代化国家福建篇章注入蓝色动能。

（供稿：省海洋与渔业局　执笔：罗钫）

标准通两岸　融合共发展

“奇坑香涧出新芽，弥雾沛雨吸精华。”这句诗用来描绘位于龙岩漳平的台品樱花茶园再合适不过。据悉，漳平永福镇因地理、气候和土壤条件与台湾阿里山相似，吸引了不少台农来创业，故漳平有了“大陆阿里山”的美誉。漳平市永福高山茶（台式乌龙茶）也成了台商台农登陆大陆投资创业的重要产业。

把台湾茶农经营之道移植大陆，与大陆丰富的土地资源及广阔市场结合，这原本是件皆大欢喜的好事，但漳平市市场监督管理局的相关负责人却有了“烦恼”。

“由于台湾标准跟大陆标准不一致，导致时常出现‘职业打假人’恶意索赔的问题，这不但影响商家正常经营，也严重耗费了基层执法人员精力及行政执法成本。”据该负责人介绍，2021年之前，漳平市市场监督管理局经常接到某公司生产的台湾乌龙茶与执行标准不符等相关类型的举报。

于是，为从源头破解台式乌龙茶无标可依的难题，福建省市场监督管理局和台盟福建省委会选定以此作为两岸标准共通的突破口，组织两岸茶产业专家和茶叶企业代表围绕名称术语、种苗栽培、加工工艺、产品要求、市场流通等，科学、精准制定两岸共通标准。

2022年，台盟福建省委会在省政协十二届五次会议上提交了提案《关于推进两岸行业标准共通工作的建议》。该提案对鼓励引导台企台胞积极参与大陆标准化活动，为两岸标准共通从标准制定延伸到标准实施提出了许多宝贵意见。该提案立案后，由省市场监督管理局独立承办。

承办提案后，省市场监督管理局高度重视，多次组织召开专题会议，研究落实提案办理工作；邀请台盟福建省委会共同组成调研组，赴相关台资企业收集、了解遇到的因两岸标准差异导致的问题；创新工作思路，实现了“办好一件提案，解决一个问题，推动一项工作”的效果。

创新机制：铺就标准共通快车道

“漳平是我的第二故乡。20年了，我在这扎根，企业不断发展。有了标准，我们公司茶叶的产量和产值都提上去了。”这位台创园某茶业公司相关负责人口中的“标准”，指的是台式乌龙茶6个系列标准。

据悉，在前期工作基础上，福建省市场监督管理局以上述案例作为推动两岸标准共通机制走深走实的突破口，进一步优化两岸标准实践工作机制。该局积极寻求台盟福建省委会的支持配合，借助其广泛联系台企台胞的优势，组织两岸专家研制、发布了台式乌龙茶6个系列标准。同时，鹿谷乡农会等台湾参与方也在台湾地区进行宣传、培训，让两岸茶农使用共通标准。

“据不完全统计，标准实施的第二年，漳平台式乌龙茶产量达3300吨，产值16亿元人民币，同比分别增长115%和112%，投诉举报量降为零。”省市场监督管理局标准化处相关负责人表示，在提案办理过程中，该局提炼总结出“共同选题、共同比对、共同研制、共同使用共通标准”和“大陆先进标准台湾采用、台湾先进标准大陆采用、空白领域标准两岸共同研制采用”的“四共同三采用”工作机制，得到台盟中央主席的高度肯定。

试点引领：拓宽标准应用新领域

“与实现标准共通之前相比较，三类食用菌年产量增加了12%—13%，保质期延长了15天，销售价格提高了10%。”漳州龙海九湖食用菌研究所相关负责人用一组数据来说明成绩。

2022年，省市场监督管理局在前期工作基础上，针对提案中提出的“共通标准领域窄、共通标准数量少、共通标准实施难”等问题，创新性地开展两岸标准共通试点。截至目前，已在机械制造业、现代服务业、农林渔业等31个领域开展了两岸标准共通试点38项，构建相关标准体系18个，有多个两岸标准共通试点项目取得了成效。

漳州龙海九湖食用菌研究所先行先试，选择在大陆和台湾地区都大面积栽培的杏鲍菇、真姬菇、秀珍菇等食用菌作为共通标准制定对象，将大陆在聚丙烯栽培袋规格、菌包接种、封口方式等方面的技术要求写入三项团体标准，并同台湾菇类发展协会、台湾牛樟菇菌产业联盟、日月潭生技农场签订《两岸食用菌菇栽培技术标准互认共通协议》，实现大陆先进标准和产品的对台输出，拓展了销售渠道。

搭建平台：汇聚标准化人才智慧

两岸标准共通是促进两岸融合互通的桥梁，有利于吸引台湾产业和人才登陆，有利于两岸形成共同市场、打造共同家园，让台湾地区经济社会更加紧密地融入国家发展大局。据了解，在解决了提案所提的“工作机制和标准应用”问题后，省市场监督管理局又将重点放在了提案提出的“以标准化人才共通牵引两岸标准共通”建议上。

一直以来，两岸行业标准难以互通，以及两岸企业标准监管模式存在差异等问题，给两岸贸易带来诸多不便。对此，省市场监督管理局持续做大做强省标准化院的“台湾标准研究中心”和厦门市标准化院的“台湾地区标准化（厦门）研究中心”，筹建两岸标准共通技术组织，吸引台湾地区标准化专家加入，使他们更加熟悉、了解大陆制度环境和社会环境，提升了归属

◎来自海峡两岸的食用菌专家对《秀珍菇栽培技术规范》等两岸共通标准进行研制审查

感，促进了两岸社会融合。同时，上线“两岸行业标准共通服务平台”和“福建省两岸标准共通信息和服务平台”，作为两岸标准共通服务大平台的重要组成部分，为两岸标准化人才共同研究制定两岸共通标准提供实时、动态的政策引导，标准资讯以及两岸标准信息的采集、研究、开发与咨询等综合服务，为两岸经济社会融合发展提供标准化技术支撑。

“就拿两岸农食品安全指标智能比对功能来说，过去，相关农残标准要一条一条地查询，现在平台就能智能化比对，将给企业带来很大便利。”来自台湾的曾明宝目前担任百利种苗（厦门）有限公司的技术总监，长期扎根两岸农产品技术经验分享的一线。他对于两岸行业标准共通服务平台的上线颇有感触。

台湾地区标准化（厦门）研究中心相关负责人说：“特别是对于希望来大陆发展的中小微台湾企业和台湾青年来说，平台的建立有助于消除他们因不清楚大陆相关政策、法规、标准产生的迷茫和困扰，更有利于他们在大陆落地生根。”

立法先行：为标准创新保驾护航

“我们在做好提案办理工作的同时，也在进一步思考如何将这些对台融合方面先行先试的有益探索深化、固化。”省市场监督管理局标准化处相关负责人如是说。

对此，省市场监督管理局再次主动联系台盟福建省委会，双方共同推动将《福建省促进两岸行业标准共通条例》列入省政府2024年度立法工作计划，通过法律法规调整和政策松绑赋权进一步深化融合发展。双方共同参与立法工作，积极推动立法进程，通过立法明确部门职责、强化协调联动、增强经费投入保障，形成全社会参与的工作格局，不断优化两岸标准共通的环境，展现和提升福建在促进两岸标准共通领域先行先试经验和成果，更好发挥海峡融合发展示范作用。

在办理《关于推进两岸行业标准共通工作的建议》提案之后的两年多时间里，提案中提出的建议逐一得到落实和兑现。如今，省台办、农业农村厅、林业局、气象局等众多省级部门都积极参与到两岸标准共通工作中来，累计已孵化了共通标准226项，在领导认可度、社会知名度、影响力、机制创新、标准数量、促融合的社会效益等多维度都实现“跨越式发展”，又一次生动实践了习近平总书记关于两岸行业标准共通的重要指示精神。

（供稿：省市场监督管理局　执笔：张煜杰）

地市政协篇

观鸟“小产业”和生态文明“大文章”

一个偶然的机会，我参加了由福建省观鸟协会组织的观鸟活动。在专业观鸟人士引导下，我第一次深入连江县东岱镇的云居山脚下，才知道那里已然是观鸟者的天堂。耳畔偶尔传来水鸟的鸣叫，如笛声长鸣，清脆入耳。我通过望远镜，见到了罕见的黄胸鹀在枝头轻盈跳跃，它们的羽毛在阳光下泛着金黄色的光泽，恰似黎明的使者……

这次观鸟经历，让我对家乡自然环境有了全新的认识。东岱的生态资源丰富，地形多样，从平原到山地，从河流到湿地，每一处都是生命的乐章。然而，随着经济的发展，这些珍贵的自然资源也面临着种种威胁。如何用好自己县政协常委身份为家乡的生态发展建言献策，在保护与发展之间找到平衡点，成了我思考的问题。带着这样的情愫，我开始查阅资料，与相关政府部门、环保组织和观鸟协会交流、探讨，寻求将观鸟与生态保护结合起来的方式，力争在县两会上提交一份既能保护自然资源又能促进地方经济发展的提案。

收集数据证其利

在那次观鸟之行后，我心头萦绕的不仅是鸟鸣和清晨的雾气，更有一种强烈的使命感——要为连江县的生态文明做些什么。那些珍稀的鸟类，像是一把把钥匙，开启了我探索生态和经济双重发展的大门。

首先，我开始搜集数据，以量化观鸟活动对东岱镇的具体影响。通过对

◎连江东岱镇观鸟基地中振翼而飞的鸟（王军　摄）

福建省观鸟协会提供的资料的分析，我发现东岱镇每年都吸引了大量省内外的观鸟爱好者。这些观鸟活动不仅使当地民宿和餐饮业收入显著提升，还间接推动了当地文化手工艺品的销售。特别是在观鸟高峰期，小镇的旅游收入比平时增加约30%。

接着，我到连江县林业局与相关人员座谈了解情况，才知道连江县已详细记录了观鸟区域内发现的各类鸟种，特别是国家一级和二级保护鸟类的活动情况。数据分析很清楚地显示：东岱镇的自然环境为这些鸟类提供了良好的栖息地。但问题也是有的，比如栖息地被破坏的现象时有发生，产业链单一，专业人员紧缺等。

有了初步的数据支撑后，我开始深入分析当前县域对观鸟活动的管理模式，思考如何通过政府引导，保护好鸟类的栖息环境，为长远的生态旅游发展奠定基础。

构思提案应挑战

将初步构思具体化为一份成熟的政协提案，其过程的每一步都充满了挑战和发现。从数据搜集到方案设计，再到文案撰写，反反复复修改几稿后，我于2022年11月26日在数字福建政协云平台提交了题为《关于践行生态理念，大力发展观鸟产业的建议》的提案。我期待这份提案能够得到政协的认可和支持，进而转化为具体的政策和行动，真正在东岱镇落地生根，带来改变。结果如我所愿，该提案得到连江县政协的高度重视，被列为重点提案进行督办。

生态共生展宏图

在县政协用心督办下，东岱镇山堂村观鸟基地的变化春风化雨般，悄然而至。

——多方位夯实湿地保护制度，统筹规划布局。湿地保护工程率先启动，县环保局和水利局合作开展植被恢复、水质净化以及观鸟路径改善等工作，确保观鸟活动的可持续进行。他们还在敖江入海口的湿地边，新建了几处观鸟站，并在这些站点周围种植了本地植物，为鸟类提供更多的栖息地。这些改动很快显示出成效，曾因环境退化而减少的鸟类如黄胸鹀、黑脸琵鹭等开始重返这片区域。春季，彩色的鹬类在湿地上跳跃；秋季，成群的候鸟在此短暂停留，补给能量后继续它们长途的迁徙。

——扩大品牌宣传，加快产业链条衍生。“东岱镇首届观鸟比赛”成功举办，省内外多支观鸟团队受邀参与。比赛不仅提升了东岱镇的知名度，也进一步激发了辖区群众对保护自然的热情。比赛中发现的稀有鸟种让参与者和观众都感到惊喜，社交媒体上的积极反响也为连江县的观鸟旅游活动带来了前所未有的关注。观鸟站成了摄影师和自然爱好者的新热点。周末时分，很多家长也带着孩子们来这里，用望远镜探寻那些稀奇的飞羽朋友。这一切的变化，对当地居民来说，意味着更多。我与当地一位陈姓村民聊天——他在山堂村开了一家小餐馆。他说：“以前这里冷清极了，现在每到周末，观鸟的人就多起来，他们常来我这儿小坐，品尝一些当地的特色小吃。”陈先生的笑容中透露出对生活的满足。

观鸟爱好者们对这些变化也反响热烈。经常来东岱的观鸟爱好者李女士告诉我：“东岱现在是我们最喜欢的观鸟地之一。这里不仅风景美，鸟类多样，而且当地人非常热情。看到他们也能从我们的活动中获益，感觉我们的爱好更有意义了。”

随着时间的推移，更多的生态旅游项目逐步在东岱镇展开。团县委与观鸟协会合作开发的生态教育课程，吸引了不少学校组织学生来此现场研学，不仅教会孩子们如何观察自然，还教会他们如何尊重和保护自然；观鸟节、生态摄影比赛等各类公众活动，进一步增强辖区群众对生态保护的参与感和责任感。这些活动激发了更多人的生态意识。

“岱”你闻啼鸟，从一份提案开始，但这也只是一个开始……我坚信，只要我们心怀自然，尊重自然，自然就会以它那无穷的宝藏回馈我们。

（供稿：福州市政协　执笔：林剑青）

番　薯　情

2021年底召开的中央经济工作会议强调，中国人的饭碗任何时候都要牢牢端在自己手中。正是在这样一个特殊时期，2022年，福州市农业农村局收到了一份特殊的政协提案——以何华龙为主提委员提出的《关于举办福州市番薯文化节的建议》。该提案以小见大，以节庆活动为切入点，围绕当下有关粮食安全和特色农业产业化发展这两个重点话题展开。随后，该提案因其鲜明的时代特点和新颖的落脚点被列为2022年福州市政协重点提案之一。

番薯是福州的特色农产品，也是重要的粮食作物。番薯的顽强生命力更是不屈向上精神的象征，举办番薯文化节推动番薯产业发展，是践行粮食安全工作，探索三产融合发展的一次尝试，具有深刻的现实意义。

番薯节成“抢手货”

有趣的是，在何华龙委员提出举办番薯文化节的前几日，市政协也收到了长乐区与福州市农业农村局共同举办首届番薯文化节的邀请，经过探讨，我们决定对福清市和长乐区开展重点调研。其一，提出建议的何华龙委员来自福清，而福清历来是番薯种植大县。以番薯作为主食的岁月是以何华龙委员为代表的一代人的儿时回忆，福清作家贞尧仔所著的《番薯情》中也生动展现了福清人融入血脉的“番薯情”和向上不屈的“番薯气”。时至今日，番薯饮食文化仍在福清人的生活中占据重要地位，福清的番薯丸、番薯钱、番薯米、番薯粉、番薯酒、番薯饺等，更是随着福清人出国打拼而飘香海外，具有文化和产业优势。其二，1593年长乐人陈振龙从菲律宾截取番薯蔓尺许，“挟小盖中”，携子经七昼夜航行回福州，在福州试种成功后，上书“敬陈种薯之利益”，建议官府推广种植。1594年，福建大旱，时任福建巡抚金学曾将番薯推广种植。17世纪初，经科学家徐光启倡导，番薯被引种至淞沪一带，缓解了江南灾荒。可以说，长乐是番薯在我国的发源地，在长乐区的鹤上镇青桥村至今仍完好保留着陈振龙故居，具有历史优势。

小番薯变身“小康薯”

在对番薯历史以及栽种情况进行充分调研的基础上，我们一边策划文化节的举办，一边抓紧培育发展番薯特色产业，力求通过实实在在的举措进一步打响产业品牌、健全体系。此时，如何选择试点开展番薯种植研究、服

◎农户在田间采挖番薯（余少林　摄）

务产业发展成为摆在我们眼前的难题。为此，局领导多次带领作物种植专家亲赴福清市、长乐区了解当地番薯产业发展现状。在调研中我们了解到，长乐人董锋渠曾在日本打工多年，从小就从老人那里听到陈振龙引进番薯拯救万民的故事，2012年他回乡创业，抓住农村合作社经营模式已成功推广的机会，下定决心传承陈振龙的精神，在家乡种植最好的番薯品种，打出长乐品牌，创立了长乐区富农达农民专业合作社。经过调研，我们决定将此专业合作社作为试点，与福建省农科院、福建农林大学和相关农科所建立科研合作关系，开辟了400亩番薯种植基地和106亩番薯育苗基地，用于“金山630”“普薯32”“福薯604”等品种的培育和提升，共同研发新品种新技术；同时，与省农科院作物研究所签署战略合作协议，获得了优质紫色甘薯新品种“福薯24”的种植授权。我们通过以上这些方式，在长乐区探索“合作社+基地+农户”的产业化经营模式，开展种苗繁育、生产种植、番薯初加工产品（番薯粉、地瓜烧酒等）等一站式经营，打造番薯产业体系品牌名片。如今，富农达农民专业合作社已成为福建省农科院作物所的番薯新品种示范基地，全年育苗产值约500万元，繁育的种苗除供本省外还畅销到浙江、上海、江苏等地；番薯产品畅销各地；每亩带动村民增收5000元。试点取得了较好的成绩，有效推动了番薯全产业链的发展。

“番薯情”成就“番薯节”

2022年8月，市政协重点提案办理协商会议在市政府会议室召开。会上，何华龙委员指出：“福州作为番薯的最早引进栽种地，却从未举办过相关的节庆活动，实属可惜。如果能够在福州率先举办‘番薯文化节’，可以更好地传承番薯精神，彰显福州功绩，打造旅游品牌，从而助推家乡经济。”政协委员以及专家学者们就如何办好番薯文化节和推动番薯产业发展进行了充分探讨，福清市和长乐区也表示坚决办好首届番薯文化节。最后，综合考虑资金投入情况、产业发展状况、文化底蕴情况和场地等因素，决定9月前后在长乐区、福清市同时举办首届番薯文化节，其中长乐为主会场，福清为分会场。令人遗憾的是，因受新冠疫情影响，备受期待的番薯文化节未能如期举办。但我们并没有气馁，仍然积极动员并指导长乐区申报番薯为中国重要农业文化遗产，推动长乐区在陈振龙故乡青桥村建立陈振龙文化纪念馆。2023年3月，市政协领导再次带领课题调研组赴长乐调研，继续推动番薯文化节的举办。在各方的支持下，5月，首届番薯节在长乐区文岭镇前董村隆重开幕，同时，在鹤上镇举办了番薯产业振兴高峰论坛暨陈振龙引薯430周年文化研讨会；福清市作为番薯节的分会场，掀起“番薯情”阅读热潮，众多读者发表读后感，各抒己见。通过一系列活动和举措，福州番薯品牌进一步打响。

在市政协的有力指导下，在政协委员们的包容理解下，我们用心落实《关于举办福州市番薯文化节的建议》，挂牌了番薯新品示范基地，试点了番薯经营模式，成立了番薯研学基地，兴修了陈振龙纪念馆，办成了番薯文化节，举办了番薯文化和科研论坛，同时，长乐番薯种植系统成功被农业农村部列入第七批中国重要农业文化遗产名录，切实做到了以番薯为契机，带动乡村实现振兴。

近两年的时光里，我们一边落实，一边深化，深刻明白节庆意义重于泰山。努力背后，是我们对传承传统文化和中国精神的积极探索，是对高质量发展现代特色农业产业的深刻思考，是对有效促进一二三产业融合发展的思想碰撞，更是对落实大食物观、守住粮食安全底线的严肃回答。我们将继续扎实推动农业农村工作、为破解农业农村难题而不懈奋斗！

（供稿：福州市政协　执笔：陈璐）

让闽江夜游成为福州的靓丽名片

新时代，夜色经济已经成为衡量城市繁荣度、舒适度、便利度的重要指标之一，是一个城市现代化、国际化的重要体现。我于2009年调到福州市政协工作，十几年来从未乘坐过福州的闽江游船，因为没有人向我推荐说“可以坐”“要去体验一次”“不坐后悔”；接待外地客人时，也没有客人说想体验一下闽江游船。2021年5月，我体验了重庆市区的“两江游”，其火爆程度与福州闽江游天差地别，因此有感而发写了一份调研报告。在福州市政协十四届一次会议上，我又与两位委员联名，提交了《关于打造“到福州·游闽江”网红夜色经济项目的建议》。这份大会提案得到了福州市政协提案审查委员会的高度重视，被遴选为2022年度“1号重点提案”，由福州市政府主要领导和市政协主要领导联合督办。

对标先进找差距

闽江是福建的母亲河，而最开阔平缓的河段在福建省会城市福州。这里河水清澈，碧波荡漾，与城市灯光融为一体，最适合夜间休闲品味。近年来，在福州市委、市政府的持续推动下，福州闽江两岸的夜景越来越美丽，夜色经济亮点频现，特别是依托三坊七巷、上下杭、烟台山这条中轴线，以及新晋的“闽江之心”，形成了“夜食、夜购、夜娱、夜游”等多种业态多点开花的夜色经济。然而，相比于上海、广州、香港、重庆等地，福州夜色经济的品牌效应还不强，游客可参与、政府可收益的网红夜色项目屈指可数，特别是融合声、光、电、品、看的闽江夜游开发不充分。

体验过香港、上海、重庆、南京等城市夜游项目的人，都会为其江面美景而惊叹。比如，重庆市区满城的宣传会让外地人觉得“不坐后悔”。假如你问出租车司机，到重庆必须体验的项目是什么？他一定会说吃火锅、坐游船、看夜景。在重庆体验之际，我感受到闽江夜游的不足主要在于没人宣传、没有内涵、没有豪华游船。返回福州后，我针对福州闽江夜游与重庆“两江游”存在的差距，进行了深入调查研究，一方面找人了解闽江夜游的运行情况，另一方面查阅各地游船的夜间运行情况资料。结果发现，重庆“两江游”每晚游客总量约为闽江夜游的6倍；重庆“两江游”有四川变脸、书画展示拍卖等特色文艺表演，还有多样的饮食消费项目；重庆“两江游”每年收入总额是福州闽江夜游的10倍。这也说明福州加快发展闽江夜游将有广阔的市场空间。

通过对标重庆市区的“两江游”，我们在这份提案中分析了闽江夜游的五点差距：一是吸引力弱，游客总量不多；二是游船数量供给不足，船型简单而且容量小；三是游船收费标准低，服务内容少；四是开发主体比较单一，由省属一家国企垄断经营，靠政府补贴生存；五是宣传力度弱，无法调动市民和游客积极性。着眼闽江夜游的成长空间，我们深入总结分析了福州打造闽江夜游网红项目的四个特色优势：一是自然禀赋优，二是文化底蕴深，三是光影基础好，四是有一定的基础和规模。最后，我们坚持问题导向，提出了打造“到福州·游闽江”网红夜色经济项目的三点建议：一是持续优化光影布局，提升闽江夜游文化的内涵度。主要是地域上拓展，重点凸显山、水、城元素；内容上升华，重点凸显侨、台、福等元素；形式上丰富，重点凸显山、水、数字等元素。二是注重多业融合，提升闽江夜游的收益率。主要是支持夜色经济与福州造船等产业相融合，促进夜游、夜渡、夜话相结合，促进福州夜游与八闽特色文化相融合。三是创新运营机制，提升闽江夜游的吸引力。主要是改进、提升闽江夜游内容，引入社会力量共同开发闽江、滨海、内河夜游，发动新媒体力量宣传闽江夜游等。

协商推动聚共识

提案能否得到重视转化，首要的是提案本身质量要高，能引起各方的关注。让我们很欣喜的是，提案交办之后，很快就得到了福州市政府和相关职能部门的高度重视。福州市文化和旅游局、住房城乡建设局、交通局及福建八方海上客运公司、福州城乡建设发展总公司等提案承办单位接到提案办理通知后，高度重视、认真办理，与我本人进行了多次沟通、协商。

为了更好地推动该重点提案的办理，福州市政协领导亲自带队，开展实地调研督办。2022年5月31日，福州市政协提案委组织提案人、关联提案的市政协委员、提案承办单位领导共赴台江区闽江游轮码头，实地考察了“闽江之心”广场，了解闽江夜游项目运行情况，并在考察点召开座谈交流会。大家围绕提案反映的问题、提出的建议，面对面进行协商交流，形成改进提升的共识。

在当年10月19日召开的福州市政协十四届常委会第四次会议暨重点提案办理协商会议上，大家围绕议题“统筹做大做强做优文旅经济”和重点提案《关于打造“到福州·游闽江”网红夜色经济项目的建议》进行了办理协商。其间，市政府领导专门肯定这份重点提案提得好、提得准，就提升闽江游夜色经济项目的内容、形式、运行机制等提出具体指导意见。

在福州市政府主要领导的重视推动下，提案办理答复非常顺利。市住房城乡建设局表示，将结合城市建设和“两江四岸”品质再提升工作，以游船为主要观赏视角，推进闽江夜游核心段纵深感夜景效果的提升，打造强弱有序、层次分明的榕城“福光夜画”。市交通局表示，要注重多业融合，努力提升闽江夜游的收益。市文化和旅游局表示，将继续与其他部门配合，优化船舶灯光设计品质，加大旅游品牌形象宣传；优化运力结构、丰富游船业态等，组织策划丰富多彩的闽江游主题活动，助力打造“到福州·游闽江”网红夜色经济。

转化见效增光彩

经过各级各部门的共同努力，提案建议得到了顺利转化落实。两年来，结合“闽江之心”业态的整体提升，福州闽江两岸核心段的夜景效果不断提升，游客人数不断增长。2023年初，闽江游船码头新增对岸的仓山烟台山码头，实现双渡；游船数量、型号和航次增加，可满足更多游客乘坐需求。打造独具闽都文化韵味的特色游船取得重大进展，2023年10月，福建首艘纯电力船舶“茉莉号”投入两江四岸水上文旅项目；2024年3月21日，福州首艘自主设计建造，可载客212人的纯电动大型高端客船——“闽江会客厅”在

闽江正式首航。

如今，每当夜幕降临，闽江两岸总是人潮涌动。豪华游轮载着游客往来台江码头、烟台山码头，细细地品味福州的多彩夜色。作为一名政协委员，看到自己的提案建议得到落实转化，内心感到十分欣喜。我也会继续保持“为国履职、为民尽责”的责任感，继续用好调查研究这个传家宝，做好建言资政和凝聚共识双向发力工作，为中国式现代化福州实践贡献更多“金点子”。

（供稿：福州市政协　执笔：陈小刚）

福州闽江美景（林双伟　摄）

春暖金鳞动　共助乡村兴

“世界金鱼看中国，中国金鱼看福州”。16世纪初叶，起源于浙江的金鱼越过了浙闽边界的仙霞岭，沿着崎岖山路“游”到了福建。历经5个世纪，如今，福州市被中国渔业协会授予“中国金鱼之都”称号，在青山绿水滋养下的金鱼已畅游海内外，享誉全世界。

思索：金鱼之乡的加成

随着城市发展和金鱼养殖企业的壮大，原来养在城里和近郊区的金鱼逐渐向周边县市扩展，八闽首邑闽侯县自然成为养鱼者的首选之地。金鱼产业在此实现二次腾飞，民间又流传着“福州金鱼看闽侯”的佳话，闽侯县当之无愧地获得“中国金鱼之乡”的光荣称号。

作为一名渔业科技工作者，我时刻关注福州金鱼产业的发展，积极与企业合作开展技术攻关。这些年，先后突破了多项技术难点，解决了山区养殖金鱼技术难题，并首创“金鱼养殖三段法”生态养殖模式。同时，积极支持福州金鱼品牌建设，助力福州金鱼通过农业农村部农产品地理标志登记保护。但福州金鱼产业存在企业规模小、产业链单一、集约化程度低和发展空间有限等问题，金鱼产业再上新台阶必须要有更高站位、更宽视野和更大舞台。

在下基层开展技术服务的同时，我了解到福州农村经济发展很不平衡，比如，金鱼养殖企业较为集中的闽侯县荆溪镇关中村一带，由于村里第二、三产业不发达，除了发展家庭作坊式的线面加工、红酒酿造外，难以形成规模企业。有一次，我遇到西安来的客商，他告诉我，这几年每年冬天他都要来关中村看鱼、买鱼，从萧瑟的北方来到温暖青绿的福州住上几天，养眼洗肺。我听了他的话灵光一闪：关中村一带拥有得天独厚的自然人文条件，完全可以利用本地蓬勃发展的金鱼养殖业发展乡村旅游，打造“一村一品”，带动乡村经济发展。

落地：金鱼小镇的振兴

作为一名政协委员，我想，何不利用政协平台，促进这一设想的实现呢？于是，我走访养殖企业、走进村委会，将我的想法与养殖业者和村两委沟通。在交流中，我了解了更多信息，双方擦出更多火花。2019年初，我提交了《关于在闽侯县荆溪镇关中村打造“金鱼小镇”的建议》的提案。

福州市政协非常重视，将此提案涉及的主要内容作为2019年专题协商议题之一，组织成立了课题组，由市政协农业和农村委、闽侯县政协共同组织实施。3月，市政协农业和农村委召开专题协商启动会，在广泛调研协商的基础上形成《推动闽侯县荆溪镇关中村打造“金鱼小镇”》的调研报告。10月，市政协召开“推动闽侯县荆溪镇关中村打造‘金鱼小镇’”专题协商会。会上，市政府领导积极呼应，当场表态要在政策制定、品牌宣传等方面支持福州金鱼产业发展。会后，闽侯县闻风而动，提出将项目实施地由关中村扩展到附近包括关西、关东、仁洲等村以及三叠井国家森林公园，占地共约60平方千米的观源里地区的建议。建设内容不仅考虑金鱼因素，同时将观源里的森林资源、农耕文化和古民居一并融入发展；初步确定“金鱼小镇”近期、中期和远期三阶段发展目标，近期以基础设施建设为主，中远期完善配套设施、延伸产业链条，最终建成国家金鱼良种基地和综合旅游基地。

2019年，闽侯县政府发挥“马上就办”优良传统，大力推进美丽乡村建设。两年间观源里地区汇集了潘氏观赏鱼养殖场等十几家规模较大的金鱼养殖企业，乡村处处展现金鱼元素，观源里已经初步形成金鱼养殖集中区。农闲时节村民来到养鱼场打工，既能创收又能学到养鱼技术。乡村产的青红酒、线面也被买鱼人带到全国各地——小小金鱼带动了观源里地区乡村振兴。

当时，适逢联合国第44届世界遗产大会将在福州举办，如何利用美丽的金鱼展现福州传统文化，挖掘和保护金鱼这一福州重要的文化遗产？如何通过金鱼扩大城市影响力和知名度？郑宝东委员、黄小红委员和我心想到了一处：一定要抓住新的历史机遇，进一步打造“金鱼小镇”，打响“中国金鱼之都”“中国金鱼之乡”品牌，促进乡村建设与三产融合，加快乡村振兴步伐。

深化：金鱼文化的带动

2020年初，我和郑宝东、黄小红委员联名提出《关于福州金鱼文化遗产保护与传承，打造福州“金鱼小镇”的建议》，提案从新的站位和视角提出深化“金鱼小镇”建设，保护和传承福州金鱼文化。福州市政协高度重视，将此提案列为2020年度市政协重点提案。同年4月，福州市政协农业和农村委组织召开提案督办工作协调会。随后，提案督办调研组和相关市直部门多次赴闽侯县、福州三坊七巷等地开展督办视察，实地了解“金鱼小镇”建设情况、金鱼养殖企业经营状况。在调研中，我再次建议要进一步注重金鱼文化挖掘、宣传和推广，发挥龙头企业示范带动作用，借助专业团队、有关科研机构优势，深化“金鱼小镇”建设内涵，拓展金鱼产业链，做好“中国金鱼之都”“中国金鱼之乡”这张城市名片。10月，在市政协召开的重点提案办理协商会上，调研组提出的加快建设荆溪镇金鱼产业园、着力推动金鱼

◎在首届中国（福州）世界金鱼大赛现场，一名参赛者展示他养殖的琉金金鱼

产业融合发展、着力破解企业用地瓶颈、大力打造福州金鱼营销平台以及持续开展金鱼品牌宣传活动等5条建议受到市政府分管领导重视，也被相关市直部门采纳。2020年，福州市政府修订出台的《关于加快金鱼产业发展六条措施》充分吸收了协商会上的相关意见、建议，从金鱼产业园和标准化金鱼设施养殖基地建设、金鱼品牌创建与宣传、打造福州金鱼城市名片、福州金鱼种质资源保护及创新等方面支持产业发展。实实在在的新政策、新措施为“金鱼小镇”建设注入新的发展动力。

闽侯县政府积极响应，2020年闽侯县《政府工作报告》明确提出“加快建设‘金鱼小镇’等特色农业项目”，一方面计划投入乡村振兴专项经费1500万元，加快“金鱼小镇”建设发展；另一方面在展示闽越农耕文化、反映福州明清时期民俗特征的闽都民俗园中建设“金鱼产业园”，将金鱼文化融入当地乡土文化长期展示。2020年，观源里地区美丽乡村建设如火如荼开展，其中关中村建设以金鱼为主题的福文化体验馆，村里到处有金鱼元素的彩绘堆塑，人们陶醉在青山绿水中时有金鳞跃动，徜徉在古厝民宅间与金鱼不期而遇。当地更是立志打造融合金鱼、驿道、线面和青红酒等地方特色的“福禄寿喜”文旅项目。

一连串的利好消息提振养鱼人的干事信心。在2020年新冠肺炎疫情严重时期，福州金鱼通过网络销售给养鱼人带来了蓬勃生机。福州成功举办的金鱼文化节和金鱼大赛，闽侯养鱼人斩获近50%的奖项。美丽的金鱼是来自福州的山水精灵，体现了福建人海纳百川的胸怀。期待未来在福州市政协的长期助力推动下，金鱼将游得更快更欢。

（供稿：福州市政协　执笔：杨小强）

解码古厝特色，让福州古厝“活”起来

“城内鳞次栉比的民宅，那万千条曲线构成的风火山墙，犹如万顷波涛，一波未平，一波又起，构成了这座海滨城市极具动感的美的韵律。”具有2200多年历史的福州，孕育了海纳百川、底蕴深厚的闽都文化。“三山两塔一条江”的古城格局和三坊七巷、上下杭等历史文化街区及黛瓦相连、百年沧桑的古建筑群，至今保存较为完整，展现着历史文化名城的魅力。

2002年，时任福建省省长的习近平同志为《福州古厝》一书作序。他在序言中指出：“保护好古建筑、保护好文物就是保存历史，保存城市的文脉，保存历史文化名城无形的优良传统。”2019年6月8日出版的《人民日报》重刊了习近平总书记17年前为《福州古厝》一书所作的序，在榕城大地上掀起了新一轮历史文化遗产保护热潮。如何在数字化时代中保护好、宣传好这些历史文化遗产，更好地展示“福州古厝”、彰显闽都文化的魅力呢？对此，社会各界和福州市民充满期待。

2019年底，福州市政协委员叶伟奇在市政协十三届四次会议上提交提案《关于建设“福州古厝”网上博物馆的建议》，得到市委、市政府的高度重视。市委、市政府领导作出批示，召开专题会议研究办理落实。福州市历史文化名城管理委员会同市文化和旅游局立即组织开展《关于建设“福州古厝”网上博物馆的建议》《关于福州古厝特色元素创新性保护和利用的建议》两项提案办理落实工作，开启了福州古厝文化保护利用的新局面。

2021年初，福州古厝特色元素创新性保护和利用数字应用（一期）项目

◎福州上下杭美景（陈奇　摄）

建设传来了好消息，总投资300余万元的项目列入城市信息化专项资金，并享有三年免费运维期。这意味着今后公众和游客足不出户就能在线游览福州古厝、古建筑等文化遗产了。从此，福州古厝被赋予了全新的生命力，“活”起来了，“亮”起来了。

“我们应该把两个提案统筹在一起办理”

2019年，福州市成功获得第44届世界遗产大会承办权，同年7月，又圆满举办福州古厝保护和文化传承论坛。如何抢抓这一历史性机遇，深入推动我市历史文化遗产保护利用，并在世遗大会期间全方位展示我市好风貌、好形象，成为全市的重点工作之一。因此，《关于建设“福州古厝”网上博物馆的建议》《关于福州古厝特色元素创新性保护和利用的建议》两项提案一提出，就受到市委、市政府主要领导的高度重视，并作出了批示；分管副市长就推进福州古厝特色元素创新性保护和利用相关工作召开专题会议研究。福州市历史文化名城管理委员会作为承办单位，又是我市历史文化名城保护利用的一线部门，更是责无旁贷。其时负责这两项提案办理的分管领导和承办处室负责同志在认真研究、讨论这两份提案内容的过程中，萌发了这样的想法：何不把两个提案统筹在一起办理呢？于是他们商量把两件提案全盘统筹、深度融合来办理，即吸收“福州古厝”网上博物馆的相关建议，来开展福州古厝特色元素创新性保护和利用数字应用项目。

提办双向发力，凝聚更大共识

这两份提案不仅是委员智慧的结晶，更承载着委员对赓续我市历史文脉，涵养城市之魂的希冀。为此，福州市历史文化名城管理委员会在办理这两件提案时，不仅通过“文来文往”，更是加强与委员的沟通交流，把提案建议落在地上，成为“常来常往”。

在合并办理两项提案的这一想法较为成熟后，承办处室负责同志主动与市政协委员叶伟奇对接，详细阐述这一设想——将其关于建设“福州古厝”网上博物馆的建议吸纳到福州古厝特色元素创新性保护和利用数字应用项目之中，开发“福州古厝”数字博物馆平台，将福州古厝搬到云端。对这一创造性推进提案办理的方式以及工作思路，叶伟奇委员给予了充分肯定。

接下来，在提案办理中，“面对面”协商发挥了重要作用。首先是主动邀请委员参加福州古厝特色元素的创新性保护和利用研讨会，当场就项目建议书咨询委员意见、建议。接着又邀请部分委员赴上下杭历史文化街区，走访视察游客服务中心、下杭路和隆平路古厝、采峰别墅等地，详细了解上下杭历史和古厝保护情况。现场交流和讨论又激发出委员们的灵感。他们畅所欲言，又提出很多宝贵建议。这些真知灼见都被适时融入具体工作推动中。

稳扎稳打步步推进，古厝保护成效显现

针对两项提案中提及的建立福州古厝“科技+教育+旅游”三位一体的新技术应用模式、建设“福州古厝”网上博物馆等建议，经过与相关部门的多次会商、协调，福州古厝特色元素创新性保护的“图谱研究”“数字应用”“文创大赛”等项目得以立项，并将按照“成熟一个、推进一个”的原则，分批分期落实人员、资金、决策保障。让我们来看看办理成果吧。

古厝文化特色挖掘及图谱研究项目，通过对福州古厝首次系统全面地开展文化脉络梳理和文化特征解析，现已形成《福州古厝文化元素挖掘与调查研究报告》《福州古厝特征图谱》《福州古厝园林图谱》等一批研究成果。这些成果将成为普及福州古厝历史、文化、技术、艺术等知识的教科书，成为今后文物建筑、历史建筑及传统风貌建筑价值特征认定的参考书。

古厝特色元素创新性保护和利用数字应用项目，已进入实质性阶段。目前，结合全景VR、无人机航摄、三维建模、三维场景实时渲染技术，基本完成80处历史建筑和20余处历史文化街区（特色历史文化街区）数字博物馆数据库建设，同时“福州古厝”数字博物馆平台已基本完成搭建，届时可实现“云古厝”（手机端）、“福州古厝”数字博物馆网站（电脑端）使用等，更好地加强古厝宣传力度。

福州古厝文创大赛项目活动圆满收官。活动以“福州记忆与福州技艺”为主线，向全国征集具有古厝特色的文创设计及作品，重点突出古厝营造、宅院园林、名人名家、非遗技艺四大类创作方向。全国各地设计师积极响应，初赛阶段就征集到了600多件优秀作品。后经过公众网络投票和专家评选等环节，分别评出1名一等奖、3名二等奖、6名三等奖，以及50名入围奖。文创赋能、融媒体发力，本届福州古厝文创大赛可谓助力打造闽都文化国际品牌的一次有益尝试。

历史文化遗产记录着我们历史的光辉过去，承载着我们民族的认同感和自豪感。在办理这两份提案过程中，福州市历史文化名城管理委员会的同志深深感到历史使命和责任担当。“让收藏在博物馆里的文物、陈列在广阔大地上的遗产、书写在古籍里的文字都活起来”，这是期望，更是嘱托，我们将继续努力，守护好、传承好福州历史文化名城的“根”与“魂”。

（供稿：福州市政协　执笔：曹琼）

为了快递小哥的权益保障

“‘为众人抱薪者，不可使其冻毙于风雪。’快递员为市民正常生活做出了应有的贡献，也希望大家能够尊重、信任、关爱快递从业人员，做文明行动的引领者、快递服务提升的参与者、关爱快递小哥的支持者，全社会助力快递行业健康发展、行稳致远！”话音甫落，掌声一片。

这是2023年1月4日，厦门市政协十四届二次会议举行的第二次全体会议上，经济城建委委员庄骁同志作题为《民生无小事　枝叶总关情——快递员权益保障势在必行》发言的现场。在座委员因共鸣而鼓掌，市委领导频频点头，并作出批示，党委、政府、相关部门各方合力推动，全市快递员权益保障工作从此打开了新局面。

问渠那得清如许，调研深处出真知

保障快递员权益，无论从国家层面还是从地方层面，一直都在摸索与实践中。快递业是现代服务业的重要组成部分，吸纳了千万量级从业人员，因此保障快递业从业人员长期稳定工作，既涉及国家和社会的和谐稳定，又关系广大群众的民生。2021年7月，人力资源社会保障部、国家发展改革委等八部门联合出台《关于维护新就业形态劳动者劳动保障权益的指导意见》，交通运输部、国家邮政局等七部门联合出台《关于做好快递员群体合法权益保障工作的意见》。

彼时，厦门有快递从业人员14793人，在各部门的不懈努力下，关心关爱快递员已经取得了一定的成效：2022年3月，厦门市邮政管理局、交通运输局、发展改革委、人力资源社会保障局、商务局、市场监督管理局、总工会转发了《福建省关于做好快递员群体合法权益保障工作实施方案》的通知。7月，市邮政管理局联合市总工会召开快递行业集体协商会议，推动快递员参加工伤保险，确定定期开展行业集体协商，定期开展推动企业建会入会推进工作等。

但这远远不够，在劳动关系复杂的情况下，保障快递员的权益已不是单靠主管部门或个别几个部门能够解决的，庄骁委员由此思考：有没有可能更大范围地动员各部门，统筹社会资源并突破主管部门局限性，把快递员权益保障作为全市重要工作来推进。围绕这些问题，他带队开展基层调研：去企业末端网点，直接听取快递员切实需求；到快递分拨中心，了解快递员权益保障难点；走访各兄弟单位，学习服务新业态群体经验；查询各地市快递员权益保护资料，研判可参照性，寻求可突破点……在此基础上几易其稿，于2022年底最终形成了《聚焦民生实事　推动快递员权益保障》的提案。

收到该提案后，市政协经济城建委秘书处认为："这个题材不错，快递员作为新就业形态劳动者的典型代表，需要全社会关注。我们觉得应该推荐给政协提案委，看能不能作为会议主题发言。""确实不错，立足民生、实事求是、贴近生活，措施条分缕析、可行性也很强，我们就需要这样接地气的好提案！"政协提案委很快决定将该提案作为主题发言稿之一。为了让发言起到更好的效果，提案委还提醒委员根据口头发言的特点进行修改。在修改与润色后，最终形成题为《民生无小事　枝叶总关情——快递员权益保障势在必行》的主题发言稿。

众人拾柴火焰高，政协机制有优势

"这个提案真是调研充分、立足实际，起到了政协委员履职为民办实事的效果，也展现了为国履职、为民尽责的情怀。”2023年2月，市政协领导带队走访庄骁委员，大家共同探讨起了推进快递员权益保障工作的方式方法。

随后，由二十余个单位组成的厦门市快递员和外卖骑手权益保障工作专班成立了。“这是咱们政协搭建的督办协商平台，大家一起努力，一定能确保在厦从业的快递员得到应有的权益保障，力求形成具有厦门特色的规范模式，并进一步向全国推广。”市政协组织“提办督”三方开展提案办理协商，专班制定总体工作思路，确定任务分解方案并抓好落实工作。《快递员和外卖骑手权益保障专项工作方案》《快递员和外卖骑手权益保障专项工作任务分解方案》出台，各单位根据任务分解方案每月20日填报工作任务进度表，快递员和外卖骑手权益保障工作立体化、全面性地在厦门市铺开。

各部门从权益保障、规范管理、劳动关系认定及责任界定等三个方面落实15项重点任务，提升保障水平，畅通维权渠道，加大公共服务供给，关心关爱劳动者。各快递企业落实快递员参加工伤保险（含同时参加基本养老等社会保险），保障快递员人身安全。全市开展了以“协商共赢　职企共融　共享发展”为主题的集体协商活动，着重将单票派件费用的保底标准作为协商内容。“集体协商能坚持问题导向、目标导向、效果导向，锚定重点企业进行攻关，进一步推进了新就业形态劳动者权益协商协调机制建设。”市快递行业协会的一位同志说。

各部门还组织快递企业签订了诚信用工承诺书，申通、圆通、中通、德邦、百世、韵达等主要品牌33家快递用工企业承诺在订立劳动合同、工资薪酬、工作时间、休息休假、社会保险、劳动安全保护等方面严格按照法律法规执行，履行用人单位义务和责任，加强行业自律，规范用工行为。该承诺信息在厦门市公共信用信息平台公示，接受社会各界全程监督，营造知信、守信的良好氛围。

◎厦门市邮政快递业劳动争议调解中心成员为快递从业者提供法律咨询

厦门市成立了厦门市邮政快递业劳动争议调解中心，并由北京大成（厦门）律师事务所提供法律支持，积极预防和妥善处理快递企业劳动争议，及时化解不稳定因素，维护企业正常的生产经营秩序，保障企业和职工的合法权益，构建和谐劳动关系。自成立以来，调解中心已提供法律援助15件，法律咨询155人次，调解5件（涉及人数43人，涉及金额约120万元）。

2024年3月5日，市政协领导带队赴市邮政管理局调研，并指出："权益保障工作措施得力，亮点突出，工作成效明显，对新业态劳动者权益保障形成了良好的示范带头效应，真是功德一件。"在座委员的兴奋之情也溢于言表："还得再加强权益保障政策宣传推广……""是啊，还要更好地保障快递员的知情权，构建更加和谐的劳动关系。""还要加强联动，充分发挥政协联系面广的优势！"热火朝天的讨论场景正是政协人不断践行"我为群众办实事"宗旨的体现。

《聚焦民生实事　推动快递员权益保障》提案被评为2023年度厦门市政协优秀提案，期待能引发政协委员更多的思考和探讨。时间匆匆而过，权益保障工作专班仍在持续运行，而政协提案的故事也将被继续书写……

（供稿：厦门市政协　执笔：庄骁）

忽如一夜春风来，量才晋职百花开

百年大计，教育为本。党的十九届四中全会对提高教育治理体系和治理能力现代化水平提出了明确要求。众所周知，一个好校长就是一所好学校。近几年来，厦门市高度重视名校长培养工程，2019年，全市启动中小学校长职级制改革；2020年，启动校长选拔任用机制改革，制定《厦门市中小学（中职）校长管理办法》，配套校长职级制，对校长的选拔、任用、履职、培训、考核和职业发展等机制进行改革，通过深化校长管理机制改革，激发校长办学治校活力，有效提升教育治理能力。这些有效举措的推进、校长职级制改革的启动，都缘起于厦门市政协委员程明2018年在市政协十三届二次会议上提交的一份提案。

务实调研：精准把脉问计他山

2016年底，一封来自基层校长的建议信，引起了程明委员的高度重视。信中直言："当前，大部分校长仍走教师职称系列的晋升通道，由于校长与教师同挤在职称岗位评聘的通道上，教师误解校长谋私利；校长则抱怨岗位评聘条件限制自己成长，这种矛盾不利于教师与校长队伍建设，同时也会导致校长专业发展目标弱化。"为了进一步深入了解情况，程明带领相关人员，在短短一个月内，走遍翔安区各直属中小学，通过集中座谈、个别走访、问卷分析等方式切实倾听一线校长、教师的需求和心声。"当前校长们干多干少、干好干孬一个样，同样享受1.5倍绩效工资。""我身边很多校长更在意的是自己的行政级别，因为行政级别与能安排到什么样级别的学校任职、能获得什么样的社会地位和待遇直接相关，工作心思全在争取行政级别上。”一句句来自一线教师、校长的心里话真实得刺耳。校长管理制度必须改革！

为了真正让校长回归教育，真正让教育家办学，2017年3月，程明心中产生了一个先行先试的想法——整合资源再调研，力争在全市范围内推动校长职级制改革。说干就干，程明立即协调相关部门做好调研方案，随后紧锣密鼓地带队赶往校长职级制改革开展较早的上海和深圳取经。虽然上海、深圳在具体政策规定上有差异，但也有不少共通之处。从总体上来说，就是取消校长行政级别，对校长实施职务等级管理。从上海和深圳调研回来后，程明连夜撰写调研报告，从人事管理制度、职级结构、晋升与考核等方面全面思考如何推动厦门市校长职级制的实施。随后她多次与市人力资源社会保障局、财政局和教育局等相关部门沟通协调，力促校长职级制改革早日提上议事日程。

巧思提案：映日荷花别样红

为了得到更多人的关注，以推动这一改革，程明积极发挥市政协委员优势，多方为校长职级制改革鼓与呼。2018年初，在市政协十三届二次会议上，她正式提交了提案《关于推动厦门市中小学校长职级制的意见、建议》。提案中全面分析了当前厦门市校长队伍建设中存在的问题，如大部分校长按教师职称系列聘任岗位，不仅导致校长与教师挤在同一条上升通道中，而且也导致校长专业发展目标弱化；校长责任与绩效薪酬不对等；广大基层校长特别是农村中小学校长缺乏激励引导机制。同时提案提出了切实可行的建议：（一）推动校长职级制应全市一盘棋。新时代教育改革与发展需要更多的“教育家型”的校长，在推动校长专业成长方面，校长职级制是一种改革方向。由于此项工作涉及部门多，涉及面大，是一项系统性工程，诸如干部选拔任用、岗位设置审批、职级评价考核等许多需要解决的政策只有在市一级层面才能解决，因此，建议由市委市政府统筹安排，相关部门组成相应的组织机构，做好前期调研、协调和筹备工作，全市同步试行。（二）推动校长职级制应做好新旧政策的合理过渡。我市大部分校长现聘岗位均按职称岗位聘任，应充分调研，合理设置职称与职级对等的双向过渡通道，为校长开通可进可出的双向通道，既要有利于校长更专注于学校管理与自身专业发展，又要消除校长的后顾之忧。同时，也为选拔优秀校长后备干部提供成长通道。（三）推动校长职级制应把学校发展与校长成长有机统一起来。要科学合理设置学校发展和校长专业发展评价指标，要面向各级各类学校设置不同的指标体系，避免一把尺子衡量到底的问题出现。要激励引导基层学校特别是农村学校校长主动成长，专心抓好学校教学质量，办出更多的百姓身边的好学校。（四）推动校长职级制应建立能者上、庸者下的考核机制。要实行校长职级任期动态管理，对不同职级校长应赋予不同的任期任务，可以采用第三方评估的办法，做好任期考核，对考核优秀、良好、合格、不合格定出不同的绩效奖励办法与标准，要有效杜绝“船到码头车到站”的慵懒现象。

落地生花：风吹柳花满店香

程明委员的这一提案得到了承办单位市人力资源社会保障局、市财政局和市教育局的高度认可和大力支持。市财政局明确表示：“该提案建议考虑周到、切合实际，对目前拟推动实施的校长职级制改革具有很好的指导性和借鉴意义，我局对其总体思路予以支持。我局将积极配合建立校长职级制，加大校长培训投入，研究完善校长工资收入政策、做好新旧政策衔接，推动校长专业化管理和发展，进一步提升我市教育质量。”人力资源社会保障局表示："程明委员在开展大量调查研究的基础上，结合我市实际，敏锐地提出《关于推动厦门市中小学校长职级制的意见、建议》的提案，对我市进一步推动和完善教育管理体制改革，将有很强的借鉴意义和指导作用。"市教育局对提案建议更是赞赏有加："所提出的四点建议精准地抓住了中小学校长职级制改革中的重点和难点，也正是市教育局在探索中小学校长职级制改革中所关注的关键问题。"为出台厦门市中小学校长职级制改革方案及其评审指标，2018年3月，市政府还安排相关部门组成调研团队，到上海市嘉定区教育局、青岛市教育局和相关学校调研考察。

在程明委员奔走呼吁下，各提案承办单位通力配合，提案建议很快得到落实。2019年10月16日，市教育局召开厦门市中小学校长职级制改革动员培训部署会，动员部署校长职级制改革相关工作，推进校长从职务到职业的转变，促进校长走专业化发展道路，激发校长队伍的活力和创造力，为办好人民满意的教育奠定基础。

◎赴湖里区殿前街道实地调研

激励机制：稻花香里说丰年

提案在推动校长职级制改革的同时，还积极推进校长考核机制改革，综合运用教育督导评估、综治评估、教育教学质量评估的结果，按照校长个人自评、教职工民主测评和组织考察等形式，对校长办学治校成效进行综合评估，有力地促进了校长在实践中大胆探索创新，提升办学水平，形成办学特色和办学优势。在首批校长职级制评选的考核中，并不强调论资排辈，只要有实绩就能被认可。

提案还直接推动市人力资源社会保障局、财政局和教育局联合下发《厦门市中小学校长职级工资实施办法（试行）的通知》（厦人社〔2019〕208号文）。通过改革创新，极大地激发校长干事创业的积极性、主动性和创造性。在这些措施的激励下，全市教育系统团结一心，教育事业保持持续健康发展的喜人态势，教育资源配置进一步优化，基础教育优质均衡发展，中小学教学水平领跑全省。

教育筑梦：花动满山皆春色

要说清楚校长职级制改革后发生的真实变化，还是校长们最有发言权。翔安区几位校长的话让人印象深刻：“校长职级制改革前，我作为校长，整天应付各种会议、应酬、检查，真正用在老师和学生身上的时间和精力很少。改革后，每天都能与老师、学生交流，每年听课200节，读书30本，校长角色的回归，让我找回了实现自我价值的舞台。”另一位校长坦言：“校长职级制，解决校长的‘天花板’问题，激活了我的办学热情，激发了我的教育家梦想，我立志成为教育家型校长，进一步修炼‘校长力’：第一，提升校长的课程领导力；第二，提高师生的生长力；第三，提炼教育思想的引领力。”“改革，使教育真正公平，也让我们的一切工作都被量化，不管是做管理还是教学，都要被统一的标准考核，处处是考场呀！投机取巧者没有市场，幸福都要靠自己奋斗！”是的，“幸福都是奋斗出来的”，习近平总书记的这句话，在厦门的教育界被这样解读和印证着。

长风破浪会有时，直挂云帆济沧海。改革不是一蹴而就的，需要一个漫长的过程。程明委员感言：“校长职级制改革不仅是‘去行政化’这么简单，实质是培养一支高素质、专业化的中小学校长队伍，促进教育质量的全面提高。因此推进中小学校长职级制改革，关键在于提高中小学校长专业水平，在进行改革的过程中，要严抓校长队伍准入机制建设，不断加强中小学校长专业能力培训，促进校长交流轮岗。”如今，程明委员虽然不再具体分管教育工作，但身份转换并没有改变她关切厦门教育事业的初心。她表示，党以重教为先，政以兴教为本，她将继续发挥政协委员的优势，持续关注厦门市教育事业发展，推动厦门市教育治理向高水平、现代化迈进。

（供稿：厦门市政协　执笔：兰岚）

模拟提案进校园，协商民主焕青春

为积极引导广大青少年参与中国特色社会主义协商民主实践，2019年起，共青团中央联合人民政协报社等单位共同组织了全国青少年模拟政协提案征集活动。模拟政协活动开展以来，受到社会各界广泛关注和积极好评。2021年，厦门市思明区政协率先行动，在模拟政协活动方面进行了许多有益尝试，获得了一些切实可行的经验。例如，选派优秀政协委员到思明区各中学做模拟政协宣讲，邀请部分参与模拟政协的学生代表列席思明区政协会议开幕式，近距离体验政协委员履职过程。

2022年开始，在政协市、区两级委员会的大力推动和专业支持之下，厦门全市的模拟政协活动如火如荼开展起来。当年共征集到280件作品，其中25件获评为“模拟政协提案优秀作品”。2023年5月，“全国青少年模拟政协提案征集活动”启动会暨现场推进会在杭州举行。会议发布和表彰了2022年度全国模拟政协活动首批十大创新案例，厦门和北京、杭州等优秀典型城市的代表做了交流发言。厦门首次参赛就取得如此骄人的成绩，是厦门各级关心、支持青少年模拟政协活动的政协组织、政协委员等单位和个人共同努力的成果。

作为一名政协委员，我比较早介入模拟提案工作，回忆过往，收获良多。

一如既往真情助青年成才

全过程人民民主是社会主义民主政治的本质属性，是最广泛、最真实、最管用的民主。全过程人民民主的理念正在越来越多的青少年心中生根发芽，厦门市作为习近平新时代中国特色社会主义思想的孕育地和实践地之一，更要踔厉奋发，勇立潮头，认真贯彻习近平总书记关于“办好思政课”的重要指示和深入推进“政协知识进校园”的殷殷嘱托，以青少年模拟政协活动为抓手，进行中国特色社会主义制度宣传教育，让新时代青少年进一步明白制度优势，树立主人翁意识，不断拓宽知识面，丰富社会实践，增强制度自信，提高青年素质。

相较于“模拟联合国”在参与面、组织面等方面的局限性，青少年模拟政协活动的参与性、实践性等优势和特色明显。通过模拟政协活动进行中国特色社会主义制度宣传教育，能够让青少年逐步建立对全过程人民民主理念、中国共产党领导的多党合作和政治协商制度、社会主义协商民主的初步认知。广大青年通过“执青春之笔，提时代之案”，初步感知我国政治运行规则和国家治理模式，将所学知识与社会实践相结合，做到学以致用，提高对国情、社情、民情的感性认识，了解中国特色社会主义民主政治制度的内涵和实质，深刻理解我国政治制度的历史发展脉络和显著优越性，不断增强制度自信，茁壮成长为推动社会繁荣进步、国家兴旺发展的青春力量。因此，模拟政协活动是学校“大思政”教育格局下积极主动引导青少年参与全过程人民民主的最初体验，有助于下一代立志成才和健康成长。

一鼓作气真心助委员履职

宣传介绍中国特色社会主义民主政治是广大政协委员义不容辞的政治责任之一。作为一名中学教师和政协委员，我有责任和义务发挥优势，率先垂范学习、宣传青少年模拟政协活动。在思明区政协的推荐下，我先后走进松柏中学、十一中、槟榔中学等学校，结合各校师生实情分别开展了有关模拟政协的宣传和讲座，引发了广大青少年学生的巨大兴趣，反响热烈。

作为思明区政协率先开展模拟政协的主要参与者和见证者，除了深入多所学校普及、宣传模拟政协知识之外，我也积极参与对学生模拟政协活动的具体指导。其中我参与指导的《关于在中小学配置学校公共雨具的建议》，经优化后作为正式提案提交，被评为思明区政协“2023年度优秀提案”。2024年，我又指导学生完成并正式提交《正视学生心理健康，积极疏导负面情绪》的提案。

各级政协组织对于模拟政协活动的高度重视鼓励了我。2021年底，我分别写了《建议在厦门全市推广“青少年模拟政协活动”》和《建议在福建全省推广“青少年模拟政协活动”》。《建议在厦门全市推广“青少年模拟政协活动”》转交给厦门市政协委员杨筱娟。她结合自身思考进行了二次完善，作为2022年度厦门市政协提案提交。提案获得了厦门市政协的充分肯定，被评为“厦门市政协2022年度优秀提案”。《建议在福建全省推广“青

◎厦门举办青少年模拟政协提案讲座

少年模拟政协活动”》被民盟福建省委会采用。在民盟市委和厦门市人民政协理论研究会的支持下，我撰写的理论研究论文《青少年模拟政协活动是践行全过程人民民主的有益探索》发表在《政协天地》2023年第5期上，《青少年模拟政协活动在践行全过程人民民主中的探索思考》被收录于2023年度厦门市政协的《“人民政协在全过程人民民主中的作用”理论研讨会交流材料》中。可以说，是模拟政协活动这个平台和契机，给了我特别的履职机遇，也促使我不断思考与进步。

一脉相承真实助政协活力

为落实好青少年模拟政协提案征集活动的工作要求，让厦门市青少年模拟政协活动更上一层楼，有关部门联合厦门市政协提案委召开活动启动会暨现场推进会逐渐成为模拟提案持续开展的重头戏。据了解，厦门市模拟政协学生社团成立数量荣居全省前列，实现全市已成立模拟政协学生社团校外指导老师100%全覆盖。2023年，多件模拟提案被带上市、区两会，其中14件提案作品被正式转化立案。在全国青少年模拟提案评选中，厦门市有1份作品被评选为全国中学组“最佳模拟政协提案作品”，1份作品被评选为全国大学组“优秀模拟政协提案作品”。另有3份被评选为福建省青少年模拟政协提案“最佳作品”，2份被评选为福建省青少年模拟政协提案“优秀作品”，质、量双收，成绩喜人。

厦门市青少年模拟政协活动起步早，起点高，效果好，影响大，其开展情况一直得到《人民政协报》、团中央等权威媒体和单位的关注，特别是青少年模拟提案转化为正式提案，不但拓宽了提案来源，也使得提案更接地气、更具活力，逐渐成为厦门市政协活动的一张崭新名片。

厦门市模拟政协活动已具有一定的工作基础和经验传承，是深受各方赞誉的思想政治课程的创新性课外社会实践，是政协与教育的有机结合，是引导青少年有序政治参与的崭新探索实践。青少年模拟政协活动将全过程人民民主理念、人民政协制度和社会主义协商民主建设相关内容转化为青少年易于理解、易于掌握的知识形态和学习状态。这一富有特色的主题教育实践生动案例值得推广。

未来属于青年，希望寄托于青年。模拟政协活动为青少年关注社会打开了一扇窗户，活动的开展无论是对于青少年健康成长，还是政协委员参政履职，抑或是政协组织发挥作用都具有广泛影响和深远意义。

道阻且长，行则将至。民族振兴，强国有我。祝愿模拟政协活动走得更远、更稳、更实！

（供稿：厦门市政协　执笔：陈安平）

共推两岸姓氏缘

“姓氏源流研究会能发展到今天的规模，九三学社厦门市委会功不可没。”厦门市姓氏源流研究会的负责同志一见到我，就拉着我的手表示感谢。2024年1月21日，在集美陈嘉庚纪念馆举办的“海峡两岸姓氏文化交流成果展”盛况空前，当天聚集了两岸姓氏文化专家、学者及社会各界热心人士近600人。我也获得邀请，并荣幸地见证了海峡两岸姓氏文化联盟再签

◎ 2024 年 1 月 21 日，海峡两岸姓氏文化联盟签约仪式现场

《海峡两岸姓氏文化联盟协议书》。与老朋友共话海峡两岸姓氏文化交流成果，再叙中华姓氏文化融合发展新路，让我不禁回顾起与厦门市姓氏源流研究会建立起的十多年工作联系，特别是三件政协提案推动三件实事的小故事。

建立闽台姓氏文化交流中心，解决姓氏源流研究会办公场所

“感谢九三学社厦门市委会向厦门市政协提交提案，闽台姓氏文化交流中心办公场所问题已圆满解决。”2011年9月，厦门市姓氏源流研究会在白鹭洲欢乐园举行厦门台湾姓氏源流文化论坛，来自台湾姓氏研究学会、台湾两岸关系发展促进会、金门县宗族文化研究协会等单位的近200位台胞和嘉宾参加论坛。开幕式上，厦门市姓氏源流研究会会长在主席台激动地宣布了这条好消息。

由于特殊的地理位置，祖籍福建的台湾同胞很多，其中厦门占相当一部分。许多台湾同胞和海外侨胞纷纷选择厦门作为回乡联谊恳亲的首选地。厦门市姓氏源流研究会虽然在其中做了大量工作，但是由于其属民间团体，自1993年成立以来，长期受无办公场所和经费支持的困扰。

一位在姓氏源流研究会担任副会长的九三学社社员将情况反映过来。之后，《关于建立厦门闽台姓氏文化交流中心的建议》作为九三学社厦门市委会提案报送到市政协。提案建议采用民办公助方式，由市政府提供工作场所，并由长期从事闽台姓氏文化研究工作的厦门市姓氏源流研究会来担此重任。提案很快得到市政府及有关部门的反馈，市台办、市社科联批复，同意和支持建立闽台姓氏文化交流中心，并由市政府在思明西路原政协大厦安排办公场所。从此厦门市姓氏源流研究会在繁华的市中心有了194.6平方米的新家。

推动知识竞赛纳入海峡论坛，解决活动举办经费难题

“我的祖先来自泉州府同安县，我想借着这次比赛机会，去祖地寻根，去了解宋姓祖上更多的家族故事，然后一代代传下去。”2018年6月7日，第十届海峡论坛·海峡两岸青少年中华姓氏源流知识竞赛在厦门电视台演播大厅举办。台上来自台湾的小选手饱含深情地讲述家族姓氏故事，让坐在台下的我再一次感慨，在推进两岸同胞文化认同、心灵契合方面，政协提案又做成了一件非常有意义的实事。

2006年起，海峡两岸青少年中华姓氏源流知识竞赛就在厦门、金门和台湾本岛轮流举办，得到海峡两岸各界的大力支持和新闻媒体的关注。但由于此项活动由民间社团组织，靠社会力量支持，热心人士提供的资金有限，到2016年时面临难以为继的困境。在第十二届厦门市委员会第五次会议上，九三学社厦门市委会提出《将“海峡两岸青少年中华姓氏源流知识竞赛”活动纳入“海峡论坛”》的提案，得到市领导和市政协的高度重视。

政协将提案交办时，离海峡论坛举办的时间不到半年，提案办理单位厦门市会展局办公室的同志紧急联系我，我们加班加点完成海峡论坛组委会要求的专报件、活动详细方案和经费预算，终于赶在组委会会议举办前提交，之后又顺利解决了下拨经费的渠道问题。海峡论坛是两岸一年一度最大的民间嘉年华，海峡两岸青少年中华姓氏源流知识竞赛入选海峡论坛重点配套项目，有了经费保证，竞赛的规模和影响力得到极大提升。

筹建海峡两岸家风家谱研究中心，解决族谱资源保护问题

2022年，九三学社厦门市委会又在市政协十四届一次会议上提交了《关于在同安“旧县衙”建立海峡两岸家谱博物馆的建议》。据厦门市姓氏源流

研究会反映，厦门单位与个人分散收藏的各种纸质族谱和电子族谱达5万册以上，收藏量居福建省前列，但遗憾的是厦门没有专门的族谱馆，而研究会存放空间狭小，容纳不下其收藏的全厦数量最多的纸质族谱。九三学社厦门市委会调研后，认为同安旧县衙具备建立海峡两岸家谱博物馆的条件。

提案同样得到市领导和政协的重视。在市政协和市、区文化和旅游局、宣传部以及九三学社厦门市委会的共同推动下，由同安区社会科学界联合会主办，厦门市姓氏源流研究会、厦门市同安闽南文化研究会承办的“海峡两岸家风家谱研究中心”在同安旧县衙落户。大楼共四层，房间55间，面积1808.28平方米。因为办理成效显著，这件提案还被市政协评为2022年度优秀提案。

见证了厦门市姓氏源流研究会发展得越来越好，海峡两岸青少年中华姓氏源流知识竞赛越办越有影响力，两岸族谱有了四层楼的展示和研究场所，我深刻地感受到，两岸姓氏文化交流能在厦门结出丰硕果实，推动政协、民主党派、民间社团三家共同努力的政协提案功不可没！

提案有一套严格的、科学的提出和办理程序，确保了民主党派的呼声得到积极回应。通常情况下，凝聚了党派集体智慧的高质量提案很容易得到重视，这也加快推动问题的解决，可以说，提案规范、便捷、高效的特点，确保了民主党派履职建言的行之有效。

未来两岸姓氏文化交流活动需要不断适应时代的发展和两岸同胞的需求，政协提案将一如既往发挥中国共产党领导的多党合作和政治协商制度的优越性，为两岸同胞通过姓氏文化研究加强民间往来、共推两岸融合发展保驾护航。

（供稿：厦门市政协　执笔：杨政莹）

留住最美的水鸟——紫水鸡

福建是习近平生态文明思想的重要孕育地，是首个国家生态文明试验区。多年来，厦门以“咬定绿色发展不放松”之定力和“绿色发展的生态自觉”努力打造生态文明先行示范区，为全国生态文明建设提供了一系列可复制可推广的先行经验。其中，活跃在厦门生态环保领域的厦门民进生态文明小组成员们功不可没。

一件提案，带出一个生态文明典范城市典型案例

2012年3月，厦门观鸟会会员偶然在杏林湾一待建项目工地发现国家二级保护鸟类紫水鸡，证实了一段鸟类学研究百年公案：1866年和1868年，时任厦门英国领事馆领事的英国博物学家罗伯特·斯温侯在厦门采集到2只紫水鸡标本，并在国际著名刊物*Ibis*上发表中国东南沿海紫水鸡分布的相关文章。但此后紫水鸡在厦门一直未再被记录。144年后紫水鸡在厦门再次出现，这引起国内鸟类研究者关注。

此后，厦门观鸟会秘书长陈志鸿、总干事朱敬恩等民进会员追踪观察，短短4个月就在杏林湾紫水鸡分布区域记录了近40种鸟类，包括国家二级保护动物黑鸢、红隼、栗喉蜂虎等不少福建省重点保护鸟类。

然而紫水鸡在厦门一“出现”就面临家园消失的困境。这片面积约100亩的湿地不时可见捕鸟网，更令人担忧的是该区域已规划为商业用地，正进入施工阶段。面对即将失去的家园，紫水鸡将何去何从？

2011年，民进厦门市委会形成的政协专报件《建议尽快落实五缘湾栗喉蜂虎自然保护区管理措施》有效推动厦门为“厦门最美鸟儿”栗喉蜂虎建立了国内第一座位于市区的小型保护区，并完善了保护举措，当前这片区域也迫切需要得到有效保护。随即，一份《建议尽快采取措施保护消失144年后复现的紫水鸡等珍稀鸟类》的社情民意信息经由民进厦门市委会上报市委办、市政协，执笔人陈志鸿建议“在园博苑生态岛划出一片区域作为保护小区，通过水文调节、种植水烛等办法人工营造适合紫水鸡和其他依赖沼泽植物生存鸟类的生态环境”。该建议同时被转化为市两会提案。

为提高关注度，民进市委会于2012年12月初联系《海峡导报》记者赴现场调研报道，引发社会各界关注热议。福建电视台、东南卫视以系列报道“紫水鸡的家”追踪关注紫水鸡保护现状；厦门电视台“十分关注”栏目以“留住最美的水鸟——紫水鸡”跟进报道；国家林业局、省农业和林业部门多次赴厦实地调研考察，陈志鸿、朱敬恩等民进会员与各相关部门负责人共商保护举措，市政府高度重视，专门召开专题会议，协调解决紫水鸡在厦“安居工程”，研究制定紫水鸡栖息地就近迁移保护方案。2013年10月，市政府拨出专款，在园博苑生态岛采

◎美丽的紫水鸡

取吹填方式营造了3200平方米生态小岛作为紫水鸡栖息地，并种植了10万多株香蒲、芦苇等适合紫水鸡觅食的水生植物。至此，位于杏林湾的生态岛正式落成。

时隔十个月，2014年8月，3只紫水鸡首次现身于园博苑生态岛——“这意味着紫水鸡栖息地重建成功，不仅为紫水鸡的保护奠定基础，也为今后的研究、科普、生态旅游提供了珍贵资源。”多年来，民进厦门市委会会员郑海雷、陈志鸿等生态专家对生态岛建设和管理持续建言，《关于率先将鸟类指数纳入城市生态环境考核指标的建议》等提案陆续被相关部门采纳。

如今，紫水鸡已经成为厦门的一张生态名片。2016年4月5日，中央电视台《新闻联播》报道了“最美水鸟”紫水鸡现身厦门繁殖，对厦门生态环境改善予以肯定；2020年4月26日，中央电视台《新闻直播间》再次报道厦门紫水鸡家族添新成员，点赞厦门生态文明建设成效。

二十余年坚守初心，新时代砥砺奋进生态文明建设新征程

“保护紫水鸡行动”既是厦门建设生态文明典范城市的典型案例，也是民进厦门市委会践行习近平总书记对厦门生态文明建设嘱托的生动写照。

20世纪90年代，中国红树林之父、中国工程院院士、民进厦门市委会会员林鹏曾多次通过党派提案等方式呼吁“退滩还林”，恢复和发展红树林，建设海湾型城市；2001年，民进厦门市委会提出的《尽快建立并实施工程建设项目环境影响后验证制度》促使市环保局在全国率先制定了《厦门市重大建设项目环境影响报告评审会公民旁听暂行规定》。民进厦门市委会由会员自发组成的专门工作小组——生态文明小组，成员有2014年科技部首批“全国优秀科普使者”朱敬恩，2019年中央文明办和生态环境部联合评选的“全国百名最美环保志愿者”陈志鸿，2021年荣获中组部、中宣部联合表彰的“最美公务员”、厦门市生态环境保护综合执法支队的傅冰洁……二十余年

来，他们忠诚担使命，在各自岗位上为打造国家生态文明建设示范市和生态文明典范城市不懈努力。

2017年，民进厦门市委会以生态文明小组为班底正式成立生态环境专委会。多年来，生态委多领域、多视角关注生态文明建设，针对海域和湿地生态环境保护、湾区（流域）水环境治理、绿色港口建设、生物多样性保护、“双碳”目标实施等方面开展追踪调研，共形成近40篇调研成果参加省市两会及各类重要协商发言，16件成果得到省市领导和相关部门的重视和采纳，不仅为“高颜值”生态花园城市建设做出了积极贡献，更成为民进参政议政新领域的一张靓丽“名片”，充分展示了民进会员坚守合作初心、投身中国式现代化的责任担当。

（供稿：厦门市政协　执笔：李明辉）

我与电梯的不解情缘

从事提案工作九个年头了，征集遴选、审查立案、协调督办过的提案不计其数，提案故事可以信手拈来，唯独“电梯”的故事令我难以忘怀。

加装电梯，为了上下楼不再难

“《既有住宅增设电梯工作指导意见》政策有效期即将到期了，作为牵头单位，住房城乡建设局跟其他部门协调得怎么样了？”“我局建议有效期满后延续该政策，已征求其他相关部门意见，正在草拟相关报告，准备提交市政府专题研究。”4月中旬的一天，我跟漳州市住房和城乡建设局分管领导通了电话，了解有关“加梯”政策延续事宜。

老旧住宅加装电梯是一项解决高层住宅上下楼难的民生工程，在漳州一直受到市政协委员、各民主党派的持续关注，有关这方面的提案从未间断。据统计，2011年以来有关老旧住宅增设电梯立案的提案有29件。作为提案委主任，2022年9月我曾牵头召开了“进一步推进既有住宅加装电梯”系列提案督办座谈会，提办双方和业主代表等面对面坦诚协商、互动交流，深入探讨了如何协调解决无物业小区加装电梯难题、加装电梯实行表单化清单化管理、老旧小区改造将加装电梯基础工程纳入工程包、规划预留增设电梯位、对利害关系人进行合理界定等一系列问题。但我清醒地看到还有一些难点、堵点有待破解，梳理之后，主要是业主意见协调统一难、审批程序不够简便、资金缺口较大、尚有大量高层老旧住宅因加梯难而空置等问题，而且有关加装电梯的政策有效期即将到期。

为有效破解这些问题，2022年底在公开征集2023年市委和市政府为民办实事项目建议时，我提交了“加快既有住宅加装电梯，解决群众‘上楼难’问题”的建议。在市政府督查室督促之下，责任单位市住房城乡建设局专门以文件的形式详细陈述了加装电梯项目不宜列入为民办实事的理由和依据。

此路不通，我又在准备2023年市政协十四届二次会议大会发言时，以市政协提案委名义撰写提交了《继续把“加梯”实事办在百姓心坎上》的大会发言，希望引起参会广大委员的共鸣。但由于大会召开时正值疫情期间，会议临时取消了召开全体委员会议听取大会发言的安排。

两次尝试都无果而终，只有另辟蹊径了。我想，既然自己也是市政协委员，何不以提交提案履职的方式来直接推动呢？于是，《关于切实解决既有住宅加装电梯难点堵点的建议》应运而生了，我在提案里针对性地提出继续释放利好政策、加强协调指导与纠纷化解、借鉴推行有效运作模式等建议。市城管局、住房城乡建设局、财政局和芗城区、龙文区政府等相关承办单位积极采纳、吸收相关建议，助推所提问题的解决。如市城管局在实施老旧小区改造中预留了增设电梯的位置，加快推进业主委员会建设，积极探索“租赁式”电梯模式等；市住房城乡建设局将既有住宅加装电梯施工许可调整为施工备案，进一步简化审批与备案模式，并下放到区住房城乡建设局审批备案。

2023年下半年市政协组织开展“委员下基层，请您来协商”活动，倡导委员下沉基层，深入了解群众所思所想所盼，报送一批有温度、接地气的社情民意信息。为此，我再次深入加装电梯业主相对集中但进展相对缓慢的小区，面对面了解业主、社区居委会对“加梯”的真实心声，结合年初所提提案办理情况，提交了《关于进一步加大既有住宅增设电梯支持力度的建议》。该建议被市政协收录于《“三问于民”社情民意信息选编》。2024年初，市政府督查室按照市主要领导批示要求，对入编社情民意信息进行跟踪落实，责任单位市城管局做了办理落实和反馈。截至3月底，主城区芗城、龙文两区共核发加装电梯施工许可438部，竣工验收233部，发放财政补贴2495.5万元。

安全管理，为了旧电梯运维有保障

电梯是高层住宅用户上下楼必乘的工具，老旧电梯故障频发、屡修屡坏等问题日益引起人们的关注。老旧电梯安全问题在漳州情况如何呢？

◎电梯加装中的小区

2023年底，在遴选编报《重要提案摘报》时，民盟漳州市委会提交的《关于升级我市老旧电梯安全管理系统，促进更新改造的建议》引起我的关注，该提案分析了我市老旧电梯存在的部分设备先天不足、电梯“未老先衰”、缺乏资金和政策引导、维修难换新难、“三无”电梯管理难、安全无保障等问题，提出了推动电梯数字化管理工作、建立“一梯一证一档”，推动智慧化系统升级、实现即时监管，加强政策引导、完善评估和政府补贴机制，健全综合治理机制、推动“三无”电梯协同共治等建议。我针对性地了解相关情况后，将其修改为《关于建立健全我市老旧电梯安全管理机制的建议》，问题分析概括为“三难”：相关数据缺失，老旧电梯风险防控难；资金瓶颈制约，老旧电梯维修更换难；协同共治滞后，“三无”电梯管理保障难。对策建议修改为“三推动”：建立“一证一档”，推动监管升级；全面安全评估，推动分类整改；健全管理机制，推动协同共治。特别提出要建立“三无”电梯以及无法保障电梯维护资金的安置房和无物业小区的电梯安全运行管理制度。

这篇团体提案列入《重要提案摘报》后，市主要领导分别作出批示：“电梯安全运行事关重大，排查、消除老旧电梯风险隐患，完善常态化安全管理措施，保障人民群众生命财产安全。”“老旧电梯安全关系民生，要加快排查评估，完善管理机制，守护群众‘上下’安全。”据此，我力荐该提案列入2024年市政协重点提案。不谋而合的是，市委、市政府也把“建立健全电梯安全管理机制”列入2024年为民办实事工作计划。老旧电梯安全问题已经引起市委、市政府的重视。我相信，在多方的关注支持和共同努力下，守护群众上下楼安全将全方位实现。

民生问题无小事，一枝一叶总关情。一件提案，一份情怀，更是一种政协担当。“为闽协商、为民服务”，作为政协人，我的“电梯”故事还在续说，但只要秉持一颗为民解忧之心，履职担当尽责，美好动听的提案故事还会不断发生。

（供稿：漳州市政协　执笔：黄文疆）

为市民出行平安保驾护航

回顾2011年被推选为第十二届漳州市政协委员以来的历程，“为百姓捎心声”一直是我履职最大的动力和使命。我积极为漳州民生事业建言献策，急群众所急，想群众所想，解群众所需。多年来，这一信念也点点滴滴地渗透在我提案履职的方方面面。

守初心四年磨一“案”

2012年我提交了《关于整体拆除漳州立交桥的建议》，这篇提案源于漳州群众多年的强烈诉求。

漳州立交桥位于漳州市区胜利东路与九龙大道交会处，占地面积约14公顷，1995年12月动工，1997年1月竣工通车，总投资1.9亿元。彼时，该立交桥是福建省规模最大的一座三层纺锤形定向互通式立交桥，也成了漳州的一个地标。但在2001年就曾有媒体报道，立交桥桥墩出现裂缝，各引桥和主桥交接点已明显变形，当大卡车行驶在正桥上时，桥体竟会抖动。我也多次听到民众“吐槽”立交桥经常交通管制，理由都是施工、维修。

在初步调研中，我了解到，漳州立交桥虽早已于1997年元月竣工通车，但一直未能通过验收。为什么通车十多年还未能通过验收？桥梁质量是否达标？过往民众及车辆的安全能否保障？民众多年强烈反映的最终诉求点在哪里？一连串问题不可抑制地涌上我的心头。安全无小事，民众呼声须回应，我下定决心，深挖该提案点，力求形成合理建议供有关部门决策参考。

此后，经多方走访调研，我进一步发现该桥存在维修耗资巨大、安全隐患严重等问题，且当时已有漳州水仙大道、江滨大道等道路高效便捷地替代了该桥发挥作用。因此坊间群众对该桥诟病不断，调研中竟有99%以上的群众希望政府尽快拆除。

顺应民意，反映民声。在2012年市两会上，我郑重提交《关于整体拆除漳州立交桥的建议》，得到了市领导的批示，被列为重点提案进行督办。在相关部门参加的督办座谈会上，大多数部门表示，立交桥是漳州市一个标志性建筑，在交通方面仍起着很大作用，如果拆除可能会引起交通阻塞，不建议拆除。但抱着为群众发声的责任感，以及实地走访调研的底气，我在座谈会上一直坚持自己的提案建议。面对承办部门的不同意见，我从未犹豫，建议始终如一，并告诉自己“这不是单纯的一件提案，这是漳州市民的诉求和心声”，“立交桥已破败不堪，加固方案治标不治本，出了事故，遭殃的还是老百姓”。

就这样，4年多来，我在不同场合、不同部门，不断提出拆除立交桥的建议。经过坚持不懈的努力，该提案终于在2015年得到了市领导的高度重视，多次亲自带领相关部门到现场查看、调研，召集多部门及国内、省内专家现场会诊。经专家检测，漳州立交桥11个匝道中8个匝道发生横桥向平移，最大横向偏移量达21厘米，桥梁总体技术状况由2011年的四类桥恶化为五类桥，存在失稳风险，建议整体拆除改为平面交通。至此，历经4年，漳州立交桥拆与不拆，终于有了明确定论——拆！多年的努力有了结果，欣喜之余我也清醒地认识到，拆除立交桥并不是这件提案办理的终点，桥拆了后，建什么、怎么建才是最后的关键。因为我一直记得，在这几年的基层走访调研中，相关市民除了对拆桥反映强烈外，还对拆桥后相关地段变身房地产等其他梗阻点有着深深的担忧。为此，我继续跟踪落实，在提案办理期间，多次反复重申：立交桥所在位置是黄金地段，拆除后腾出的空地应留作

◎拆除立交桥后建起的人民广场

城中市民公园，造福周边群众，挪作房地产或者他用不是我提案的初衷。经过持续努力推动，2015年5月，漳州立交桥开始整体拆除工作，2017年覆盖原立交桥地段的人民广场“四季花海”正式对外开放。至此安全隐患四伏、交通作用不大的立交桥得以拆除，最终成为市民休闲放松、锻炼健身的好去处，变成了市民家门口的“诗”和“远方”。

小提案发声大民“生”

2015年，我提交了《关于尽快完善江滨路龙文段交通安全设施的建议》，这份提案的诞生也源于群众呼声。

龙文区江滨路开通后，成为漳州市区通往厦门的便捷主通道。但该路段路口多，中央隔离护栏、交通标线标识等配套设施建设没有同步跟上，通车后该路段每年因车祸夺去十多条人命。对此我扪心自问：作为政协委员，面对这些悲惨人祸，难道不能做点什么、不该做点什么吗？

于是，我将焦急与伤感，转化成委员履职的责任和使命，马不停蹄地开展调研，在不同时段到江滨路龙文路段实地调研车流情况，走访周边群众。在这个过程中，不少人劝我，有的说“无非就是一个路口交通的小问题，大中午、大晚上的还跑去江滨路段数车子，太辛苦了，没必要，不值得”，有的说“你不知道那个路口经常出事故吗，还没事总往那里去，太危险了”，还有人说“这无非就是个路口问题，这个提案点太小了，站位不够高，市两会平台这么大，要多提经济、产业发展类提案，才有层次和站位”。面对这些声音，我始终没有动摇过，因为我知道人命关天，生命安全，是一切发展的基础，这个小提案，必须有人提！

带着这份坚持，我向市政协提交了《关于尽快完善江滨路龙文段交通安全设施的建议》提案。相关部门来沟通时为难地表示：“区里没有权限和资金增设交通安全装置，只能向上反映，又牵涉到诸多部门。”在那一刻，我心里十分着急，调研时那极大的车流量，那些在车流中被迫冒险穿行的村民，报道上的那些事故，再次涌上我的心头。我向相关单位表示：“我理解你们的难处，也不是要为难你们，只是调研到每年都因为车祸死很多人，每次车祸都将是多少家庭的灭顶之灾，这个情况你们是知道的。我唯一的希望是不要再死人了。”有关部门开始重视了，不少媒体开始关注到我的提案，电视台、报纸等媒体要专题采访我，我说：“我提提案不是为了沽名钓誉，只想替弱势群体发声，尽我所能替群众解决他们最关心的问题、办不了的事情，事情能做好，群众能满意就好了，这才是我提提案的初心，也是我作为市政协委员应尽的职责。”2016年初，市、区两级公安、住建、规划等部门联合对该路段交通安全隐患进行整治，当年5月完成道路中央隔离护栏、人行过街警示标识、爆闪灯等配套设施建设，交通安全状况得到有效改善。近年来没有再发生交通死亡事故。

点滴事，汇聚为民情。提案是政协委员履行参政议政、民主监督职能的重要方式，为民生福祉而发声，为时代发展而建言，是每一个政协委员应尽的职责，我们永远在路上……

（供稿：漳州市政协　执笔：王淑娟）

海潮带起东山梦

海峡的风吹到东山港，拨动缕缕乡愁。东山岛与台湾岛隔海相望，在开展对台经贸文化交流方面具有独特且显著的优势。这里有着语言相同的便利，习俗相通的亲近感，地缘相近的天然联系，血缘相亲的紧密纽带，以及文缘相承的深厚底蕴。不仅如此，东山还拥有极为丰富的海洋资源，其独特的地理优势为发展提供了广阔的空间。

优势凸显，潜力有待挖掘

东山港作为大陆重要的对台窗口之一，承载着两岸民间往来与深度对接的重大历史使命。20世纪80年代初，东山县在对台小额贸易领域表现卓越，处于福建省同行业的领先地位。当时东山港主要聚焦于水产品出口贸易，通过不断努力和发展，逐步构建起了涵盖捕捞、养殖、加工、仓储、运输和贸易的完整产业链，进而逐渐成长为全省乃至周边省份输台水产品的关键集散地。

2007年5月，国台办正式批准设立海峡两岸（福建东山）水产品加工集散基地。这是漳州地区为数不多的带有“国字号”招牌的重要基地。当前，东山港已经成功建成5000吨级的对台客货运码头，且有望在未来开辟对台直航航线，与台湾的高雄、台南、嘉义等南部地区实现紧密对接。在过去的几年里，东山虽然在对台农渔业贸易、旅游以及文化交往等方面都呈现频繁且密切交流的良好态势，但由于种种原因，该基地长期处于一种“国家基地、县级运作”的状态，致使其未能充分发挥应有的关键作用和品牌效应。

东山所具备的优势和潜力如果能被充分挖掘和利用，不仅能极大地促进东山自身的经济发展和文化繁荣，更能为两岸关系的进一步深化和发展贡献重要力量。我们应挖掘东山岛的独特价值，推动其走向更加辉煌的未来，让这个充满潜力的地方绽放出更加耀眼的光芒。

深入调研，精准建言献策

2022年台盟漳州市委会在遴选涉台调研选题时，认为东山地区水产品产业潜力无限、大有可为，如果能够进一步提升基地的建设水平，将有力推动当地经济的发展，提高渔民的收入，加强海峡两岸的经济合作。

为了更全面深入地了解情况，台盟漳州市委会组成调研组，多次赴东山县调研，参观了东海岸保税仓物流中心和厦门港东山对台客货运码头，走访了相关水产品加工企业，与当地台港澳办、财政局、发展改革委、海洋渔业局等相关单位进行座谈交流，进一步掌握了第一手情况。

在调研过程中，我们了解到基地存在的一些问题，如支持政策亟须突破、原材料短缺、产业基础薄弱、基础设施瓶颈明显以及市场渠道狭窄等。为推动海峡两岸水产加工业融合发展，带动漳州水产加工产业集群更好融入国内国际双循环发展格局，充分发挥好基地作用和效应，台盟漳州市委会通过深入调研分析，整理出《关于提升海峡两岸（福建东山）水产品加工集散基地建设水平的建议》提案，建议东山擦亮品牌，积极向上争取与“国字号”相配套的优惠政策措施，和平潭、厦门口岸享有同等补贴政策，推动基地产业优化升级，多措并举打造闽台水产品合作示范区。

提案提出，在推动基地产业优化升级方面，争取设立“东山岛对台小额贸易交易市场”，加快布局对台小额贸易免税商店，打造辐射漳州南部、广东东部等周边地区的对台小额贸易商品交易市场；拓展“跨境电商+旅游+购物”的对台商贸互通，探索台湾商品准入标准，打通对台贸易通道。通过多措并举，把基地打造成一个集台轮停泊、水产贸易加工、公共保税、综合管理服务等功能于一体的两岸经贸交流合作中心。

重点办理，助力“东山再起”

2023年初，这件提案被漳州市政协列入十四届二次会议《重要提案摘报》，得到市主要领导的批示：要着力在规划引导、资源整合、功能配套上下功夫，更好发挥基地在深化漳台融合发展中的作用；东山县要善用政策，擦亮基地的“国字号”招牌。该提案同时被列为市政协年度重点提案。在提案办理过程中，东山县与市直各有关部门通力合作，积极推进各项措施的落实。如加大了对该基地的基础设施建设投入，大大改善了交通、水电等条件；东山县渔港经济区建设规划及实施方案于2023年3月通过农业农村部评审，被列入2023年国家级沿海渔港经济区试点名单，并获得上级资金补助；开工建设了大澳中心渔港扩建项目，开展水产品初加工和冷藏保鲜设施设备建设项目，鼓励、支持水产品加工企业对生产设施设备和技术进行更新、改造，提高生产效率，提高了产品质量和附加值，增强了企业市场竞争力；拓展闽台直接“三通”，形成集装箱班轮航线、滚装航线，进一步发挥基地辐射带动作用。

2023年11月14日，市政府和市政协领导一起带队到东山县进行实地督办，充分肯定该提案办理工作，对各级各有关部门提出四点要求：强化政策扶持，大力培育龙头企业，充分发挥引领和带动作用，加快推动水产品加工业规模化、集约化发展；深入调研，精准了解产业发展需求，学习借鉴先进经验，因地制宜做好产业空间布局；立足长远，科学规划，提升基地建设，合理布局冷库、冷链物流、污水处理等设施，进一步扩大水产品加工领域和

◎东山 5000 吨级对台集装箱码头

规模，推进水产产业集聚发展；大力实施品牌化战略，引导、鼓励水产加工企业创立自主品牌，加大产品研发力度，推进海洋渔业产业转型升级，打响漳州水产品品牌。该提案的办理取得了显著的阶段性成果。

潮平两岸阔，风正一帆悬。如今的基地正逐步释放活力，以全新步伐向前迈进。当地渔民收入大幅增加，企业竞争力不断提升，区域经济呈现蓬勃发展的态势，带动相关产业的繁荣，创造了更多就业机会。未来，台盟漳州市委会还将持续关注更多更精准的涉台选题，提交更高质量的提案，为助推探索海峡两岸融合发展新路、建设两岸融合发展示范区贡献应有的智慧和力量。

这些令人欣喜的成果充分体现了提案工作的重要价值和积极的社会效

应。通过提案办理的成果转化，实现了资源的优化配置，促进了产业结构的调整升级，让发展更加科学合理且可持续。同时，也让社会各界看到了群策群力、积极建言献策所带来的巨大能量，激励着更多的人参与到为地方发展贡献智慧和力量的行动中来，为构建更加美好的社会环境奠定坚实基础，在区域发展的历史画卷上留下了浓墨重彩的一笔。

在未来，台盟漳州市委会将始终保持高度的责任感和使命感，发挥自身优势，持续关注更多更精准的涉台选题，不断拓展关注的领域和深度，力求通过更严谨的态度、更扎实的调研和更全面的分析，提高提案的质量，让提案更具科学性和前瞻性。以切实的行动为两岸融合发展贡献力量，为增进两岸同胞的福祉和情感纽带而不懈奋斗。

（供稿：漳州市政协　执笔：陈晓华）

“夜间法庭”化纷争　点亮司法“便民灯”

2023年12月11日晚上7点30分，漳州市长泰区人民法院兴泰法庭内仍旧灯火通明，原来这是长泰法院在兴泰法庭为解决一起合同纠纷案，开设“夜间法庭”进行庭审调解。

自“夜间法庭”试点以来，长泰法院经“夜间法庭”开庭审结14件，调解结案127件，并在此基础上延伸开展“掌上夜间法庭”服务。“夜间法庭”打破人民群众参与诉讼的时间和空间限制，为群众提供实时、个性、高效、便捷的司法服务，获得了当事人的一致赞誉，成为一盏为百姓解忧的灯。

“夜间法庭”的开设，离不开区政协委员潘颖的推动。

说者无心，听者有意

潘颖委员在和律师朋友的聊天中，了解到上班族上班时间诉讼难的问题。例如，白天开庭对于很多上班族来说占用了工作时间，或与出差等工作安排冲突；一些私企、外企或小企业请假相对困难，甚至因请假被单位知晓，间接泄露了个人的隐私，从而对当事人造成二次伤害。

如何满足不同群体的司法需求，为老百姓提供更便利的司法服务？作为一名法律从业人员、一名政协委员，潘颖充分发挥委员提案建言的履职手段，以“提供便捷、高效的解决纠纷机制，提高审判质效”为出发点，在2022年12月政协漳州市长泰区十一届二次会上，向大会提交了《关于开展“夜间法庭”试点工作建议》，提出从上班族的角度出发，着力解决他们参与诉讼的时间与开庭的时间之间出现的“时差”和请假难的问题。

收到该提案，长泰区政协提案委工作人员敏锐地察觉到这是一件能有效推动改进司法工作作风，切实解决好老百姓打官司难问题的好提案，在提案审查会上将其作为重点讨论，并最终列为重点提案。

点题协商，“夜间法庭”孕育而生

该提案一经立案，长泰区政协领导便高度重视，多次与潘颖、区法院等相关部门就提案办理进行深入交流探讨，最终将该提案定为区政协“十百千”点题协商工作典型案例，由区政协法制委组织成立调研组落实。

区政协领导带领调研组成员深入区法院，开展多次调研、座谈，最终提出了开展“夜间法庭”试点工作，并拟出“三特定”标准。一是特定的案件：对于案情简单、争议不大、数额小的简单民事案件，可以利用下班时间组织当事人开展诉讼活动；二是特定的程序：实行提前预约制度，至少提前一周提出申请，可通过填写预约单预约开庭时间，由承办法官综合审查后决定是否符合夜间开庭的条件；三是特定的对象：预约人仅限于上班族，即标准工时制用工及不定时工作制、综合计算工时制等有固定职业的劳动者，无固定职业者不适用。

提案办理协商会上，承办单位区法院负责同志与潘颖及调研组人员开展面对面沟通协商，大家直奔主题，充分交流。区法院提案办理负责人表示，将积极吸纳委员的意见，并当场确定长泰区人民法院兴泰法庭为“夜间法庭”试点单位。

2023年9月14日，调研组再次来到长泰法院开展“夜间法庭”试点点题协商活动，详细了解长泰区“和事佬”调解法律服务中心、兴泰法庭“涉企矛盾纠纷一体化解”机制、“法智助企”平台建设运行等情况，听取兴泰法庭负责人开展“夜间法庭”试点工作情况介绍，了解试点工作的可行性和可

◎长泰区兴泰法庭“夜间法庭”开庭现场

则，认定该案件适用“夜间法庭”制度，组织双方企业进行调解。在前期庭审已查明案件事实基础上，经承办法官的积极沟通、协商，两家公司就纠纷事项达成一致调解意见，并当场履行首期确认租金20万元。如今，案涉约定款项合计68万余元已全部履行到位，厂房亦修复腾退，真正实现案结事了人和。

提案善言，转化为有用“良策”

2023年12月，在长泰区政协第十一届三次会议上，《关于开展“夜间法庭”试点工作建议》被评为“长泰区政协2022—2023年优秀提案”。

群众需要，无问昼夜，心之所向，就是前行方向。

“夜间法庭”提案的有效办理也给了我们经验和启示：一是聚集群众所需。站稳人民立场，深入群众、深入基层，倾心问民生、留心察民情，把解决群众烦心事、操心事、揪心事作为点题协商的着力点，积极献计献策。二是促进凝聚共识。以点题协商为纽带，区政协法制委和长泰法院协商研究，达成共识，汇聚解题合力，制定落实工作方案。三是探索创新履职。通过点题协商开展“夜间法庭”试点工作，将司法服务延伸到“八小时”之外，打通司法为民“最后一公里”，做到司法审判不打烊，做到与时俱进、同频共振、相得益彰。

（供稿：漳州市政协　执笔：陈来美）

厚积二十年　助力非遗漳州南词传承

从我担任政协第十四届漳州市委员会委员的那一刻起，政协委员的使命与责任就同步降临了。如何在履职上做到“参政参到点子上、议政议到关键处”？唯有在自己熟悉的领域、通过充分的调研，才能提出具有真知灼见的提案。回想参加工作近20年来与漳州南词结下的不解之缘，我决定为漳州南词的传承和发展鼓与呼。

于是，在充分调阅历史资料、听取漳州南词主要传承人的意见、与各个层次的传习者沟通、总结近年来在传承发展过程中的经验和问题的基础上，我撰写形成调研报告。在2023年市政协十四届二次会议期间，我提交了《关于促进漳州南词发展的建议》，针对漳州南词尚未建立稳定的传承机制、人才年龄梯队不合理、年轻传承人断层严重、传播手段落后、社会影响有限等问题。提出了设立专班、恢复传习、组织社团和挖掘价值四点建议，得到了漳州市政协的认可并立案交办。

传承曲折，漳州南词的时代之问

漳州南词是我国古代音乐保存至今的绝无仅有的活化石，对研究中国古代音乐特别是中国唐代坐部伎有重要的历史意义，对漳州锦歌、芗剧和台湾歌仔戏的音乐也产生一定的影响。南词始于唐初，盛于唐明皇时之宫廷，为唐后历朝宫廷雅乐，亦称“国乐南词”，有苏、赣两派之分。漳州南词是清代道光年间从江西传入漳州，属于赣派传宗。一百多年来，漳州南词口口相传，已经历八代，神韵犹然，其中第四代传承人、清末秀才杨瑞庵等人创立了霞东钧社。

在动荡的年代，霞东钧社曾经解散过。1999年，第六代传承人杨镇江、苏水泉、蔡锦波（现均已过世）等几位老艺人重新组织霞东钧社，逐步恢复活动。2003年6月，漳州市艺术馆霞东钧社南词古乐队成立，活动地址在漳州浦头文昌庙（即霞东书院旧址）。浸润在闽南文化生活中的古老南词，受到了初步的保护。南词能否进一步得到传承和发展，丰富人民的精神生活，链接台海两岸的文脉呢？

因缘际会，非遗传承的使命召唤

在漳州南词的保护步入正轨之际，我刚从厦门大学音乐学专业毕业，入职漳州市艺术馆。加上家族之人大多从事非遗传承工作，于是我加入抢救南词、保护南词、挖掘南词的队伍中来，一干就是二十年。我把业余时间都投入南词保护工作中，常年和老艺人交流、学习，参与排练演出，搜集、整理南词历史，了解南词在漳州的传承渊源。2004年开始，我搜集、整理编辑漳州南词资料，执笔撰写申报漳州南词为省级非遗保护项目的文本。作为音乐学专业的学生，本着对学术的严谨，我翻阅大量音乐史书籍，包括《漳州古代音乐史稿》《中国传统音乐概论》等，并阅读家中藏书《漳州文化志》《漳州传统文化故事》等，参阅其中关于漳州地方曲艺的记载，为南词在漳州的历史提供科学客观的史实。经过各方的努力，漳州南词于2007年被列入第二批省级非遗名录。我还积极参与南词的排练、演出。2005年香港康乐文化署的署长从香港带领专家学者来漳调研漳州南词，我全程参与。在专家们听完漳州南词原汁原味的演出后，康乐文化署的署长提出，漳州南词完全是中国古代宫廷音乐流传下来的活化石，观看了漳州南词的演奏，他仿佛看到了唐朝坐部伎当时演出的情景，他为漳州能保留如此古老曲艺而庆幸，并鼓励我们要好好保护和传承下去。

2008年，我执笔撰写蔡锦波（省级传承人）、陈有龙（市级传承人）、杨镇江等三名第六代传人申报非遗传承人文本，制作视频资料。采录制作过程中，杨镇江先生过世；蔡锦波成为第一位漳州南词省级传承人后，于2014年过世；陈有龙（现年84岁）成为当今在世的唯一会演唱工尺谱的南词传承人。这次采录一再提醒我，要与时间抢跑，加快步伐，为南词的保护和传承尽自己最大的努力，这是我作为一名群文非遗保护工作者的历史责任。直到2017年，第四批省级非遗传承人申报工作开启，我为漳州南词老艺人苏水泉（第六代）、三位南词艺人（颜锡堂、郑炳裕、李福平）制作了申报传承人资料，并顺利地通过了认定工作。虽然苏水泉先生在省级非遗传承人的公示期间过世，但南词代际传承的危机得到了一定程度的缓解，算是对这位在历史劫难中舍命保护南词史料的老人的一个交代吧。

多方合力，南词发展的未来可期

我的提案得到了办理单位漳州市文化和旅游局、教育局的高度重视。漳州市文化和旅游局制定了保护计划，一是在组织编制的《〈闽南文化生态保护区总体规划〉漳州市建设提升方案（2021—2025）》中，将漳州南词纳入曲艺类保护规划；二是出台相应管理办法，对漳州南词等市级非物质文化遗产代表性传承人开展传承工作，每年给予3000元的补助；三是建设传承平台，培养一支具有一定文化素质、热心发展曲艺艺术事业的理论研究队伍和创作队伍，复演传统节目，创作具有时代精神和文化内涵的曲艺精品；四是通过各种新媒体，大力宣传漳州南词。漳州市教育局推进“南词进校园”，鼓励更多学校主动邀请南词非遗传承人，以节目展演、社团课、讲座等形式，开展丰富多彩的活动，为漳州南词的传承工作奠定基础。

在漳州市文化和旅游局、教育局的共同推动下，漳州艺校成立非遗班，安排学员学习漳州传统戏曲，包括芗剧、锦歌、南词、木偶戏表演等，这

◎开展漳州南词进校园活动

些学员将成为漳州曲艺的重要传承储备力量。漳州南词传承人近年来在各职校、小学举办多场演出、讲座，如2023年12月在漳州职业技术学院举办“福建省非遗曲艺漳州南词专场演出”、在芗城区开展“非遗传承进校园　厚植文化润童心——福建省非遗曲艺漳州南词走进东铺头中心小学”活动等。2024年6月8日（文化和非遗日活动日），漳州南词传承人李福平在漳州市艺术馆开展漳州南词专题讲座，为我们讲述漳州南词的前世今生。漳州南词逐渐从霞东钧社的一个小团队的“社”，走向更大的“社”会。

我相信，国逢盛世万物兴，漳州南词必将在中华民族伟大复兴的历程中大放异彩。我将一如既往以漳州南词的发展和传承为己任，在人民政协政治协商的加持推动下，助力古老艺术焕发出时代的光彩！

（供稿：漳州市政协　执笔：徐钰）

“侨”与“乡”的双向奔赴

侨商散作满天星，分散之际如星空

泉州，中国东南沿海的世遗之城，全国重点侨乡。侨是泉州的市情，更是泉州的资源。全市拥有950多万遍布世界各地的华侨华人，其中大部分侨居东南亚等海丝沿线国家和地区。广大泉籍华侨华人爱拼敢赢、情系桑梓，为泉州经济社会发展做出了巨大的贡献：归侨侨眷250多万人，侨捐总额累计超150亿元人民币，侨资兴办企业1.4万多家。

“泉州民营经济，始于侨成于侨。”身为一名土生土长的泉州人，在看到这组数据时，我更加深切地体会到，聚侨引侨不仅是一种情感的呼唤和回归，更是推动泉州经济社会高质量发展的战略选择。但是，要如何发挥海丝先行区优势，将聚侨引侨与商务工作相结合，充分挖掘“侨”和“泉商”潜力，这个问题一直在我的脑海中萦绕。

侨力聚成一团火，聚集之时如火焰

在菲律宾，专业的建材市场是很缺的，开发商、设计师要买建材找不到卖家，卖家也找不到买家。因此，很多在菲律宾从事房地产开发的华侨华人都不得不回国来购买建材，不仅要承担高昂的运输成本，采购时需要多备一些，以防破损或缺失等，若是遇上物流供应不及时，还得停工等待。在多次与华侨华人的交流谈话和从相关媒体报道中，我了解到菲律宾侨商遇到的这个困境。

另一方面，在日常奔赴南安、晋江等地走访调研时，我了解到南安建材产业出现了产能过剩、产品单一等问题，且由于市场竞争激烈，大企业和小企业呈现出两极分化的发展走向，一些中小企业订单缺失的问题日益严重。同时，由于之前疫情的影响，加上能源紧缺、原材料价格上涨、房企“暴雷”等原因，晋江陶瓷企业也在遭遇“行业的寒冬”。

一边是菲律宾侨商供给受困，一边是南安、晋江特色产业苦于没有市场，我何不做一回“红娘”，将双方的优势与需求进行牵线搭桥，进而促成供与需的无缝对接呢?

说干就干！我了解到晋江籍知名华侨施秋汉投资兴建的菲律宾环球建材城，是菲律宾首个全品类国际建材城。如果能依托菲律宾环球建材城建立泉州优品展示中心，鼓励瓷砖、大理石、五金、门窗、智能家居、水暖卫浴、阀门等泉州优品入驻，便能形成一举两得的双赢局面。于是，经过泉州市商务局的牵线搭桥，施秋汉董事长依托企业在菲律宾的优势资源，将环球建材城搭建成开发商和设计师的选品中心、建材家居产品的销售展示中心；并与晋江市磁灶镇、南安市水头镇等地政府合作，针对有意向布局东南亚市场的瓷砖、石材企业发出定向招商邀请；还与晋江市建材陶瓷行业协会合作，在环球建材城内开设瓷砖一条街。目前，已有64家瓷砖企业入驻，其中已开业的有12家。

企业有“走出去”的需求，海外华侨华人也很乐于在当地搭平台，依托丰富的侨商资源把泉州制造的优质产品卖到海外去，侧面印证了“泉州智造+侨商力量”优品出海的“泉州模式”是积极有效的。

侨力量绘同心圆，星火闪耀发展路

近年来，历经华侨漂洋过海“走出去”、侨资侨力“引进来”，泉州与

◎ 2023 年 2 月 26 日，菲律宾晋江产业合作园揭牌

东南亚地区已进入人员、商品、投资相互融通的新阶段，曾经的下南洋已成为融合深远的历史渊源、深厚的血脉亲情和深化的合作需求的双向奔赴。

同时，随着共建“一带一路”和泉州海丝先行区建设不断推进，泉州与东南亚国家的经贸往来合作也由吸引利用侨资向双向投资转变。

鉴于此，又加上有了泉州优品菲律宾展销中心的成功经验，我便萌生了进一步推动“泉州智造+侨商力量”优品出海的“泉州模式”的想法，在首届海丝侨商投资贸易大会期间，举办泉州优品出海专场对接会，力促泉州产品、品牌、技术和资本并行“走出去”。

商以求同聚共识，协以成事促发展。我又在提出《关于汇聚侨心侨力侨智服务双循环　助力泉州优品出海的建议》提案的基础上，主动协调各方资源，共同推动“侨”与“乡”双向奔赴。在国内，联合国企建设服务全域全产业的泉州城市产业会客厅暨国潮泉州优品展示中心，为侨亲回泉提供投资推介、贸易磋商、资源对接、产品发布等一站式服务。作为能够最全面、最直观、最深入了解泉州城市形象和泉州优品的窗口，场馆建成以来已成功接待各类参观团212批次，成为侨亲回泉开展投资贸易对接首站。在国外，联合统战部、侨联等部门持续推动建设泉州优品展销中心和公共海外仓，现在已有“中国白·德化瓷”等35个泉州优品海外展销展示中心、海外仓储中心先后揭牌并投入运营，培育国货“潮”品新的消费增长点。

每一颗漂泊的心，都渴望归宿；每一份游子的情，都向往团圆。在这个全球化的时代，我深知，华侨华人不仅是连接中国与世界的重要桥梁，更是推动经济社会发展、促进文化交流互鉴的不可或缺的力量。希望通过我的提案，通过一系列“泉州智造+侨商力量”优品出海的举措，以更加开放的姿态、更加包容的心态，聚侨心、引侨力，共同绘制一幅绚丽多彩的发展画卷。

（供稿：泉州市政协　执笔：张小红）

一个台胞的“迁台记忆”情结

初夏黄昏，台湾嘉义东石一带的浅海被余晖浸染，连片的蚵架形成错落绵延的“海田”景观。如同往常，耳听从西边海峡传来的潮声，周清水不禁远眺：“我的祖籍地就在对岸的泉州晋江东石。”

“骨肉天亲、同枝连气，无论走多远走多久，我们的血脉意识、乡土情怀都不会改变。”令周清水欣喜的是，再过几天，自己又能再次踏上“回家”的路。

潮汐往返，海峡两岸同根同源，有共同的血脉、共同的历史、共同的记忆。而作为在迁台历史进程中留存下来的反映两岸社会变迁最原始、最真实、最宝贵的历史记录，“迁台记忆”档案文献则是力证两岸同根同源、血脉相连的重要载体，承载了两岸共同的历史记忆。

隔海相望，一衣带水，泉州与台湾的“根”“缘”一脉相承。据统计，在2300万台湾汉族同胞中约900万人祖籍在泉州。因此，泉州成为祖国大陆与台湾联系最密切的地方，两岸共同记忆资源丰富。

记忆的心结

傅少玲，泉州师范学院档案馆老师，一位地地道道的台三代。

在20世纪40年代，傅少玲的奶奶和爷爷从台湾来到大陆生活。但是由于爷爷奶奶在傅少玲年幼时就已去世，加之特殊年代两岸联系不便，傅少玲一家也就与台湾那边的亲人断了联系。除了爷爷奶奶外，傅少玲和她的父辈们都对台湾的亲人一无所知。为此，和台湾的亲人联系上，弥补亲人记忆缺失的遗憾，成了傅少玲一家人心上的牵绊。

作为一名台胞和高校档案工作者，如何发挥自己的专业优势，让两岸记忆得到更好的保护和传承，更是成了傅少玲一直思考的问题。2019年结合自己的两岸记忆心结，傅少玲从自身专业出发，以《两岸融合发展背景下在陆台胞集体记忆建构研究》为题，申请省级课题并被批准立项。

傅少玲在充分调研闽台两地档案实践工作的情况下，提出档案和档案工作在两岸融合发展中具有不可或缺性，在守护两岸共同记忆、促进两岸同胞心灵契合、增进两岸同胞民族认同中具有重要作用。所撰写的并形成课题调研报告被报送省委宣传部。

记忆的守护

2021年3月，“开展‘迁台记忆’档案文献的整理与研究”被列入福建省“十四五”规划。2022年4月，福建省档案局、福建省港澳台办、省台联、省档案馆四部门联合印发《关于开展“迁台记忆”档案文献征集工作的通知》，吹响了全省“迁台记忆”档案文献抢救的号角。

而这一动员，让傅少玲精神为之一振。2022年5月，借助合作课题调研的契机，泉州师范学院、泉州市档案馆、泉州市台联、台盟泉州市委会、泉州市金门同胞联谊会等相关工作人员组成课题调研组，深入泉州市各县市镇村、各相关单位开展泉州市“迁台记忆”档案情况调研。

在一次次调研走访中，调研组发现了泉州“迁台记忆”档案虽然资源丰富，但保护意识薄弱，实体散佚、损坏严重，“两岸家书”等民间“迁台记忆”档案文献保护环境恶劣，泉州“迁台记忆”消逝风险高，“迁台记忆”档案文献征集保护工作刻不容缓。

2022年，基于调研结果，由傅少玲主笔的提案《关于做实做细“迁台记忆”档案征集工作的建议》经泉州市台联、泉州市金门同胞联谊会报送泉州市政协并被采纳立案，受到媒体广泛关注。提案立案后，政协立即对提案进行督办。承办部门泉州市档案局亦加强对全市“迁台记忆”档案征集保护的指导工作，深入开展迁台记忆抢救保护工作。截至2003年12月，泉州已征集各类“迁台记忆”档案文献资料3000多件，其中包括信件、户籍、凭证、图书资料、纸质照片、录像、口述实录采集等，成果显著，受到上级相关部门表扬。

在重视“迁台记忆”档案实体保护的同时，调研组鉴于老一辈台胞台属几近古稀的情况，建议要加紧开展“迁台记忆”口述档案的采集和抢救。2022年7月，调研组对一位93岁高龄台胞进行走访，并采集“迁台记忆”口述档案。这位高龄台胞可以说是百年来两岸关系的见证者。而她的先生也是泉州“文教”迁台的亲历者。对这位老台胞的走访很具有典型性和代表性。走访半年后，这位老人就离世了。在感到痛心和遗憾的同时，调研组愈发觉得“迁台记忆”档案征集保护工作意义重大。

记忆的活化

如何让一件件珍贵的“迁台记忆”档案走出“深闺”，在实体保护基础上实现档案信息内容的价值激活、重构与释放？如何进一步促进档案以动态、鲜活的面貌融入社会，讲好“两岸一家亲”故事？如何让更多的人认识“迁台记忆”档案，提高“迁台记忆”档案社会保护意识，助力两岸融合发展……这一个个新的问题，成了傅少玲2023年思考的重点。

春节刚过，背起行囊，她开始赶赴北京、江西、云南等地考察非物质文化遗产活化情况，并主笔调研报告《活化“迁台记忆”档案　助力两岸融合发展的建议》。该报告经由台盟泉州市委会报送泉州市政协、省政协，均被采纳立案。2023年12月，《中共福建省委　福建省人民政府关于贯彻落实

〈中共中央　国务院关于支持福建探索海峡两岸融合发展新路　建设两岸融合发展示范区的意见〉的实施意见》明确将“开展‘迁台记忆’档案文献征集、保护、开发利用和数字化工作”作为“密切闽台人文交流，打造两岸同胞情感融合示范样板”的重要举措。

如今，泉州市“迁台记忆”征集保护工作成效显著，社会“迁台记忆”档案保护意识提高，泉州联合市台办、市台联等部门正紧锣密鼓地筹划建设“迁台记忆”展示馆。“迁台记忆”档案抢救保护成为泉州市档案局服务两岸融合发展的一项品牌工程。除泉州外，省内其他地市也纷纷加大对“迁台记忆”档案的征集保护工作，省内“迁台记忆”档案保护开发工作如火如荼。

调研意见、建议被各级政协部门采纳、立案、督办，是“迁台记忆”档案征集保护工作取得实效的有力推手。看着“迁台记忆”档案从无人问津到备受关注，越来越多尘封的两岸记忆被唤醒，越来越多“两岸一家亲”的故事被挖掘，两岸同胞因共同记忆越走越亲，傅少玲由衷感谢人民政协这个大平台，让两岸的心声能被听到，让同胞的心结得以释怀……

昨天是今天的历史，今天是明天的历史，明天是今天的未来。潮起潮落间，两岸有无数的记忆一直被记起。

（供稿：泉州市政协　执笔：傅少玲）

民生提案“好协商”　点亮群众“微幸福”

“盼了这么多年，小区的‘气’终于要顺了！”南安市罗东镇“关注民生事　有事好协商”协商会结束后，这个喜讯便迅速传开，引得当地居民们纷纷点赞。

罗东镇银河花园小区建于2010年，有8栋居民楼，住户630户，常住人口1300人。小区建成时并未安装天然气管道，居民将天然气“接进”家门的愿望一直难以实现。

“个别居民图省事，会一次性购买几瓶液化气，自己进行换装，存在着很大安全隐患。”罗东镇政协委员联络组深入实地开展调研，倾听群众呼声愿望，于2023年提交了《关于助推小区天然气管道安装的建议》的提案。为有效推进提案落实，南安市政协依托“关注民生事　有事好协商”平台，会同罗东镇政协委员联络组组织政协委员、相关部门、小区居民代表等，召开了“推进银河小区天然气管道安装”专题协商会，为解决小区群众“用气难”问题献计出力。经多方磋商，反复沟通，天然气安装工程于当年7月正式开工，如今小区的630户住户已都用上了天然气。

这亦是南安市政协通过提案助推经济社会发展、绘就民生幸福路的生动缩影。

一份提案的提出，凝结着委员的思考和智慧；一份提案的办理，反映着承办单位的责任和担当；一份份提案的落地见效，汇聚着南安市政协的用心和作为。

近年来，南安市政协以民生提案为切入点，借助“关注民生事　有事好协商”协商品牌，鼓励将提案内容转化为协商议题，有效汇聚乡镇政协委员联络组、政协各专委会、政协委员、承办单位等各方合力，沉入基层开展多形式“一线协商”，切实将协商体现到提案工作全过程，用心、用情推动解决群众操心事、烦心事，让群众看到协商带来的变化，感受协商带来的实惠，以实绩实效擦亮协商品牌，书写政协提案故事。

面对面协商回应民生所盼

“多亏了政协的现场协商，盼了三年的美星小学重建工作终于要正式启动了！”美星村老人协会会长激动地说。

南安市美星小学坐落于九都镇美星村亭山，因被鉴定为危房，旧教学楼已于2020年拆除。学校临时借用民房上课，但房间狭小，无功能室，无体育运动场地，不利于各种活动的开展和学生健康发展。此事得到了住九都镇政

◎召开助力推进小学重建专题协商会议

协委员的密切关注。

2023年11月，市政协组织教育局、南翼集团、政协委员等，在九都镇召开了专题协商会。大家立足实际，从各自角度就如何助力美星小学重建工作进行交流讨论，现场协调解决了土地、资金等问题，确定了重建计划表。如今，美星小学校舍建设工程正如火如荼进行中，一座三层的教学楼已经建成，正在加紧装修，计划2024年9月交付使用。

一个个专题，一场场协商，推进了公益学堂进山区，丰富了孩子们的暑期生活；促成了南安市第一个乡村“人才驿站”在美林成立，助力乡村振兴；建成了临时停车场，解决了省新中心小学上下学堵成“一锅粥”问题……一桩桩群众的“急难愁盼”事在面对面办理协商中得到了解决。

点对点协商扎实为民办事

“对残疾人、老年人、儿童等群体来说，无障碍设施是便利其参与社会生活的重要保证，也是一座城市现代化水平和文明程度的具体体现。”市政协委员黄明科如是说。

如何让这些群体勇于出门、便于出门，一直是黄明科关注的焦点。连续两年间，他经过精心调研、认真思考，提交提案，呼吁加快公共无障碍设施建设。其中，提案《关于加快推进公共无障碍设施改造提升工作的建议》得到市委、市政府和相关部门高度重视，无障碍设施建设提升工程被列为2023年为民办实事项目。经相关部门多次沟通协商，2023年溪美街道新华南路、柳城路、湖中路，美林街道福庄路，柳城街道南大路、二环路等6条道路人行道完成无障碍改造，总改造长度达3.53千米。2024年拟对柳城路下到柳湖公园的路段进行改造。委员们的持续关注和协商推动，让全市出行无“碍”更有爱。

此外，市政协还鼓励承办单位在提案办理中转换工作思路，跳出办理看办理，把提案办理工作和实际工作相结合，变被动为主动，创新协商模式，把委员的有益建言融入具体工作中。其中，针对“加快充电桩建设”提案，市发展改革局协同相关部门，邀请委员到行政服务中心开展现场调研、沟通协商，吸纳委员建议，合力推动全市充电桩布局和建设。目前全市累计建成充电桩近3000个，方便了越来越多人的出行。

点对点协商为民办实事，不仅提升了城市的公共设施建设，也增强了市民的获得感和幸福感……

多维度协商托起民生幸福

什么是幸福？一千个人对幸福就有一千种解读。而对于老旧小区的居民来说，幸福是楼道干净亮堂了，是楼前多了一处小花园，是无论时代多久远，总有人惦记着、付出着，为老和旧做出一些改变。在南安，已有很多老旧小区的居民正享受着这些幸福。

老旧小区改造是一项推进居民居住环境改善、提升城市形象的民生工程，政协委员对此持续关注和推动。2022年，市政协将“推进老旧小区提级改造，提升城市品质”相关提案列为重点提案，开展专题调研与现场协商，首次以建议书的方式呈送给市委市政府，为助力加快老旧小区改造建言献策。市委、市政府采纳建议，有力推进老旧小区改造。如今南安市累计完成改造小区133个，受益人数10543户。改造后的老旧小区焕然一新，让万千群众住得更舒心，共建共治共享成为南安市区一道独特的风景。在政协委员制作的题为《老旧小区改造　以“新”换“心”》专题片中，我们看到了一张张幸福洋溢的笑脸，一声声发自肺腑的称赞，体会到老旧小区改造“改”到了群众的心坎上，让百姓有了更多的获得感、幸福感。

提升城乡品质事关民生福祉，委员关注度高，每年提出相关提案100多件。2023年应市委点题，市政协将“进一步提升城乡品质”列入与市委协商课题，通过多层次、全方位的协商，委员的意见、建议在广泛协商中找到最佳解决方案。如今部分意见、建议已得到采纳，并落实到全市城乡品质提升具体实践中。城市更有颜值、更有温度了，“委员关注，市委点题，政协接题，部门答题”的多维度协商成效更明显。

协以求同聚众智，商以成事促发展。南安市政协把准政协性质定位，积极搭建形式多样的协商平台，通过创新实践，推动提案协商既“商得好”又“办得好”。新征程上，南安市政协将继续坚持、不断学习，进一步讲好新时代政协提案故事，在助推经济社会发展、增进民生福祉中，发挥政协力量，贡献政协智慧。

（供稿：泉州市政协　执笔：洪琪瑜、洪梅珍）

“提案+微协商”让老盐场焕发“新活力”

“我是山腰盐场职工的后代，这几年来看到盐场逐渐没落，制盐技术濒临失传，我的内心十分煎熬，就想做点什么。”这是泉州市泉港区政协委员庄学煌撰写提案的初衷。

缘　起

山腰盐场距今已有200多年历史，作为福建省最大的食盐生产和出口基地，山腰盐场的产品被誉为福盐的代表作和拳头产品。然而，烈日暴晒的工作环境，繁重的制盐作业，对年轻人普遍没有吸引力，山腰盐场发展和制盐技艺传承遇到了瓶颈。

抱着重振“山腰盐”的想法，庄学煌实地考察德化陶瓷、永春制香产业发展模式。他发现如果单单靠政府出资保护，很难让“山腰盐”在传承中得到发展，必须要让更多社会力量参与其中，才能让盐场和制盐技艺重获新生。

“我本身就是从事地产营销行业，所以在提案里就提出结合创意地产开发模式，发挥山腰盐场品质高、用途广、文化底蕴深厚等特点，将旧厂房利用起来，打包成研学实践教育基地项目，进行招商引资。”庄学煌说。

协　商

提案提交以后，区政协班子高度重视，立即将其列为2022年度“微协商”议题，组织政协委员前往山腰盐场实地调研，走访盐场职工，探讨如何保护制盐技艺和盘活闲置厂房。

经过初步走访调查，2022年4月，政协委员们联合区文化和旅游局、山腰盐场、教育局等相关部门，就“建设山腰盐场工业文化研学实践教育基地”提案办理进行现场“微协商”。会议敲定要围绕整合海盐历史、海盐传统工艺和民俗文化，打造综合文旅项目，使之成为海盐文化研学基地和非遗传承的“盐学”中心。

“这次协商，使提案各个细节更加完善、更具可行性，让我看到了政协推进提案落实落细落到位的决心，也让我们对盐场未来的发展更有信心。”山腰盐场负责人说。

办　理

提案质量高不高，办理单位最有发言权；提案办理实不实，广大政协委员说了算。

近年来，泉港区政协将政协所能与群众所盼紧密结合，创新打造“提案+微协商”品牌，把协商民主理念贯穿于提案的“提、审、交、办、督”全过程：在“提”方面聚焦群众急难愁盼问题，注重一线调研、一线协商、一线出题；在“审”方面注重按照问题清单、任务清单、效果清单等“三个清单”开展“把脉问诊”；在“交”方面聚焦“界别+基层”条块结合分组模式，让承办单位与提案人能全面接触，充分了解提案的初衷和背景；在“办”方面把提案从会场向现场转变，承办单位、提案人、各界别及群众代表现场协商、现场办理；在“督”方面注重常态监督和重点督办相结合，让承办单位从“应付办理”向“主动作为”转变。

在“提案+微协商”的模式下，该项目迅速落实，盐场引进泉州要要股份有限公司，共同打造集海盐生产承包、文化教育、娱乐休闲等多功能为一

◎正在劳作的盐场工人

体的山腰盐场海洋科技文博园。

经过两年半的摸索和筹备，山腰盐场海洋科技文博园从园区规划、产品开发、商业模式探索等各个方面，都逐步形成了一定的规模。如今走进山腰盐场海洋科技文博园，现场展示的盐雕工艺品、盐日化、盐建材等各种关于山腰海盐的创新延展研究成果琳琅满目，工业遗产博物馆、海盐健康体验馆、创意产品展示馆等场馆也让公众认识到盐的多种可能。

“看到我的提案建议通过‘微协商’一一得到落实，甚至其中很多创新点比提案里更加完善，我感到与有荣焉。‘微协商’走进企业车间、田间地头、大街小巷，才能听到更多声音，解决更多问题，这种方式是非常接地气、高效的。”庄学煌兴奋地分享参观文博园的感受。

为发展聚力，为人民服务。2021年以来，泉港区共有205位委员参加各批次视察调研活动，综合比对筛选出22件政协提案。其中，“九峰山公园建设”“持续推进本土方言传承”“加强共享空间监管”等相关提案，均通过‘微协商’模式，让政协委员与提案承办单位一道走、一起看，面对面商量，有效提高了提案落地见效能见度与群众获得感，实现从“民生之盼”到“民生之赞”的转变，为实践全过程人民民主作出了生动注解。

（供稿：泉州市政协　执笔：陈嘉纬）

为激活福建数据要素鼓与呼

2021年，在省政协十二届四次全会上，我提交的《关于激活福建数据要素资源　助力数字经济提质增效的建议》被评为省政协重点提案，相关建议也被有关部门采纳落实。

厚积薄发夯基础

一份好提案需长期积累，才能厚积薄发。

福建省已将数字经济、海洋经济、绿色经济、文旅经济作为全省高质量发展的重要抓手和新增长极。数字中国建设峰会落户福州并连续举办6届，

◎ 2021 年 4 月，第四届数字中国建设峰会在福州开幕（胡文　摄）

意义非凡。

身为住闽全国政协委员，思考福建如何持续深化新时代数字福建建设、加快打造国家数字经济创新发展试验区、全方位推进高质量发展是责任所在、使命所系。我十分珍惜各种调查研究机会，利用各种协商平台，关注我国尤其是福建省数字经济的发展现状、发展瓶颈和发展趋势。我还长期关注网络安全、数据安全、数字产业、数字贸易、数据治理、数字政府和数字“海丝”建设等。

在长期积累、思考的基础上，我曾经向全国政协提交应将大数据产业列入国家“十二五”规划重点项目的提案，被国家部委采纳。

深入调研察实情

没有调查就没有发言权。要让政协委员的建言说得对、说得管用、说在关键处、说在需要时，就必须带着问题导向、需求导向、实效导向广泛深入地开展调查研究。在履职过程中，我深刻体会到“调查研究是谋事之基、成事之道”，而政协好提案也源于调查研究，只有这样才能更好地促进政协制度优势转化为治理效能。

新时代数据已成为重要的生产要素，如何让福建数字经济与实体经济深度融合，营造良好的数字经济高质量发展的环境？带着这个问题，我先后走访了晋江、南安的数实融合相关企业和科研机构平台，多次到省互联网研究院座谈调研，请教许多名专家学者和一线人员，每每都收获良多。我还积极参加有关数字经济方面议题的全国政协双周协商会前调研活动和台盟中央年度重点课题专题调研，以及全国政协读书群有关数字经济话题的学习讨论活动，从中汲取智慧和力量。

通过对全国各地相关数字经济发展项目的调研，如到深圳腾讯、杭州阿里巴巴和顺丰快递无人分拣中心、天津算力中心等，我了解到全国和福建有关大数据统筹发展的情况、数字产业发展的经验与教训，以及公共数据开发利用的基础和生态。我学以致用、有感而发，先后提交了《加快我省工业互联网中心建设刻不容缓》《以强化数据要素资源渗透度提升数据链与产业链融合度》《激活数据生产要素　赋能城乡融合发展》《加快数实融合促进建设全国统一大市场》等多篇社情民意信息，有些社情民意信息被省政府领导签批和部门采纳。

在调研中，我发现福建省数字经济虽然发展快速，但是数据要素交易市场尚未形成、数据要素开发利用度不高、数据信任体系尚未建立健全、数据资源配置与全方位推进高质量发展的新要求不符。这些是数据要素产权、数据资源定价、数据价值凝结具有特殊性，以及数据来源场景化、数据内容主题化、数据非标准化、数据交易平台空缺化、数据信用体系萌芽化等因素造成的，严重制约了我省数字经济的快速发展。为更有效构建新发展格局、完善要素市场化配置，应当实现包括数据资源要素在内的要素价格市场决定、流动自主有序、配置高效公平。我把对这些问题的思考写进提案《关于激活福建数据要素资源　助力数字经济提质增效的建议》中。

认真办理促转化

政协提案办理，关键是成果运用转化。省发展改革委研究采纳了提案《关于激活福建数据要素资源　助力数字经济提质增效的建议》中的意见、建议，加快培育新产业新业态：推动“一网好办”，加快构建智慧民生保障数字化应用；培育数据开发市场主体，积极拓展数据资源应用场景，畅通人工智能算法、数据治理分析、大数据可视化等数据开发上下游产业链条；构建和完善我省数据信任体系；加快建立我省高质量数据交易中心，推进山海合作和闽西南协同发展数据交易平台建设，促进区域协同发展；加快实施福建大数据发展战略，进一步提高我省数据资源化的质量，促进数据融合、数据的价值发现和应用增值，加快数据资本化进程；畅通国内要素循环，促进区域协调发展和山区相对落后地区产业升级，使数据要素高效助力新发展格局；推进数据要素市场化配置，数据赋能推动供给侧结构性改革进一步深化；推动福建数字贸易高质量发展，助力打造数字“海丝”；构建数据监管治理体系，加强覆盖数据全生命周期的数据安全治理和大数据开发利用，推动数据动能更加澎湃。

省工业和信息化厅等部门也采纳提案建议，健全了我省数据安全管理制度。

由于算力可在数据处理分析应用方面促进产业数字化和数字产业化，并推动新质生产力培育，故提案办理征求意见协商时我又补充建议：加快建立省际跨区域、跨行业、跨领域的工业互联网中心；出台支持数字经济科研扶持新政策；政府发放创新券、算力券、培训券，大力支持发展数据服务产业；加强产品的优化设计、新技术研发、生产销售、新消费服务与再制造等，助力产品的全生命周期绿色发展与产业链融合协同；促进创新链、人才链、产业链、供应链、价值链的延链、补链、强链；建立各级政府首席数据官制度，更好地促进数据资源开发利用；规范数据产权登记管理，推进数据资源存储、分析、应用、交易、流通；加强我省数据要素安全监管治理，组建数字经济仲裁院等，推进数据生产、流通、交易、治理等数据链技术研发和成果转化；创新数据应用场景和大模型建立，推动福建数字科创和数字建造走前列。

潮起东南，数字福建逐浪高。怀揣为国履职、为民尽责的责任与担当，我将一直为激活福建数据要素鼓与呼、思与谋、奔与走。

（供稿：泉州市政协　执笔：骆沙鸣）

共建美丽和谐的幸福之城

“生态”康养地，“绿色”智慧城——三明生态新城正在崛起，建设“大三明”中心城市和“三沙永”组团发展的宏伟蓝图逐渐成为美丽图景。城市现代化精细管理和老旧小区改造持续推进，追求“面子”更坚守“里子”的城市建设新格局逐步形成。

三明日新月异的城市发展，凝聚着市政协委员的智慧和汗水。他们积极做三明发展建设的“智囊团”，奔走在基层一线，深入调研、倾听民声，提交了一系列有关城市建设的优质提案，贡献政协智慧和力量。

建设高品质“大三明”中心城市

美丽的沙溪河奔流不息，犹如一条飞舞的柔美玉带，勾画出沿河两岸的碧水青山“百里画廊”。三元、沙县、永安就像玉带上点缀的三颗宝石，璀璨夺目。

做大做强三明中心城市，推动三元、沙县、永安组团发展，在中央支持革命老区振兴发展的新机遇下，三明市委、市政府将建设“大三明”中心城市作为举全市之力、聚各方之智奋力推进的发展目标。

委员刘家福、范纯文在《关于创建“三沙永沙溪流域经济带”，构建“大三明”中心城市的建议》中提出，从宏观的城市定位、建设目标，到微观的医疗、教育、交通等公共资源，全方位构建“三沙永”一体化空间格局。提案承办单位市发展改革委认真研究，吸纳提案建议。

近年来，“大三明”中心城市建设步伐加快，沙县小吃、海绵城市建设等43个相关项目获中央肯定和政策支持。三明市科学编制《三明中心城市融合发展规划》《三明市“十四五”现代综合交通运输体系专项规划》等系列文件，通过顶层设计加大推进力度，2022年突出抓好79个、总投资593.56亿元的中心城市融合发展重点攻坚项目。

市发展改革委推动的59个“三沙永”项目争取到中央和省级预算内资金3.2亿元，39个项目争取到地方政府专项债券32.73亿元。交通方面，三沙生态旅游大道已于2022年6月28日动工建设；三沙永快速通道二期工程正抓紧施工，预计明年年底前建成投入使用。产业布局方面，进一步整合优化产业体系，扩大完善“一区多园”格局，合理配置资源，避免重复建设、无序竞争，加快推动三沙永文旅经济发展。民生服务方面，促进医养基地建设，今年永安总医院项目争取专项债3.96亿元。整合三地职业教育资源，组建职业院校联盟，探索“中职—高职—本科”一体化教育模式。

◎三明梅列广场新貌

三元、沙县、永安三地2021年地区生产总值达到1353.4亿元，约占全市经济总量的一半。凝聚着各方智慧和力量，“一带一核两翼多组团”的“大三明”中心城市规划正徐徐铺陈，城市的凝聚力和核心竞争力不断提升。委员们“整体规划‘一张图’，设施联通‘一张网’，产业布局‘一盘棋’，民生服务‘一体化’”的美好构想，正在逐步落地。

打造人民满意的美好家园

街道社区、小路小巷是一座城市的“里子”。维护提升老旧小区、街道的服务功能，守住城市发展的“里子”，就是守住为民服务的初心。

多年来，市委、市政府将实施老旧小区改造工程列入为民办实事项目和城乡建设品质提升重点项目。目前，全市共完成老旧小区改造项目210个，累计争取上级补助资金15.51亿元，老旧小区基础设施短板不断补齐，居住环境品质明显提升。

现阶段，老旧小区改造工作如何创新、突破？农工党漳州市委会在提案中建议，用好机制考核、市场竞争、社情民意“三色牌”，寻求项目实施、长效管理等方面短板的提升，得到承办单位市住房城乡建设局的认可采纳。

如何让改造方案更加尊重、凸显民意？改不改，改什么，怎么改？是增加车位，还是加装运动器械？三明的答案是：由居民集体讨论决定，实行定制式改造。

一同试水的创新举措，还有改造实施运营主体的多元化，以及改造中突出地域特色文化等。三明市引导省一建等国企参与示范项目建设，结合片区改造，打造项目收益点，尝试用项目收益平衡改造管理投入。

制度建设与运用进一步得到体现。老旧小区改造评价考核机制从后续管理、居民满意度等13个方面考核项目，电力、通信等部门也出具了改造指标对照标准。通过领导督导、群众监督、专技人员检查等形式，强化项目管理与品质把控。同时，合理运用市场竞争机制与社情民意表达机制，确保改造项目成为民心工程、精品工程。

精细化管理水平，是衡量一座城市现代化进程的重要指标。在提案中，民盟漳州市委会建议加强“网格+制度”管理模式。

在市委、市政府高位推动下，“花小钱办成事”“网格化管理”等城市精细化管理经验做法受到各方充分肯定。三明全市范围内推广城市精细化管理“1+1+N”工作模式。702个城市管理网格覆盖全市各街道、社区和独立小区（街巷），配备2331名网格人员，充分量化管理对象，以网格为载体，固化“一格多方”的联勤联动机制。

数字城管的提升改造，让管理更加智能化，结合物联网技术、视频监控等，数字城管的感知体系进一步完善。依托数字城管平台，三明实现了闭环管理流程，24小时实时受理城市管理问题。平台投用以来，受理处置城市管理问题近36万件，结案率达99.59%。

凝聚各方合力，共建大美三明。2022年，新一届市政协委员共提交城市建设领域提案37件，为“大三明”中心城市建设、“三沙永”组团和城市改造管理出谋划策。经各承办单位认真研究、充分采纳，提案建议被融入日常工作，委员们的智慧转化为三明城市现代化建设的宝贵力量。

（供稿：三明市政协　执笔：詹铁笛）

“善提”做文章，“优办”下功夫

提案是人民政协履行政治协商、民主监督、参政议政职能的重要途径，也是政协委员履职尽责最广泛、最直接、最有效的方式。一件件提案，反映民心、民意、民声，彰显政协委员的智慧与心声，凝聚着承办单位的职责与担当。

自市政协十一届一次会议以来，全市政协委员、政协各参加单位和政协各专委会深入学习贯彻习近平总书记关于加强和改进人民政协工作的重要思想、加强提案工作重要指示和来闽来明考察重要讲话重要指示精神，坚持“围绕中心、服务大局、提高质量、讲求实效”工作方针，打造“提案为民　善提优办”特色履职品牌，在“善提”上做文章，在“优办”上下功夫，推动提案工作提质增效。

善提——建言更精准

“如何精准选题，写好社情民意信息？”

“新委员如何高质量建言资政？”

……

答案就藏在一场场提高建言资政能力水平的学习辅导中。

老委员做履职引路人，帮助新委员们快速提升履职能力。今年以来，市政协通过组织撰写提案、社情民意信息专题讲座、培训等方式，不断提升委员履职能力。

“这样的学习让我们受益匪浅。”十一届市政协委员、三明医学科技职业学院教师陈晗阳在参加培训后表示。培训不仅让新委员们了解提案工作相关制度、政策，熟悉提案工作流程，掌握写好提案方法，还能帮助大家快速成长，传承责任与担当，顺利接棒，履职建言。

从十一届政协伊始，新一届领导班子就树立了政协提案的精品意识，确定了“减量、提质、增效”的质量导向，创新机制方法，推动提案工作出新出彩。

除组织新委员开展培训，上好“入职”第一课外，市政协还印发了《关于进一步加强提案工作的意见》的通知，打造“提案为民 善提优办”特色履职品牌，激励委员提高建言资政水平，更好地履职尽责。如今，提高提案质效，提升履职水平，已成为十一届市政协委员们的共识。

为进一步拓宽委员知情明政渠道，市政协定期召开政情协商通报会，邀请市发展改革委、工业和信息化局、教育局、财政局等部门，及时通报全市经济社会发展有关情况，帮助委员们了解和掌握市委、市政府中心工作推进情况和最新政策；引导委员积极参与调研视察、协商议政等活动，深入基层一线，察实情、深调研、广交流；通过市政协微信公众号、委员微信群等渠道，推送全市经济社会建设重要信息；借助各类平台，广泛征集提案线索，为委员履职建言创造良好条件。

市政协注重发挥委员个人专长、界别委员作用、党派团体自身优势，持续深化“党政出题、政协谋题、多方解题”机制，采取“提前策划酝酿、精心拟定选题、深入组织实施”等方式，加强重点提案、集体提案培育，集智聚力，形成了一批切口小、方向准、研究深、建议实、质量高的重点提案。2022年以来，在市政协确定的27件重点提案中，集体提案共有21件。

建言建在关键处，献策献到需要时。市政协把抓好平时提案工作作为更好服务中心、促进发展的创新举措，推动提案工作由会议提案向全年提案转

◎开展重点提案督办调研

变。2022年以来，在系列举措的推动下，市政协委员紧扣中心工作递交了推进三沙永组团以做大三明中心城市，推进沙县小吃特色富民产业发展，助推革命老区振兴发展，加强红色文化保护利用，推动教育医疗改革等方面提案共计930件。经审查立案773件，立案率83.1%，比上届同期下降12.4%，提案减量增效成效初显。

优办——履职见实效

2022年6月23日，投资10亿元的盈科智谷产业园项目，以云签约的方式正式签约落地三元区小蕉工业园区。这与市政协《关于建立我市云招商平台的建议》提案紧密相关。

招商引资是城市发展的“生命线”，是开发开放的“动力源”。近年来，三明市高度重视招商引资工作，按照省委、省政府工作部署，开展“大招商招好商”攻坚战役。

为助推营造最优招商环境，民盟三明市委员会撰写提交了《关于建立我市云招商平台的建议》提案，建议探索建立涵盖“政策管理、招商云图、项目云库、线上洽谈签约”等功能的市县一体化招商云平台，让数据多跑路，客商少跑腿，切实提升招商引资实效。

该提案被确定为市政协2022年重点提案，交由市政府相关部门办理。提案建议被采纳，三明市以“云招商”链接新机遇，通过“云端互动”持续推进招商引资工作。仅当年一季度，全市组织专场招商活动186场，签约亿元以上项目202个，总投资614.33亿元，一批项目实现“云开工”“云签约”，为三明发展注入了源源动能。

“在提案交办15天后，我们会主动走访提案办理大户、对口联系单位，沟通协商提案交办、办理等有关问题，推动提案办理开好头、起好步。”市政协提案委负责人介绍说。

2022年以来，市政协创新提案协商督办方式方法，精准施策从“前期初定、中期协商、后期确定”三个阶段着手，提升提案办理效能。

督出成效、督出特色。在提案办理过程中，市政协通过“一摘报一追踪”“五个一”“看、听、议、析”等方式，开展督办协商。认真落实重点提案“五个一”督办协商机制，坚持市政协领导牵头专委会督办重点提案制度。市政协还探索、试行了同类提案集中办理协商机制，综合运用现场察看、专题协商等方式，增进提、办双方沟通，推动提案意见、建议办理落实。

“车位增多了，绿化和公共区域增加了，居民也有了活动区域。”三元区白沙街道联运小区的蜕变，很大程度上得益于城管部门认真研究、采纳农工党三明市委会在提案《关于高标准推进老旧小区改造和统筹建立长效管理机制的建议》中提出的“三转变”“三色牌”“三着力”建议。围绕市委、市政府中心工作，直面百姓关注的焦点、难点、热点、堵点，市政协委员、政协各参加单位和政协各专委会找准着力点，发挥好桥梁纽带作用，反映百姓声音、传递社会关切，使政协提案真正成为推进党政中心工作的重要抓手。

提案办得好不好、满不满意，不仅要政协委员打分，更要问问百姓的意见。在承办单位给出办理答复后，市政协坚持在“问效”上求突破，通过走访座谈、电话联络、寄送意见表等方式，征求委员和群众对提案办理结果的意见、建议，并及时向有关单位反馈，形成“提案委员、承办单位、受益群众”的沟通反馈闭环。

在市政协的推动下，各提案承办单位纷纷对近年来承办的提案开展“回头看”，以督查考核结果，压实办理责任，提升提案办理工作实效，强化提案建议成果转化，让政协“金点子”闪亮发光，让更多群众得到实惠。

（供稿：三明市政协　执笔：陈睿、蔡荣鑫）

下田头上山头，把提案写在大地上

村美业兴百姓富，是乡村振兴战略对老百姓许下的庄严承诺。

农民的增收如何保障？产业发展还有哪些困难？乡村振兴的政策如何真正惠及农民以及集体组织？“生态颜值”如何持续转化为“农民财富”……作为三明市政协委员，钟宏华时刻关心着闽西北革命老区的乡村发展。

“要写出关于农村、农业的高质量提案，就要真正融入农民中，也就是要接地气，多在乡村走走看看，多和乡亲们坐坐聊聊……”钟宏华不仅是这么说的，也是这么做的。他的提案就来自田间地头。

响应中央大兴调查研究之风的号召，钟宏华围绕全域乡村风貌提升、乡村产业振兴、人居环境改善等课题，深入农村一线实地开展系列走访调研，问计基层、问计人民。提案办理频频传来好消息，有力推动了党委、政府中心工作，也为百姓致富增收的幸福持续“加码”。

下田头：提出“金点子”，收获“金种子”

“现在，水稻制种保险保额从之前的每亩1200元提高到每亩1600元，我们心里也更踏实了。”在建宁县溪口镇枫源村，雨后的稻田绿意盎然，种植户郑春华在田边观察禾苗长势。“今年，我流转了80多亩地，期待有个好收成。”

老郑制种的信心，正是来源于钟宏华撰写的提案《关于支持建宁加快杂交水稻种子产业发展的建议》得到有效落实。

一粒良种，千粒好粮。40余年的春秋更替，建宁县杂交水稻制种产业从无到有、从有到优、从优到特，从小种子长成大产业，2023年全县杂交水稻制种面积和产量分别达到15.7万亩、3650万公斤。进入新时代，建宁县如何让小种子迸发出更大能量，全面推进种业振兴，是钟宏华一直关注的问题。

杂交水稻制种是一项技术活，与水稻种植有很大不同。“在制种过程中，不同的品种父本播下去后，母本多久后下地很有讲究，如果错期拿捏不准，就会造成花期不遇，进而减产。”郑春华说，“如果授粉期遇上连续阴雨天气，也会降低制种产量。”除了技术方面的风险，种子市场也并不平静。一些制种经纪人和农户没有商量好邻近田块的品种，造成插花串粉；种子企业不严格履行合同，无故不收购种子、减少收购数量或拖欠种款，也导致制种户利益受损。

从田间地头到农家小院，从农户、种业经纪人到种业公司、相关部门，钟宏华边调研边思考，一一记录反映的问题。

“沟渠、田块整齐划一，道路宽敞、排灌方便，全程机械化种地，省时省力。以前割完稻谷还要在烈日下翻晒，现在有了种子烘干机，我们听着‘隆隆’的声音，看着机器干活，多省事。”制种大户肖凤辉种了大半辈子的杂交水稻种子，对现代化农业生产带来的变化充满欣慰。

同时，也有不少农户反映：这些年建了很多高标准农田，后期管护还没有资金保障；现在田里有很多电线、网线等杆线，影响拖拉机、收割机这些机器的效率，特别是农用无人机作业存在安全隐患；制种风险大，目前实行的水稻（制种）保险政策保额仅1200元，明显偏低，以水稻制种为例，物化成本平均为每亩1600—1800元，中制成本较早制或秋制（烟后制）成本更高……

“提案不是写出来的，而是走出来的，要带着问题想办法。”钟宏华说。一份提案呈现出来的内容虽然只有一两千字，但背后却汇集了许多人的

◎ 2023 年 7 月 24 日，中国科学院院士、福建省农科院研究员谢华安在建宁调研种业发展工作

智慧和心血。在扎实调研的基础上，他从人才、技术到管理、制度落实等方面提出建议。该提案被评为三明市年度好提案，提案关于强化基地生产备案、落实属地管理制度、提高保险保障比例、加强种业人才队伍建设等建议都得到了有效落实。

对于提案的落实，建宁县华昊种业总经理深有感触："以前下放制种指标时有些地方会加设疫区、病虫害等门槛，人为增加备案难度。近年来，种子生产经营许可属地管理制度落实力度持续加大，现在我们下放制种指标时走到哪里都畅通无阻。"

上山头：向生态“含绿量”要发展“含金量”

从一根竹子能看到什么？钟宏华看到了壮大绿色经济、加快推动竹产业高质量发展的良策。

2023年12月26日，在政协第十一届建宁县委员会第三次会议分组讨论中，大家围绕竹产业发展展开讨论。

组织企业、竹农代表到行业先进县（市）学习，普及、推广科学管理竹山的先进技术；提升竹制工艺品开发和推广水平，打响笋竹产品品牌，提升市场竞争力；优化推进竹林道路、机械作业、灌溉设施、烤笋设备建设，不断改善生产经营条件，提升竹林种植效益……会上，8名建宁县政协委员围绕本县竹资源利用、竹产业发展建言献策，钟宏华认真倾听、仔细记录、耐心询问。

县两会结束后，正是冬笋开挖的时节，钟宏华随即前往竹林资源丰富的乡镇调研走访。在溪源乡上坪村的竹山上，有村民一边挖笋一边反映：“种竹子效益不好。砍竹子很难请人，收运成本高、下山难，竹子采运成本增加50%以上，1吨毛竹的人工成本近450元，占市场售价60%以上，没钱赚，很多林农都没有精细管护的积极性。”

一件件难题，一个个建议，钟宏华都铭记心中。同时，他也及时认真了解国家、省、市“以竹代塑”的支持政策。2023年10月，国家发展改革委印发《加快“以竹代塑”发展三年行动计划》，提出到2025年，“以竹代塑”产业体系初步建立。钟宏华认为，三明竹资源品种丰富，现有毛竹林415万亩，每年产竹材近1.6亿根、竹笋90万吨，全市现有各类笋竹加工企业500多家，产业初具规模，三明应当尽快抓住这个战略机遇乘势而上。

在广泛调研的基础上，钟宏华理清了“以竹代塑”的瓶颈问题，形成了抢抓“以竹代塑”机遇以推动三明竹产业高质量发展的提案。

钟宏华认为，当前，竹林培育与营林机械还处于起步阶段，机械化率不足15%；大多数竹加工企业集约化、机械化、自动化生产水平偏低，生产规模小；开发技术力量薄弱，“以竹代塑”初级产品多、档次低，近70%的竹资源未被开发利用；产品同质化问题较为突出，拥有自主知识产权的产品少，龙头企业更是屈指可数。为此，他建议，应该优化“以竹代塑”扶持政策，支持科研机构和龙头企业持续开展“以竹代塑”技术攻关；在竹下山、竹加工方面，促进“以机换农”“机械换工”，推动竹产业转型升级；推进笋竹精深加工示范县及竹产业一二三产融合发展重点县建设，推动竹文创产品设计生产，打造一批竹生态旅游精品线路、竹林体验基地；加快竹产业人才培育，从而推动整个竹产业发展进入良性循环轨道。

2024年1月8日，三明市两会隆重召开。《关于抢抓“以竹代塑”机遇　推动竹产业高质量发展的建议》一经提交，就获得市委、市政府主要领导批示，要求积极吸纳相关建议，持续深化、持续用力，更好发展三明市竹木产业链。

目前，三明市已经成立了竹产业链专班，把竹木产业链列入11条重点发展的产业链，出台了《三明市加快推进竹产业高质量发展工作方案》等系列文件。

绿海竹林也是生态资源优势。三明全市森林覆盖率达78.88%，对于吸引更多老年人在三明颐养身心、陶冶情操、拥抱自然，有着得天独厚的生态资源禀赋。

早在2022年，钟宏华就从“十四五”规划中，看到了老年人需求结构正在从生存型向发展型转变，三明具备发展银发经济的成熟条件。结合沪明合作机遇，他当年就撰写了提案《关于加快三明银发经济发展的建议》，建议用好沪明合作机遇，加强宣传推介三明宜居、宜养、宜游的城市形象；重点打造以环大金湖旅游度假区为核心，深度融合上清溪、金铙山、云上牧歌、玉华洞等精品康养线路；发挥生态食材丰富优势，开发老年康养食品；引进更多专业化、自带流量的上海养老机构进驻，打造银发经济发展新高地。

“只有‘眼睛向下’深调研，提高问题分析的深广度，结合大局、综合研判、汇聚民意，提出来的建议才更成熟、科学，可操作性更强。”这是钟宏华的经验之谈，也是他的坚守之道。

（供稿：三明市政协　执笔：饶丽英、王源文）

从提案者到提案工作者

2012年，我有幸成为永安市政协委员，由陌生到了解再到熟悉，与提案结下了不解情缘。一件件提案，践行着全过程人民民主，见证基层治理能力提升，彰显了社会主义协商民主的独特优势。

“一题到底”久为功

一个课题、四次提案、历经六年，这份在波折中不断推进的执着，源于政协委员“为国履职、为民尽责”的情怀和责任。

2012年的一天，我带外地友人到步行街逛街，集聚的烧烤摊位、乌烟瘴气的环境、发黑黏腻的地板……没走多远我们便调头回府。至此，我开始了烧烤摊位整治的建言之路。经过实地调研，我提交了提案《关于加强城区烧烤摊点管理的建议》。初次提案能否见效心里没底，没想到的是，建议很快得到有关部门的落实。再逛步行街时，城区街道的烧烤摊位数量少了许多，游客不再受此煎熬。对此，我心里“沾沾自喜”，常自念着帮助市民和沿街商店做了次无名英雄，也增强了通过提案建言的信心。

可好景不长，城区开展集中整治后，许多烧烤摊点搬到了公园，影响了休闲健身的市民，油烟扰民的问题依然没有得到彻底解决。2014年，通过与有关部门的交流沟通，我从源头管理上入手，就加强部门联合许可审批及联合执法等措施，提交《关于进一步加强烧烤行业管理的建议》。提案得到落实后，整体情况有了一定好转，但问题又随之而来——烧烤摊贩与城管人员玩起“躲猫猫”，城管人员前脚离去，烧烤摊贩后脚就又一拥而上。

2016年，借永安市开展生态文明整治之机，我从烧烤油烟排放设备改进方面提交了《关于在生态治理中推进烧烤行业管理的建议》。市领导对提案高度重视，召开了整改座谈会。市财政在资金困难情况下，拨出专款对烧烤设备进行改造，加装了油烟净化设施。这一举措让多年备受烧烤油烟煎熬的市民终于得到了一丝安慰，投诉量明显下降，执法人员也因此节省了大量精力。可时间一长，许多摊贩为了节省用电和维护成本，设备只装不用或坏了不修，矛盾依旧。

为了寻求突破，我从法律层面找出路，从疏堵结合提升城市治理能力的角度，于2019年第四次提出了《关于加强露天烧烤治理的建议》。城管局专程协商，出台政策，明确了禁止露天烧烤的区域，并加大了监管和执法力度。所有的摊贩在规定期限都纷纷搬到政府规定的区域范围内。区域内还加装了监控摄像头，对设备使用进行监管。通过这次整治，城市面貌焕然一新，有些受尽烧烤油烟折磨的小区业主还给城管局送上锦旗表示感谢。

“开花结果”勤耕作

政协委员要发好声，更要献好计。十余年的履职生涯，我提交提案四十余件，对提案这一重要履职方式有了更深刻的理解：既要在实践中把好“三个关口”——选题、调研、写作，还要在思想上扣紧“三个维度”——高度、热度、大度。我认真对待每一份提案，用“勤耕细作”换来“开花结果”。

要当“好参谋”，就必须与党政同频、与时代共振，看新闻、听报告、了解政策、收集民意，一样都不能忽视。“三沙永”组团发展是三明推动三地融合发展的大事，我从政治高度认真组织调研，提交了《关于创建“三沙永沙溪流域经济带”，构建“大三明”中心城市的建议》；2023年，又从产业发展的细分领域切入，提交《关于加快“三沙永”工业经济融合发展的建议》，均得到市委主要领导批示。两件提案分别被三明市政协评为2022年度和2023年度“好提案”，本人也连续三年被三明市政协评为“年度履职优秀政协委员”。

群众盼什么，我就提什么。作为九三学社基层组织负责人，我借助民主党派优势，组建“九三科技志愿服务队”，开展“科技、文化、卫生”下基层活动，在助力乡村振兴中找准问题、寻求思路，努力用行动诠释什么是一心为民。记得在一次科技志愿服务中，一家种植秋柿的专业户提到防虫网对提高秋柿产量和效益有诸多益处，问题是投入大，普通百姓难以承担。受此启发，我报送了《关于将防虫网室列入农业补贴目录的建议》，当收到被省政协采用的消息时，我异常兴奋。之后，我在工作和生活中都多留心眼，不错过任何有价值的线索，提交的《关于修改农村公路客运车辆投入使用年限的建议》等多件提案转化为信息，被省政协采用，并得到落实。每当通过提案、信息化解群众的操心事、烦心事时，我心中总是无比欣慰，获得感满满。我也因此被九三学社福建省委会评为“2023年社会服务先进个人”。

提案要出彩，关键在于有海纳百川的大度。我通过组建“九三社员之家”，开展界别成员大讨论，并与“政协界别议政厅”平台相融合，聚众智、合众力，博采众长，力求在建议上更富建设性。在《关于壮大农村集体经济　助力乡村振兴的建议》中，针对村集体经济增收渠道有限、负债率高、干部抓村财合力不强的问题，我提出“党建促动，变被动为主动；帮扶联动，换‘输血’为‘造血’；创新驱动，将‘死水’变‘活泉’；典型带动，以思路找出路”等一系列实用可行又富于新意的破解路径，获市委主要领导批示并作为重点提案督办，还被《福建九三》采用，为开创乡村振兴新路径贡献智慧。

“四方协商”提质效

作为一名基层政协委员，我深知把提案愿景变为现实是每位提案者的最大心愿。我有幸在永安市政协担任提案委主任一职，兼具了提案者和提案工作者的双重身份，有机会为提案成果转化创造条件、做好服务。

一次，有个承办单位因提案中涉及的不合理问题未得到落实，办理答复被评“不满意”。承办单位二次办理后，真诚地领着提案者到现场考察，并说明原因。通过现场调查，提案者表示认同并给予“满意”评价。这种“实地调研+座谈面商”形式，既增进共识，又推动工作。受此启迪，为让提案办理协商更加生动务实，我萌发了建立“提案承办单位、提案者、市政府督查室、市政协提案委”四方协商工作机制的思路，并付诸实践。

在2020年首次开展的“关于发展壮大物流产业”类提案集中办理“四方协商”活动中，承办单位组织“四方”共同参加实地调研，召开面商会。这种“实地看、集中听、当面问、马上答、现场办”的活动，既有提办双方的真诚协商，又有督查室对重要问题的现场督办，提案委及时分析汇总重要信息向党委政府报送，形成“提、办、督、服”全链条闭环。通过协同发力，此次促成政府出台《关于培育壮大现代物流业的若干意见（试行）》，推动培育物流业为全市主导产业。提起这事，提案者甚是骄傲。于是，我把提案办理“四方协商”工作经验向《政协天地》报送，果然得到采用刊登，我深受鼓舞。如今，我把经验做法进一步总结、完善，并上升为工作制度加以固化，许多承办单位自觉接受民主监督，主动运用好“四方协商”机制，以更有温度的协商形式，让每一份“小提案”展示“大作为”。

回顾履职经历，我为不虚度年华、不空图虚名，用话语权彰显政协力量、用行动展示委员风采，感到无比充实与荣耀。踏上新征程，不负新使命，我将履职尽责，奋发有为，在新的“赶考”路上，做好“委员作业”，交上“合格答卷”。

（供稿：三明市政协　执笔：刘家福）

让生态蛋鸡产业遇上“新”前景

调研发现前景

2004年以前，清流县没有一家称得上“现代”的畜牧企业，生猪、肉牛、肉羊、家禽都是“传统落后型”。林畲乡石下村虽有两家蛋鸡场，但存栏蛋鸡总计不足一万羽，养殖设施也十分简陋，没有配套相应环保设施，2009年便因环保压力和生产效益问题自行关闭了。

2014年，清流县引进的首家生态蛋鸡养殖项目落地赖坊乡寨下村，两年后45万羽现代蛋鸡养殖基地建成投产，配套饲料加工车间和有机肥加工车间，可算得上“现代农业项目”。然而，全县仅有这一家蛋鸡企业，养殖规模也不够大，二三产还是空白，产业链很不完善。2016年底，县政协委员魏国就如何培育壮大现代蛋鸡产业进行持续调研和探索，多次主动找养殖企业座谈交流，向省市业务主管部门和专家咨询了解有关政策和发展前景。经过调研，他发现全省鸡蛋自给率不足50%，同时近些年福建省蛋鸡产业发展前景向好，蛋鸡产业项目已经成为省里支持的重点。

提案探寻机遇

在多番调研的基础上，2017年12月，魏国桢委员向县政协十届二次会议提交《关于推进清流县禽蛋产业发展的几点建议》，建议将蛋鸡产业列为县重点产业，加大招商引资和政策支持力度，把蛋鸡产业打造成清流县优势特色产业。

提案立案后，接下来是如何推进落实。2017年6月7日，清流县畜牧兽医水产中心就该提案作了答复，明确了工作方案和措施。

此后，生态蛋鸡产业被县政府列入重点农业产业。经过不懈努力，2017年8月，清流县被列入“省级现代蛋鸡产业园”创建县，紧接着县政府就编制了《清流县省级现代畜禽产业园发展规划》并上报省农业厅，希望以创建“省级现代蛋鸡产业园”为契机，通过争取省厅项目支持，推动清流县蛋鸡产业大发展。

招商壮大规模

没有三五家规模蛋鸡企业，没有较为完善的产业链，称不上“蛋鸡产业园”。2018年8月，因清流蛋鸡产业规模不大，清流县“省级现代蛋鸡产业园”创建项目未能通过评审，第一次创建以失败告终。

要扩大规模，招商引资是关键。清流是典型的山区县，没有交通区位优势，如何招商引资，才能打动人心？县政协委员陈进决定发挥自己作为福建省蛋鸡养殖协会会长的影响力，来推动招商引资。

“清流的投资环境非常不错，要比别的地方投资环境更好，县领导和各部门都很关心和支持我们企业发展。”陈进对每位客商都这样说，“这里的村民也没为难我们，他们不会提任何过分的要求。”陈进的宣传起了作用，通过大力招商引资，4家规模均为60万羽的生态蛋鸡养殖项目陆续落地建设。前后5家生态蛋鸡养殖项目落地清流，实现清流县现代蛋鸡养殖场“从无到有、从小到大”的历史性转变。

项目提升产业

以5家规模化、现代化蛋鸡养殖基地和1家刚转型的禽制品加工企业为产业基础，2019年6月，清流县终于顺利通过“省级现代蛋鸡产业园”评审，并获得1000万元创建项目补助资金。县政府编制了《清流省级现代畜禽产业园实施方案》，全县13个“省级现代蛋鸡产业园”建设项目被列为支持对象。通过清流县委、县政府的强力推动，以及项目资金的拉动，全县生态蛋鸡养殖项目进展迅速。2021年，省农业农村厅下达给清流特色优势主导产业发展资金500万元，占全省蛋禽产业项目资金的四分之一。2022年，清流县被列为“福建蛋禽优势特色产业集群”九个项目县之一，当年获得项目资金800万元。

为了实现三产融合发展，魏国桢努力推动清流县镇源食品有限公司进行技改提升，企业配置自动化包装设备300多万元，建成2条自动化禽制品生产线，从小作坊发展成为年产1500吨禽制品的加工企业，承接全县鸡蛋和淘汰蛋鸡加工，填补了清流蛋鸡第二产业的空白。

如今，全县拥有5家蛋鸡养殖企业、5家饲料加工厂、5家有机肥加工厂、2家电商企业和1家禽肉禽蛋加工企业，一二三产融合发展的现代蛋鸡产业园已成效初显。2023年底，全蛋鸡产业完成投资12.6亿元，存栏蛋鸡205万羽，年加工禽制品1500吨。

2023年，县政协开展蛋鸡产业对口协商调研，形成调研报告《延伸产业链条　壮大我县生态蛋鸡产业》，分析全县蛋鸡产业发展中存在的问题，提出解决问题的对策和建议。清流县畜牧兽医水产中心也被县政协评为“协商成果转化落实先进单位”。

2021年以来，清流县就现代蛋鸡产业发展接连在全省作典型经验交流3次。2024年4月2日，福建省农业农村厅到清流县调研蛋鸡产业，对清流蛋鸡产业发展给予充分肯定。

人才支撑科技

为了更好搭建服务平台，提供科技支撑，魏国桢积极对接浙江大学、中国农业大学、福建农林大学、福建省农业科学院的专家，建设科技特派员工作站、专家工作站和专家服务基地，通过与专家线上线下互动，构建起牢靠的技术支撑体系。近年来，位于清流的福建省大丰山禽业发展有限公司获得“科技型企业”“福建省科技小巨人领军企业”称号，4家蛋鸡养殖企业获得“省级重点农业产业化龙头企业”、“省级优质农产品标准化示范基地”、福建省“美丽牧场”称号，2家蛋鸡养殖企业获得“国家级畜禽养殖

◎无抗蛋鸡养殖场

标准化示范场”称号。

魏国桢建言不停步，通过调研分析，撰写了《推进生态蛋鸡产业发展，促进清流县畜牧业转型升级》《推进清流县蛋鸡产业高质量发展》等调研报告5篇，有关建议被县政府采纳并实施。他还与高校合作，主持三明市科技计划项目《现代蛋鸡设施化健康养殖技术集成》和三明市科技特派员产学研合作项目《三明市蛋鸡安全高效养殖关键技术研究与示范》，在生物安全技术、饲料营养调控、养殖环境控制与补光技术等方面取得了突破进展。

一件政协提案找到突破关键，一件政协提案凝聚八方力量，一件政协提案成就产业发展。如今，现代蛋鸡产业已成为清流县优势特色产业，在全省有着显著地位。清流县正在打造集“蛋鸡养殖、饲料加工、有机肥加工、屠宰加工、冷链物流”于一体的全产业链，成为乡村产业振兴的一大亮点，为“菜篮子”工程和国民营养计划作出了清流贡献。

（供稿：三明市政协　执笔：张华）

清清兰溪　悠悠我心

如今，莆田人的周末是这样过的：舟行碧波上，人在画中游。乘“水上巴士”，领略壶山兰水画卷之美，探寻荔林水乡古城之韵。

清清兰溪映笑靥

“自从有了水上巴士，我们村越来越热闹了，越来越多的人来这边游玩，特别是周末的时候人很多，我们的收入也增加了，大家都欢喜得很。”

“现在木兰溪的水更清了，沿岸的风景更美了，有花海、有公园、有小孩子游玩的地方，我经常过来跑跑步、散散心，非常舒服。”

“我是住在这木兰溪附近的，这边公交开通了，旁边有图书馆、科技馆、青少年宫，有很多吃饭的地方，吃啊、住啊、行啊都非常方便。”

在重点提案《关于推进木兰溪流域绿色高质量发展的建议》的督办和推进办理现场调研中，我们听到最多的是像上面这样的赞美和认可。

壶山巍巍，兰水汤汤。木兰溪，这条曾经的水患之河，如今安澜清波、风光旖旎、泽被乡里，成为全国“十大最美家乡河”。木兰溪流域不仅获评全国“绿水青山就是金山银山”实践创新基地，更成为全国唯一以流域命名的实践创新基地。木兰溪综合治理成为打造生态文明建设的样本，实现了“变害为利、造福人民”的目标。木兰溪综合治理写入国家“十四五”规划和2035年远景目标纲要。

清清兰溪悠我心

木兰溪的蝶变，有市政协的倾情助力。历届市政协把助力木兰溪综合治理作为建言资政和凝聚共识双向发力的履职重点，积极引导各级政协组织、政协各参加单位和广大政协委员围绕木兰溪综合治理深入调研、建言献策，提出了60多件相关提案，部分意见、建议被市委、市政府吸收采纳，转化为木兰溪综合治理的生动实践。

民盟莆田市委会主委说："我们围绕助推木兰溪流域绿色高质量发展，多次深入基层，开展调研，形成了《关于推进木兰溪流域绿色高质量发展的建议》提案，建议：木兰溪流域在生产、生活、生态空间布局上需要进一步优化；木兰溪沿岸的产业创新力还需要进一步提升；木兰溪生态品牌价值赋能文旅产业需要进一步加强。"

《关于推进木兰溪流域绿色高质量发展的建议》一经提出就被确定为2023年度重点提案，由市政协领导亲自督办。为了推进提案办理落到实处，他们带领提案单位、市政协提案委以及部分市政协委员，深入木兰溪流域视察，现场督办提案。

清清兰溪照同心

商以求同聚共识，协以成事促发展。在提案办理过程中，市政协还组织承办单位市发展改革委、农业农村局、文化和旅游局、旅游投资集团及相关政协委员和群众代表进行协商，了解沟通提案办理方案，跟踪提案办理进展，建立起政府与提案单位、群众沟通交流的"直通车"，办前、办中、办后全过程协商，办出共识、办出团结、办出实效，把市委市政府决策部署转化为社会各界的共识。

在提案办理推动调研采访中，市发展改革委主要负责同志脸上写着满满的信心和期许："接到提案后，我委高度重视，针对提案单位提出的问题建议，作为承办牵头单位，我们积极协调相关部门，实地考察了解并征求群众意见，对所提出的问题，明确责任，分解任务清单，制定办理落实措施。同时，我们认真听取提案单位对办理工作的意见，随时沟通办理进展，确保办理质量。"

2023年来，市发展改革委牵头编制我市建设绿色高质量发展先行市行动方案、碳达峰碳中和工作实施意见、推进绿色经济发展行动计划等一系列专项规划，进一步统筹优化木兰溪流域生产、生活、生态"三生"空间布局。重点实施木兰溪流域生态保护与绿色发展项目39个，2023年全年累计完成投资77.9亿元，占全年计划101.2%。积极探索新模式，突出产业链强链补链，增强产业转型创新动力，推动木兰溪流域产业链上下游各类主体在地理空间上的集聚，加快培育具有较强竞争力的产业集群。实施"数字木兰溪"项目，以大数据技术赋能木兰溪流域产业链上下游的绿色低碳升级改造。

"中电科创城、专精特新产业园依溪而建，围绕'开放共享、绿色生态、持续发展'的核心理念，引入'电子信息、智能制造、5G通讯'三大产业生态集群，打造莆田市创新型现代产业体系建设和产城融合开发的示范区。"中电科创城的负责人介绍。

"目前，'水上巴士'已开通了北大至东阳、白塘湖、绶溪等3条航线。2024年5月1日将开通玉湖航线。'水上巴士'项目统筹沿线的东阳村、陈桥村、洋尾村、七步村、吴江村、北大村、双福村、玉湖村等丰富的文旅资源，打造一条水道相通、景观相连、行游相宜的30余千米生态旅游线，串联沿溪两岸水域风光、荔林美景和乡村聚落等，形成'人在岸上走，船在河上游'的莆田荔林水乡生态画卷。"市旅游投资集团负责人画出"水上巴士"的浪漫画卷。

民有所呼，我有所应。木兰溪是莆田人民的母亲河，哺育了300多万莆田人民。从“谈溪色变”的历史创伤到“人水和谐”的崭新生态画卷，实现了从“治理一条溪”到“立起一座城”的华丽蝶变，这是习近平总书记留给莆田人民的宝贵思想财富、精神财富和实践伟力。25年来，历届市委、市政府带领全市人民牢记嘱托、感恩奋进，一张蓝图绘到底、一任接着一任干。

作为提案办理的牵头单位，市发展改革委负责同志表示：推进木兰溪流域绿色高质量发展是全市人民共同的心愿。我们将持续协同相关部门，按照市委、市政府制定的行动方案，进一步优化产业链布局，补齐产业链短板，夯实产业链基础。同时，不断提升木兰溪生态品牌赋能文旅产业发展，全方位推动木兰溪流域绿色高质量发展。

◎调研莆田水上巴士

市政协将持续认真贯彻落实市委、市政府的决策部署，积极践行人民政协为人民的理念，协商于民、协商为民，发挥人民政协人才荟萃、智力密集、联系广泛的独特优势，引领广大政协委员和社会各界聚共识、集民智、添合力，以实际行动为“清清兰溪”尽一份“悠悠我心”。

（供稿：莆田市政协）

切实守护人民群众的“耳边安宁”

“莆田警方温馨提醒广大市民群众，广场舞请控制音量，避免噪声扰民，避免影响周边居民正常生活，谢谢配合。”

这是无人机喊话。现如今的南湖公园广场，晚上7点至9点之间，市公安局空管站的无人机，会不定时巡逻南湖广场等地上空，对广场舞者喊话，提醒大家控制音量，避免扰民。相关部门也在公园安装了噪声自动监测设备，实时显示噪声分贝值，提醒活动的市民将音量控制在排放限值以内。南湖公园是一个缩影，我市的噪声治理得到极大改善，这是源于一件提案的鼓与呼，源于相关部门对提案的重视、对民生的关切，有力提高了我市人民政治协商制度效能，让一件件提案从纸上落到实处，办到老百姓的心坎上。

“通过政府的整治之后，周围的噪声小了很多，我们晚上休息得到很好的改善。”

“我是住在这条马路边的居民，深夜经常受到汽车噪声、摩托车‘炸街’噪声的影响，噪声时常影响到我家里老人还有小孩的休息质量，这次经过相关部门的专项整治以后，情况改善了很多，噪声小了很多，我家里人也能安心地休息了。”

“经过政府相关部门协调及治理之后，近段时间，基本没有什么噪声了，家人尤其是老人小孩休息得比较好，在这里也感谢政府。”

“各种噪声明显减少了，夜间也比以往安静了，我的学习也不受干扰了，学习效率提高了。”

提案促使城市噪声悄然无声。

提案诠释“人民政协为人民”初心

在办理《关于尽快排查和消除城市噪声的建议》提案过程中，我市基本形成部门联动、市县联合、协同高效的噪声污染整治格局，切实守护人民群众的“耳边安宁”。2022年，相关部门共出动执法人员26735人次，针对各类噪声易发点位检查9459家次，立案查处50家次，关停取缔7家，处罚金额达16万余元，2022年全市涉城区夜间噪声投诉量同比2021年下降22.44%，办结率100%，群众满意率95%以上。

噪声污染防治工作，是生态文明建设中不可或缺的重要内容，也是一项民心工程。近年来，随着社会经济的快速发展，城市建设进程进一步提速，城市噪声日益严重，成为影响人们生活、工作、学习的“隐性杀手”。市政协委员余祖民通过走访调查了解到，当前市民关注、争论较多的是交通噪声、商业活动产生的噪声等问题，经实地调研、与市民深入交流以及查阅有关资料后，他提出了关于尽快排查和消除城市噪声建议的提案。

良好的生态环境是最普惠的民生福祉，城市噪声污染，看似是“家长里短”的小事，实则是事关群众切身利益的大事。提案经过三审立案后，市政协党组高度重视，主要领导亲自部署、带头督办，由市生态环境局主办，市住房城乡建设局等四家单位协办，希望通过提案的办理，助力打造宁静、和谐、美丽的莆田。

打出“组合拳”　深化“静夜守护”

提案推动部门联动机制创新。委员有所呼，政府必有所应。接到政协委员《关于尽快排查和消除城市噪声的建议》后，市生态环境局等承办单位

◎在广场通过无人机喊话控制音量

高度重视、周密部署，将办理工作作为自觉接受委员监督、推进依法行政的重要工作来抓。主要领导高度重视，立即组织会办部门召开专题部署会，成立噪声污染防治专项行动领导小组，统筹推进政协提案办理，建立了联合会商、联合监管、联合摸排机制，明确办理内容、时限、责任单位，压实办理责任。

通过创新部门联动机制，转变噪声污染整治方式，转变过去单部门的“单打独斗”为现在的多部门共同出击、联合打“组合拳”的模式，变事后整改为事前预防。针对城区范围内的建筑施工、社会生活、交通运输和工业生产四个领域夜间噪声扰民问题，市生态环境局牵头联合公安、住房和城乡建设、城市管理、文化和旅游等部门打出“组合拳”，深化“静夜守护”行动。

建筑施工噪声方面，通过网格化排查、随机抽查、专项检查和暗访督查等多种形式进行大力排查，对发现的问题责令整改和依法查处，督促企业合理安排施工时间，积极落实降噪措施，安装建筑工地噪声自动监控设备100多处；社会生活噪声方面，加大对商业活动、餐饮和娱乐场所、公园和广场等公共场所的检查力度，对排查中发现的问题进行劝导、教育并责令整改，对严重扰民的，通过联合行动取缔或责令停止经营活动；交通运输噪声方面，划定禁鸣路段，设置和优化禁鸣交通标识牌，加大对夜间机动车鸣笛、改装机动车“炸街”扰民等违法行为的查处；工业生产噪声方面，加强排查，发现问题责令整改，采取有效的噪声控制措施使噪声排放达到相关标准，严控高噪声项目在城区范围内的环评审批，用实际行动守护全市百姓夜间宁静。

为实现噪声污染“智慧监督”，按照市委“全市一张图、全域数字化”的要求，市生态环境部门创新运用大数据平台，健全12345、信访件等智慧监督平台信息共享机制，线上线下同发力，更高效、更强力推进噪声污染专项行动开展。2022年平台建设已导入底数清单300条，问题清单265条，动态90余条。

为了进一步巩固“静夜守护”噪声污染防治行动取得的成果，强化各部门间的共管联动，市生态环境局将持续开展噪声污染防治工作，坚持宽严结合，刚柔并济，不定期组织“回头看”督导检查，将集中整治和长效管控有机结合，让夜间噪声防控规范化、常态化，切实解决好群众的诉求，改善夜间城区环境，还“静”于民。

一件提案的提出和办理只是一个阶段的工作，防治噪声污染人人有责，每个人不能只当看客或局外人，都要增强噪声污染防治观念，自觉减少噪声排放，形成人人有责、人人参与、人人受益的良好噪声污染防治氛围，共同维护生活环境和谐安宁。民生无小事，市政协将一如既往地践行为民初心，让协商民主的理念在更多人心中生根发芽。

（供稿：莆田市政协）

政协委员建良言　智慧交通显身手

近年来，莆田市交警部门高度重视智能交通系统建设，按照“总体规划、持续投入、逐步提升”的思路，不断开展交通视频监控，智能交通集成管控平台、信号控制系统、平安系统，智慧停车、智慧斑马线以及无人机“空中交警”等智能交通基础设施建设，不断提升交通管理智能化水平，持续强化科技强警理念，推进实现智慧便捷交通，用实际行动护航群众平安出行。

而这一切也与市政协多份提案的助力息息相关。

一路绿灯的“秘密”

你知道“绿波带”吗?

绿波带是指在特定路段内，依规对车速和路口红绿灯信号进行协调，使车辆在通行时能连续获得绿灯的技术。它对于改善城市交通状况、提高道路利用率、减少交通拥堵等具有显著作用。如今，莆田市区的荔城大道、东园路、莆阳路、文献路金鼎广场路段、学园路汇通路段，以及重点道路城港大道、莆兴路等已实现绿波通行，有效缓解了交通拥堵。

2024年4月初，为了检验《关于打造智慧交通服务的建议》提案办理效果，市政协提案委与市电视台记者一行来到市体育中心，乘车前往东园路的安福路口，看看能否“一路绿灯”。按照交警建议的车速，车辆从第一个路口绿灯通行后，后续路口均保持绿灯通行，没有遇到红灯，畅通无阻。

记者采访了公交车司机、滴滴司机、市民等，反响良好。

“红绿灯系统升级之后，高峰期感觉没那么堵了，尤其是开到东圳路、荔园路、东园路的时候，基本上都会碰到绿灯。”

“自从有了智慧斑马线，只要有行人通行斑马线，两边就会发出红色的光，让我们司机能够更清楚地辨识路况，礼让行人，智慧交通，让行车更安全。”

“交通信号灯更智能了，交通事故也可以线上处理了，智慧交通让我们出行更便利更安全。”

“现在交通环境挺好的，比原来改观很多。”

“交通灯设置得很合理，通行效率很高。”

声声赞美，是肯定，更是鼓励。

提出：群众出行要顺畅

近年来，随着城市经济的不断发展，莆田交通供需矛盾较为突出，如何解决好群众关心关注的这一问题，政协委员和承办单位以实际行动体现担当作为。建净言、献良策，促发展、求实效。一份提案，反映民心、民意、民声，彰显政协委员的智慧与思考，凝聚承办单位的责任与担当。

政协委员韩仙宝通过对市区主要交通道路的实地调研，详细了解道路交通情况，并与市民交流情况，查阅交通治理等有关资料，分析研判后提出了关于打造智慧交通服务的提案。提案建议有关部门健全社会责任监督机制，优化交通事故处理模式，引导和督促公众自觉遵守交通法规，切实缓解交通压力。同时，进一步推进智慧交通建设，促进信息技术在交通运输、公共服务、社会管理等领域的广泛应用，提高人民群众出行效率，提高交通资源配置效率。

提案被市政协党组高度重视，主要领导亲自部署、带头督办，有力地推动了提案办理落实。在提案办理过程中，市政协提案委改变了“文来文往”的常规做法，采用“开门办提案”的方式，让委员深度介入参与，并把办理

◎莆田市组建绿波保障组保障道路交通环境

全过程在新闻媒体上公开，征求公众意见，接受群众监督；相关承办单位密切配合，做好各项办理工作，共同推动提案从“纸面”落实到“地面”。

办理：智能交通当先锋

接到《关于打造智慧交通服务的建议》后，承办单位高度重视、周密部署，将办理工作作为自觉接受委员监督、推进依法行政的重要工作来抓。

莆田市公安局交警部门作为主办单位，积极联系市数字办、市教育局、市交通运输局等相关会办单位开展联合办理，明确提案办理的分管领导、承办大队和反馈期限。承办大队领导亲自抓，并指定专人负责，细化办理任务，落实办理责任，认真组织实施，确保办理工作顺利推进。

针对提案中提出的健全社会监督责任机制、优化公共交通管理模式和推进智慧交通基础设施建设等三方面的意见、建议，承办单位逐点逐项进行研究，对科学合理、切实可行的，积极采纳执行；对于自身的问题和不足之处，制定方案限时落实整改；对于无法立即解决的，制订计划逐步推进。在提案办理过程中，市交警大队首先加大了智能交通技术监控对一些交通违法行为的查处力度。其次加大对校园周边交通的治理，在全市推出了轻微事故快处快撤快赔的工作机制，开发了相关的小程序，实现了一次关注、两步操作、一键理赔。之后是推动智能信号灯系统的建设，实现远程控制、绿波通行，有效减少交通拥堵，提升交通效率。

下一阶段，市交警支队还将按照市委提出的“全市一张图、全域数字化”要求，全面深化“科技强警、智慧警务”理念，推广更多的智能交通系统应用，如远光灯检测系统、鸣笛检查系统等，持续推动大数据、云计算、人工智能在交通管理方面的应用。交警等相关部门将继续完善智能交通管理体系，充分运用科技手段，加强智慧交通建设，提升道路秩序管控能力，为市民出行营造良好的道路交通环境。

跟踪：委员持续当好帮手

韩仙宝委员对于提案的办理相当满意，“建议市交警支队继续推进智能交通系统建设，设立专项建设资金，专门用于智能交通系统的建设和升级改造，加快推进大数据、云计算、人工智能在交通方面的运用，同时呼吁市民提高参与交通管理监督的热情，营造社会人人参与氛围，共同维护文明交通秩序。”他补充道。

一件件提案、一份份社情民意，都是市政协和委员们以及各承办单位为民履职的生动印记。市政协将一如既往组织和引导广大政协委员，服务发展大局，关注民生点滴，为城市更美、民生更暖、莆田更好，贡献政协智慧和力量。

（供稿：莆田市政协）

让“双减”真正“减”出快乐童年

“一、二、三、四，二、二、三、四……”秋日的艳阳照耀在灵川柯朱小学的操场上，追随着充满节奏感的《大课间跑步音乐》乐曲，孩子们如同涌动的潮流，沿着既定的路线奋力向前，形成了一道美丽的风景线。

下午4点，在莆田市涵江区实验小学体育馆，篮球社团的孩子们，正在教练的指导下进行训练；紫璜楼里，孩子们在老师的带领下学习大提琴、二胡、绘画等艺术课程……

在莆田市湄洲第一中心小学，退休戏剧艺人正为五年级的学生们演绎着“千年莆仙戏”……

自莆田全市实施“双减”政策以来，不用奔波于各类补课班的孩子们，尽情享受着愈发丰富多彩的课余假期生活。在这快乐时光背后，有我们提交的《构建高质量课后服务体系　推动“双减”政策更加落实落地》提案，以及关心莆田教育的各界人士为推动莆田市中小学校内课后服务而努力的故事。

寻“双减”高效落地之策

“双减”是新时代我国基础教育改革发展的重大战略布局，是中共中央做出的一项重大决策部署，事关国家发展和民族的未来。作为影响“双减”政策成效的最重要环节，课后服务成了当前群众最为关心、社会最为关切的热点。

2022年9月，民盟仙游县委会面向教师、学生、家长，针对课后服务，发放1200份民意调查问卷。调查显示，虽然81%以上的教师、家长和学生是认同课后服务，但有11.4%的家长认为学校有强制学生参与或变相吸引学生参与课后服务现象；71.5%的学校课后服务以作业督修和看护为主，“菜单式”、个性化服务严重不足，难以满足学生多样化需求；65.5%的教师认为教学任务重，精力有限，研究课后服务课程实施的动力不足，也制约着课后服务质量的提升。

华侨中学校长认为，“双减”的背后其实还有“双增”，即“减负增效”，这对教学质量提出了更高要求。例如在作业设计上，当前一定程度上存在“只减作业数量、不增作业质量”的问题，作业设计质量不够高，针对性还不够强，缺少层次区分。

莆田市第二实验小学教导主任也提到，“双减”政策发布后，各地都出台具体措施与配套政策，市区学校的课后服务开展得比较好，不少是以提升素养为导向，满足学生多元发展需求，但是，在郊区以及乡村学校的课后服务质量却不高，某些地方仍对校外培训课程打模糊概念的“擦边球”，将学科课程包装成业余爱好、素质能力提升课程。更长远地看，如果教育的评价体系整体不变，还是无法缓解家长的教育焦虑。

2022年9月7日，在第38个教师节来临之际，我们召集20多位教育界盟员，并邀请政府对口联系单位市教育局，从延长课后服务时间、丰富课后服务内容、拓展课后服务渠道、树立课后服务品牌、提升学生综合素质等方面，就课后服务的难点和痛点展开热烈的讨论。一次次发言，一条条建议，建言课后延时服务工作，形成了《“双减”背景下构建高质量课后服务体系的建议》报告初稿。

建“双减”“双向奔赴”良言

“双减”是一场“校内+校外”的高质量衔接。教师节座谈过后，民盟莆田市委会就把"'双减'背景下构建高质量课后服务体系"列为重点调研课题，组织调研组前往不同县区展开调研。调研组走访了市第一实验小学、岱峰中心小学、灵川中心小学、三江口中心小学、枫亭锦湖小学、枫亭东宅小学、秀屿区埭头第一中心小学等16所学校，与各校校长进行了深入交谈，与学生家长沟通交流，与在校学生交友谈心，并通过网上信息提取、现场资料翻阅、录音整理等方式做好提案的前期准备。

9月28日，调研组来到涵江区三江口中心小学。该校副校长认为："从某种程度而言，'双减'政策是基于城市问题而诞生的政策，与乡村教育情况存在偏差，从而导致乡村地区成为'双减'政策的真空地带。"在交流中，我们深深感受到，就课后服务方面而言，"双减"政策课后服务的文本并没有体现城乡教育的差异性。

国庆假期，调研组和灵川中心小学教研室主任一起聊了"双减"后教师的感受。他指出，课后延时服务把压力都给了教师，教师的工作时间和压力较"双减"之前有所增加了。像督促学生和家长完成普法学习、排查各班家长旅居史、课后服务相关表册等非教学类事务性工作已经占去了教师很大部分时间。作为一名基层教师，他期盼"双减"能把"教师减负"与"学生减负"同向而行。

10月25日下午放学时段，在市第一实验小学门口，调研组采访一位家长。他表示，虽然培训机构、补课行为纷纷消失，而课后作业也明显减少，但是由于教育内卷的原因，不少家长还是会寻找其他方式来给孩子补课。毕竟中考分流并没有取消。

在两个多月的调研中，民盟莆田市委会调研组成员收集到的访谈原始资料有厚厚的几本笔记。里面记录着基层人员对"双减"政策的具体感知和政策改进建议，是调研组成员建言献策的"百宝箱"。

在做好大量调研工作的基础上，每次形成提案前，调研组还会向有关部

◎委员履职活动日现场

门和专家请教。2022年11月2日，在“双减课后延时服务问题研究”重点课题推进会上，调研组邀请了市教育局初等教育与幼儿教育科负责同志从全市政策层面提供意见，对调研报告进行仔细雕琢打磨，进行最后一次“大修”。

找学生童年快乐之源

经反复开会酝酿、调研、修改，多方征集意见，历经十多稿，民盟莆田市委会最终将调研报告转化为市政协八届二次会议集体提案《构建高质量课后服务体系　推动“双减”政策落实落地》。莆田市政协对此非常重视，将其列为2023年度重点督办提案。

莆田市政协联动相关部门针对提案中有关课后服务的普遍性问题进行一系列跟踪视察，于2023年9月8日召开现场反馈会，与市教育局等有关市直部门进行协商，探讨出台相应工作措施，让“双减”这一惠民措施实现利民利教双赢结果。

收到提案后，莆田市教育局与我们积极沟通，组织召开座谈会，针对课后服务“标准不统一、课程不丰富、师资不配套”等问题，充分吸纳借鉴提案中的建议与意见，出台《关于市属义务教育阶段学校课后服务收费有关事项的通知（试行）》，印发《整治城区中小学课后服务质效不高问题　满足学生和家长多样化需求工作方案的通知》，进一步优化课后服务内容，形成课后服务合力，保障课后服务健康发展，获得了广大家长和学生的赞许。

“一切教育活动都是为了儿童的成长和发展，为了儿童一生的幸福。”这既是教育的目的，也是社会对教育的需要。“作业在学校就能完成，不懂的题有老师单独辅导，书包轻了，时间多了，可以做自己喜欢的事情。”这是课后服务开展以来，小学生共同的成长体验。

课后服务有特色，落实“双减”有温度。在落实“减”的同时，形成“增”的亮点，让总量减下来，质量增上来，架构建起来，保障做起来，前景画出来，让课后服务有“新”更走“心”，真正“减”出新气象，“减”出新精彩，“减”出一条高质量的教育发展之路，“减”出快乐童年。

一直以来，民盟莆田市委会始终心系教育，情系教育。我们将继续把教育作为参政履职、建言献策的主战场，坚守深耕教育领域的初心，持续为教育鼓与呼，为全面推进莆田教育高质量发展、谱写人民满意的教育新篇章，贡献民盟莆田市委会的智慧和力量！

（供稿：莆田市政协　执笔：施清芳）

让莆仙方言为家乡上分

道一糕，道一饼，
我分桃，你分饼。
桃红红，饼生虫，
虫会咬，变作鸭。
鸭会泅，变作球，
球会拍，变作册。
册会掀，变作缸，
缸会刁，变作鸟。
鸟会飞，变作炊，
炊做红团绿豆馅，
老婶妈爱食，蒴咬。

龙年春节将近，在绶溪公园，一位年轻妈妈和孩子一起玩方言小游戏，唱着莆仙方言童谣。这个场景一下子把大家带进浓浓的乡音乡愁乡韵里。

一声莆田腔　几多乡愁涌心头

为了写好《关于保护、传承和振兴莆仙方言的建议》的提案，我们和莆田学院文化传播学院调研莆仙方言传承和发展情况的大学生一起，开展线下访问调查，在莆田市博物馆、绶溪公园、兴化府历史文化街区和城厢区万达广场等人流密集地区随机采访。在调查采访中发现，虽然中老年人群体普遍

◎开展莆仙方言进校园活动

会讲方言，并在日常中使用，但随着普通话的广泛普及，莆仙方言面临传承挑战，仅有37.5%的受访者能够熟练使用莆仙方言。令人高兴的是，绝大多数的受访者表示希望下一代能够学习并使用莆仙方言，反映出人们对于方言保护和传承的积极态度。

文章开头里的母女就是我们在绶溪公园遇到的受访者之一。母亲郑女士表示，自己虽然常住外地，但教育孩子时，还是普通话和莆仙方言一起教，为的是要让孩子知道自己是莆田人。言语间饱含着对家乡的热爱。郑女士继续说："我们莆田话被人称作'地瓜腔'，但就是这个'地瓜腔'，让我们在老乡聚会上能够一起回忆浓浓的乡情。"随后，她又和女儿唱起了端午节的《五日节》歌：

初一糕，初二粽，
初三螺，初四艾，
初五爬龙船，初六嘴企企。

一首首童谣，吸引了越来越多的群众，大家纷纷唱起自己熟悉的童谣，气氛达到高潮，每个人心中涌起幸福、快乐的童年回忆。此时的场景让大家都意识到，学语言要有环境，学莆仙方言，要从小家做起，口口相传，才是实实在在的传承。

为此，我们设置了以“你有多久没讲莆仙方言”为主题的座谈会，参会的九三学社社员有15人，其中80后10人，70后2人，60后3人。80后10人中，只有1人是由乡下爷爷奶奶来城里带大，会说一些方言单词。其他人基本上在家里没有讲方言，没办法顺畅地表达日常生活用语。70后和60后的5人，平时在家中也无法做到用莆仙方言交流。座谈会上，大家都希望能通过多种途径学习方言，如开设方言课程、看科普短视频、收听莆田电视台方言栏目等。

一声莆田腔　万般精彩看今朝

“少小离家老大回，乡音无改鬓毛衰”，贺知章的这首诗，酣畅淋漓地表达了“乡音”是每个人心底的烙印，是游子归来的牵挂。有着一千多年历史的莆仙方言是一种独特的文化，有着丰厚的文化底蕴。

《关于保护、传承和振兴莆仙方言的建议》的提出得到相关部门的重视。在市文化和旅游局和教育局等部门的推动下，莆仙戏登上春晚，那一声莆田腔，唱响全国。《莆仙戏保护传承条例》已经实施，莆仙方言、莆仙戏进学校成为一种风尚。

是的，莆田这座国家历史文化名城，正在用奋斗书写新画卷。书香莆田续文脉，气质莆田彰底蕴，灵秀莆田换新彩，实力莆田看今朝。如今的莆仙方言，是兴化儿女勇闯天下的底气，是莆商精神的文化滋养。“有阳光的地方就有莆田人”，有莆田人的地方就有莆田“地瓜腔”，那一声莆田腔，是乡音袅袅，是乡愁绵绵。越来越多的海外华侨情不自禁地用久久未说的方言喊出“我是莆田人”。

传承莆仙方言，靠你，靠我，靠我们。

阿妹糕、阿弟糕，加油！

（供稿：莆田市政协　执笔：黄秀姐）

守望人与自然和谐共生

“生于山城，住在海滨，我自认为算是领略过山水之美的，可阳春三月的南平之行，我还是被‘环带’之美、武夷之春深深震撼了。”

当我和友人徜徉在环武夷山国家公园保护带（以下简称“环带”）的1号风景道，走过麻沙、黄坑、桐木……在精心布局设置的“茶空间”中品茶小憩时，他突如其来的赞美，激起了我内心的涟漪。

一个个古朴村庄映入眼帘，一片片雅致茶园时隐时现……一名基层政协人的成就感，在这一刻再真切不过。茶香萦绕中，我们为“环带”奔忙努力的场景如电影般浮现于脑海中。

承廿载之前志

思绪如风，时间回到2002年6月3日。我记得很清楚，那是6月的第一个工作日。那天，我刚到办公室，烧了壶水，准备坐下，就有同事兴冲冲地跑进来跟我说：“听说了吗，上周五，武夷山‘双世遗’保护条例通过啦！”

武夷山是南平的著名标识，是福建人的骄傲，也是我们南平干部的目光焦点之所在。这份条例正在起草的事我自然有所耳闻。听到这个消息后，我非常兴奋，从椅子上蹦了起来。

武夷山保护发展的“四梁八柱”终于立起来了！

2021年，南平市又印发《南平市环武夷山国家公园保护发展带先行方案》，创造性地提出“环带”建设，在1001.41平方千米的国家公园外，划定4252平方千米的协调保护区、融合发展区，以更高的站位、更高的标准和更宽的视野保护国家公园。

在这个背景下，我开始思考，如何聚焦政协所能，用提案、专题议政性协商等方式，为“环带”建设尽一份力。

我将这一想法向福建省政协和南平市委汇报后，得到了多位领导的肯定。于是我坚定了信心，振奋了精神，踏上求索之路。

取八方之活水

武夷山国家公园具有世界同纬度带现存最典型、面积最大、保存最完整的中亚热带原生性森林生态系统，是唯一一个既加入世界人与生物圈组织，又是世界文化与自然双遗产的国家公园。作为土生土长的南平人，我深知这碧水丹山的价值所在。

2022年，我带领一个精心组建的课题组，怀揣着对闽北深沉的热爱与敬意，深入“环带”沿线乡村、项目现场实地调研。我们穿梭于武夷的田间地头，踏过泥泞的小道，走过蜿蜒的山路，亲身感受这片土地的脉搏，了解“环带”的真实基础，为后续建言提供支撑。

随后，我们前往江苏常州、安徽黄山考察学习。常州之行，让我们见识到了“溧阳1号公路”的独特魅力。这条公路巧妙地将生态涵养、全域旅游、文化传承、乡村振兴等元素融入其中，与我们打造“风景道”的思路不谋而合。

而在黄山市徽州区西溪南镇，我们感受到了自然与文化的有机结合。这里以建设国家级自然教育基地为契机，整合了自然植物、古水利文化、古徽州文化、古村落文化等研学资源，为武夷山研学旅游、科普教育等发展提供了很好的借鉴。

问渠那得清如许，为有源头活水来。

◎环武夷山国家公园保护发展带——月亮湾

前后历时一年的调研中，我们充分借鉴了各地优秀经验做法，结合武夷山国家公园的具体实际，撰写了《关于将环武夷山国家公园打造成人与自然和谐共生的现代化先行地的建议》提案，并向福建省政协十三届一次会议提交。

聚奋进之合力

出乎我意料的是，该提案备受关注，被列为当年省政协“1号重点提案”，由省政协主要领导和省政府领导共同督办。省里两度召开督办会，梳理了27项督办任务，给出了明确的时间表、路线图。

后来，省委、省政府主要领导来南平调研时，也充分肯定“环带”建设的理念。这无疑为提案的实施注入了强大的动力——放大福建、南平生态优势，建好“福建会客厅”，升级为省级决策部署。

在省政协主要领导的亲自带领下，我们远赴青海省开展提案督办调研，探寻国家公园建设的“青海经验”，在三江源国家公园、隆宝保护区、青海省自然资源博物馆等地，留下了浅浅的足迹与深深的思考。

省政府也充分吸纳了将环武夷山国家公园打造成人与自然和谐共生先行地的建议，在通报提案办理情况时，亮出了“成绩单”：

闽赣两省签订国家公园生态司法保护协作框架意见，推动出台《福建省武夷山国家公园条例（草案）》，“环带”建设重大事项列入省级联席会议议事范畴，财政部、国家林草局明确予以补助，国家公园1号风景道核心路段正式开放……

如此扎实的提案办理情况，在省政协十三届二次会议上，被省政协常委会工作报告和提案工作情况报告反复提及，成为委员们热议的焦点。

启武夷之新春

提案提交结束了，但南平政协工作有了新开始。

——打造“连续剧式”精品调研。我们多次围绕“环带”建设的重要环节、重点领域深入调研，撰写了《推进国家公园体制机制建设　打造人与自然和谐共生好样板》等调研报告，并与市委、市政府开展4场专题议政性协商。

——组建“精兵强将”干部队伍。我们既抓谋划，又抓落实，抽调经验丰富、能力突出的领导同志到南平市环武夷山国家公园保护发展带工作领导小组办公室担任负责人，全力推动“环带”建设。

——强化“区域协作”联动发展。我们充分发挥政协联系广泛的优势，加强与周边三清山、江郎山、龙虎山、泰宁等世界遗产地的协作，打造浙皖赣闽（衢黄南饶）“联盟花园”，建设世遗风景道，串点成线、串珠成链，打造世遗中心地。

……

在政协的“补台”下，随着一项项“真金白银”政策的落地，武夷山国家公园资金管理、项目建设、法治保障、制度体系等方面工作得到有效推动，走在了首批国家公园的前列。

“武夷山上有仙灵，山下寒流曲曲清……”悠远的吟诵将我的思绪拉回，原来是不远处的几个小朋友边走边跳，背诵着大儒朱熹的《武夷九曲棹歌》。

伴着清雅静谧的诗歌，我们走进春天的茶园，呼吸青青茶香；流连精舍、书院，追思大儒圣贤。玉兰枝头的春意，让大家争相掏出相机；文旅产业的盎然，让大家不吝赞颂……行走“环带”，一路青山相随，绿水欢歌，生机勃发。

（供稿：南平市政协　作者：林斌）

新式茶饮助力茶香飘天下

起笔：一组数据引发思考

2021年5月至8月间，我参加南平市政协“弘扬茶文化，做强茶产业，让茶香飞入寻常百姓家”重点协商课题调研。

福建是中国乌龙茶的最主要产区，2019年产量22.73万吨，占全国乌龙茶产量的82.41%，享有“世界乌龙茶故乡”等美誉，而福建南平尤其以武夷岩茶闻名海内外。

因此，调研中我格外关注来自中国茶叶流通协会的一组数据：2020年中国茶叶国内销售量220.16万吨，销售总额2888.84亿元，其中乌龙茶21.92万吨，销售总额280.72亿元，占比不足10%，在各茶类中仅排名第四，与销售量、销售总额占比均接近60%的绿茶相距甚远。

何以如此？

我从武夷山、政和、建瓯到福鼎、安溪，再到四川、云南，走访多位茶人、茶企、专家、学者，共议发展，寻求答案。

究其原因，主要有二：一是受饮食习惯影响，茶叶消费区域性特征明显，福建、广东、台湾三大乌龙茶主产区同时也是主要消费市场；二是“功夫茶”等传统茶道与当下年轻消费群体便利化、多元化、功能化以及业态新型化的消费趋势存在矛盾。

如何突破区域限制，拓展乌龙茶消费市场，化解高端茶畅销、低端茶滞销问题，成为民革南平市委会助推茶产业高质量发展所关注的重点课题之一。

着墨：一次活动带来的启示

光泽县司前乡干坑林场，地处武夷山国家级自然保护区腹地，青山环绕，绿水绵长，得天独厚的自然条件孕育出了悠久的红茶种植历史和制作工艺。

2020年，民革南平市委会引进台湾“见学馆”团队来到光泽、走进干坑，用文化为干坑红茶赋魂，打造独属于光泽的红茶品牌。在2021年首届

◎台湾乡建乡创团队开发的干坑新式茶饮

两岸红茶文化节（干坑—日月潭）上，特色奶茶、红茶巧克力、红茶爆米花……琳琅满目，特别是用干坑烟熏红茶制作的特色奶茶，飘香诱人，深受与会者青睐。

这给我带来新思路——以新式茶饮为抓手，拓展以乌龙茶为独特卖点的茶消费市场。

后续交流中，台湾团队提出的“城市会客厅”概念，让我联想到南平正在谋划推广的“武夷山水·茶空间”，它完全可以成为探索开发新式茶饮的优良载体。

确定了方向，民革南平市委会立刻组成课题组，线上线下深入开展调研。线上了解新式茶饮市场基本状况和动态特点：新式茶饮2020年市场规模1011亿元，是新零售消费的主力军，但品牌连锁化率超50%，市场格局趋于稳定，后进场的品牌想要取得市场突破难度较大；线下走进永生岩茶厂、武夷星茶业、天福集团、大闽国际等处，向茶人、专家借智慧、谋对策。最终课题组形成《关于开发新式茶饮市场的建议》调研成果，提出四方面建议：发挥优势，精准化布局新式茶饮市场；创新理念，差异化做好品牌推广；紧跟趋势，精致化推出联名产品；文化赋魂，多元化讲好闽茶故事。

落纸：一份充满期待的答复

2023年1月，《关于开发新式茶饮市场的建议》被民革福建省委会采用，作为福建省政协十三届一次会议书面发言，并被选入省政协《重要提案摘报》，获多位省领导批示。《人民政协报》也予以报道。

2023年7月，承办单位省农业农村厅、省文化和旅游厅发来答复函。省农业农村厅表示将认真研究吸纳，进一步加强新式茶饮产品研发，推动更多有实力的茶叶龙头企业参与开发，组织宣传推介扩大影响，并将年轻人关注度高的中国风、福建文化等“国潮”文化元素融入茶叶包装，持续提高年轻消费群体对闽茶的关注度和喜欢度。

2023年，全省50家A级景区已建成“大众茶馆”65处，其中国家5A级景区实现全覆盖。

福建省醉得意餐饮管理有限公司旗下推出的“红瓶”新式茶饮，率先亮相福州三坊七巷。该品牌以福建特色茶大红袍、铁观音等作为基底茶，调制本地特色奶茶，有“水月观音”“桂子飘香”“莉香满街”等多款特色产品，深受游客喜爱。

省文化和旅游厅表示将继续推动“大众茶馆”进景区、进街区，在福州、厦门、泉州等大中城市的街区、市民公园（广场）布局一批“大众茶馆”，打造“大众茶馆”升级版。到2025年，力争全省建设“大众茶馆”200个以上，其中4A级以上景区“大众茶馆”全覆盖。

“坐酌泠泠水，看煎瑟瑟尘。无由持一碗，寄与爱茶人。”（白居易《山泉煎茶有怀》）我期待新式茶饮让更多年轻人走近福茶、品味福茶、爱上福茶、传播福茶，让福茶香飘天下。

（供稿：南平市政协　作者：刘毅）

“文旅+”赋能“古韵山头”

2023年11月，福建省委主要领导等来到松溪县吴山头村调研，鼓励当地保护好自然生态，传承好非遗技艺，加快文旅融合，引领乡土文化振兴。

一个小小的村落引来省委主要领导的调研和关爱，其中凝聚了当地政协委员的提案呼吁，凝聚了政协领导推动提案办理的拳拳之情，更凝聚了松溪县委、县政府贯彻落实习近平文化思想，强化传统古村落保护利用，狠抓乡土文化振兴的有力之举。

那一抹乡愁

湛卢山是松溪的名山，海拔一千两百多米，古时称昆吾山，因春秋战国时期著名铸剑大师欧冶子到此炼就天下第一剑——湛卢剑，改称湛卢山。山上如今还留存有剑池、炼剑炉、试剑石等古迹。宋代大理学家朱熹也曾筑吟室于湛卢山，讲学授徒。明代儒学家杨缨也在湛卢山建湛卢书院以传播理学文化。

吴山头村位于湛卢山脚下，村里有一条通往湛卢山的古道。继欧冶子、朱熹之后，古代不少文人墨客慕名来到湛卢山，大多从这条古道徒步而上，走出了松溪“湛卢文化”的开端。吴山头村，便坐落于这条古道入口处，是第一批省级传统古村落。

吴山头村给人们留下浓浓的乡愁记忆。站在村头抬眼望去，几十户人家，清一色的黑瓦泥墙，错落有致地分布在湛卢山山腰上。村庄绿树成荫，

◎吴山头村美术写生基地

青翠可人，仿佛沉浸在世外桃源里。尤其是那穿村而过的石头路，路面由大大小小的石头拼就而成，虽不是很规则，却十分平整。或许是由于年代久远的缘故，这些石头被历史的脚步磨砺得不仅光滑，而且呈现出各种好看的颜色，或米黄，或粉红，或浅黄中透出褐色来，十分引人注目。那时村子里没有水井，村民用水一律用竹筒相互连接着从山涧里引水。架在路边和房前屋后离地面约一米的引水竹渠，紧随房屋地势，高高低低，错落有致，成了小村里一道别样的风景。

近年来，随着城镇化发展，吴山头村人口逐年减少，许多老屋年久失修，古宅大院荒废倾颓，整个村落像那些固守着老屋的老人一样，静静地望着外面喧嚣的世界。

那一份期待

吴山头古村落的现状，引起不少县政协委员的关注。他们就保护吴山头古村落，强化乡村文化振兴等向县政协提交了《加强我县“湛卢文化”研究，打造吴山头“文化村”的建议》《以吴山头传统村落重塑为样板，迈出湛卢山开发实质性步伐的建议》等提案。

吴山头村不仅有乡愁，还有众多独特优势。村中保留了较为完整的明清两代风格的古建筑群，有原生态的红豆杉、马尾松等古树群，还有古道、梯田、茶山、竹影、云海等相得益彰的自然景观。湛卢宝剑、湛卢书院、朱子文化更是赋予古村浓厚的人文因素。近年来，一些有识之士逐步发现了吴山头村的魅力和价值，参与到当地美丽乡村建设和文化建设中来，修建了美术写生基地、民宿等，这在无形中逐渐复活了吴山头传统村落的绚丽光环和无限的文化魅力。

委员们在提案中纷纷表达了对吴山头村的期待：一是希望重视吴山头村传统文化、湛卢文化的发掘与传承，整体改造、包装，作为松溪县旅游深度开发产品和湛卢山开发的桥头堡。总结提炼松溪特色历史文化和本土传统村落独有的文化特质以及古老的地方风俗习惯，在吴山头村的修复中予以集中展示、复活，完整地展现松溪乡土文化脉络和缩影。二是希望构建“政府主导、社会参与、市场运作”开发体系，遵循保护优先原则，防止“大拆大建”，做到“修旧如旧”，着眼于传统村落未来的发展，注重生态和文化效益。三是针对吴山头传统村落的分布特点和古旧民居规模数量，希望成立专门机构，负责编制详细规划。四是希望秉承“保护为主，古为今用”的原则，真正沉下心将松溪县的文化内涵和特色挖掘出来，生动活泼地在吴山头村展现出来，使之成为开展乡土教育、传承和发扬优秀文化的重要基地。

那一缕收获

文以载道，史为今鉴，历史文化传统村落作为农耕文明的精髓，作为田园生活的守望地，作为故土情怀的寄托载体，在文化强国建设战略中具有独特地位。松溪县政协领导把关于吴山头村的提案作为重点提案，推动列入县委、县政府实施乡村振兴战略、打造乡村文化的重要议事日程。县委主要领导多次到吴山头村，就如何打造乡土村落文化进行调研，并积极争取和筹集资金，让吴山头“文化村”建设轰轰烈烈开展起来。

2022年，吴山头村成功申请省住房城乡建设厅传统村落保护利用项目资金400万元、专项债2000万元和其他项目资金近1000万元，用于饮用水改造、传统房屋修缮及活化利用、古道修复、环境整治等，并建成五莲池古道、竹海长廊、古树栈道、客服中心、旅游公厕等旅游景观和设施。

2023年，吴山头村以古建筑、古民居为载体，以田园风光为底色，大力建设“文化村”。村集体将村民闲置的老屋流转下来，保留传统民居特色，重新设计装潢，改造成民宿，并配套建设道路、供水、取暖、电力等基础设施，着力打造吴山头村的文化元素和氛围，真正实现游客留得住、住得下、玩得好的目标。

2024年以来，吴山头村继续坚定文化自信，提速展现吴山头村传统村落“古韵山头”的文化名片，致力打造自然人文相协、生态特色彰显的“朱子文脉传习地”，并持续完善村内基础设施，使传统村落焕发活力，在乡村文化振兴的道路上阔步前行。

（供稿：南平市政协　作者：郭义清）

“卡通朱子”赋能绿色发展

近年来，以理学家朱熹为原型的“卡通朱子”有点忙——它作为“形象大使”亮相海峡青年论坛，生动诠释两岸青年“以文会友、以文共创”的精彩故事；它化身乡村旅游“金牌向导”，在朱子故里武夷山市五夫镇为四海游客提供指引；它还摇身一变，融入绿色产业发展，成为闽北地区特色农产品的“带货主播”……而“卡通朱子”忙碌的背后，是一群青年的创新与探索，他们助力“卡通朱子”城市IP打造，更好地赋能地方绿色高质量发展。

◎ “卡通朱子”亮相第十九届海峡青年论坛

深厚文化如何转化为“生产力”？

提及朱子，南平定是一个绕不开的地方。

朱子一生七十余载，除了外出为官、讲学外，有超过五十年的时间在南平辖域内度过。朱子理学在此萌芽、发展、集大成。正因如此，南平赢得了“闽邦邹鲁”“道南理窟”的盛誉，武夷山闪耀着“世界文化遗产”的荣光。

2021年3月，习近平总书记在武夷山九曲溪畔的朱熹园考察，强调要推动中华优秀传统文化创造性转化、创新性发展，以时代精神激活中华优秀传统文化的生命力。要把坚持马克思主义同弘扬中华优秀传统文化有机结合起来，坚定不移走中国特色社会主义道路。

深厚的文化底蕴，深切的叮咛嘱托，南平如何根据城市内核文化基因，提炼创造个性化形象，并以此赋能地方绿色高质量发展？作为最有活力、最富创造力的青年群体，应当有所思考，有所作为。

一群青年，思想碰撞，分工合作，一个城市IP应运而生，并迅速出圈……

助力“卡通朱子”城市 IP 打造

当下，城市发展比以往更渴望人气、需要人气。从“熊本熊”到“不倒翁小姐姐”“南孔爷爷”，以及因“村BA”“村超”爆火的贵州小城台江和榕江，借助“小饼烤炉加蘸料”走红的淄博，因“尔滨”“南方小土豆”火了一整个冬天的哈尔滨……人们看到城市IP打造和宣传推广中蕴含的无限可能和能量空间。

城市IP是现实的生产力，也是未来的竞争力。为更好地把闽北优秀传统文化中具有当代价值、世界意义的文化精髓提炼、展现出来，共青团南平市委借力借智，以宋代理学家朱熹为原型，引导青年设计出老百姓喜闻乐见的

“卡通朱子”形象。形象有了，就如同为“朱子文化”这泓源头活水修通了沟渠，但究竟要如何将这汪清泉引流，使之滔滔不绝呢？这个现实的问题摆在眼前。

南平市第六次党代会的召开，为我们带来了答案。

会议明确提出要打造优秀传统文化传承发展的标杆，从南平城市内核的文化基因提炼创造出个性化形象。共青团南平市委通过深入调研发现，在全市现有各种朱子文化传承发展的实践中，沉淀相对较扎实、公共认知度较高，并与南平绿色发展、数字经济契合的，便是“卡通朱子”文化IP项目，特别是其运营团队已经具备了理论把关、文创设计、媒介传播、人才培养、产业赋能等城市IP可实现的相关要素。因此，依据调研成果，南平共青团、青联向市政协递上了一份《确立南平城市IP　让优秀传统文化焕发青春活力》的提案。建议由市委、市政府统筹，将“卡通朱子”作为南平城市形象最主要的“代言人”、南平阐释“两个结合”的“讲述人”、南平青少年学习传统文化的“领路人”、南平绿色产业对外宣传的“推介人”。倡导各部门各领域在全市各地标建筑、主要景点、重大活动中植入“卡通朱子”IP元素，特别是以创全国文明城市、省运会举办为契机，全面优化户外公共宣传，以直观的、现代审美的本土文化IP串联，提升城市的辨识度及特色。

一份提案背后的“答卷”

基于南平文化的内核，立足于深入的调研成果，《确立南平城市IP　让优秀传统文化焕发青春活力》的提案，为“卡通朱子”城市IP再添了一把“青春之火”。

从传承到创新，在提案的推动下，“卡通朱子”城市IP正迈着更大的脚步走进人们的视野，无论是文明城市创建、文旅产业结合还是互联网“热搜”，线上线下我们都能看见“卡通朱子”的身影。

“朱子文脉绵延相承，我们坚持守正创新，将目光下沉乡土，探索‘互联网+本土文化赋能地方发展’模式，让优秀传统文化与时代发展同频共振。”“大话熹游”创始人认为，“创新，文化才有生命力。”

从“支持文化产业发展”，到“大力发展文化产业”，“卡通朱子”IP与宣传教化全面融合，出品了一批与福文化、廉政文化、疫情防控科普等相融合的朱子卡通图像与动画。与中央纪委国家监委网站合作创作的系列廉洁漫画，累计获得“千万+”点击率。“朱子爷爷理行社”“一定国学堂”等民间朱子文化短视频账号，以幼儿启蒙教育、朱子文化普及、乡风文明建设等为主题开展面向乡村基层的传统文化传播工作。

据不完全统计，目前“卡通朱子”IP相关产品在互联网上曝光量累计超过5亿次，覆盖微信、微博、抖音、腾讯、优酷等主流传播平台。其中，新浪微博“大话熹游”话题总阅读量达1.4亿次，“大话熹游”青年主创团队还打造了3组72张表情包、近千幅原创图片、10集VR视频，采用直播、短视频等多种手段，以综合手段宣传朱子文化，弘扬传统优秀文化，使得“卡通朱子”IP成了名副其实的“潮牌”。

此外，共青团南平市委与厦门启达海峡双创基地联建共建，将朱子文化IP延伸到厦门基地，实现了以文化IP为载体，架起两岸青年交流的桥梁。在厦门，有近3万平方米的台湾青年赴大陆创业孵化基地；在南平，有一批IP综合空间，每年有众多两岸团体、相关机构来调研学习考察，逐步构建起以朱子文化IP为载体的交流交往平台，为深化南台合作贡献积极力量。

一份提案，一个IP，一腔热情，一种精神，南平青年正在以实际行动践行“第二个结合”，我们牢牢把握马克思主义的“根脉”与中华优秀传统文化的“魂脉”，以青春新声唤醒历史传承，以青春姿态立于时代弄潮。

（供稿：南平市政协　执笔：刘梦琳、吴建琼）

尽心提案十二载，关注民生解民忧

从2012年担任顺昌县政协委员以来，我每年深入乡村、企业、基层社区等地调研，共撰写提案36件，大部分是反映群众关心的热点民生等问题，反映的问题都得到解决或基本解决。回想履职的十年，为企解忧、为民代言、为发展助力，尽心履职，充实而有意义。

监督网吧管理　还孩子一片蓝天

网吧治理是前些年顺昌百姓普遍关注的热点问题。2016年两会前夕，一些家长到县政府有关部门反映顺昌城区部分网吧管理不严，有一些中小学生到网吧打游戏，个别学生甚至整天沉迷于网吧不去上课。得知该情况后，我马上联系一些政协委员到顺昌城区网吧和相关单位走访调研。经过调研，我撰写了《关于进一步加强我县城区网吧治理的建议》提案。

该提案得到县政府领导的高度重视，立即转到县文体新局办理。该局及时与我沟通交流，协商提案办理方案，并和我一起到城区的有关网吧走访调研。通过该件提案的办理，该局建立了一套对网吧管理的长效机制。一是建立了网吧管理规范，要求每个网吧遵守有关制度，并做到制度上墙，接受群众监督；二是成立了网吧行业协会，要求协会加强自律管理；三是实行巡查监督常态化，不定期邀请县人大代表、政协委员对网吧进行明察暗访；四是对重点网吧进行重点监管，对群众举报的有问题网吧，安排县文化市场综合执法大队重点检查。当年查获了两家未核实消费者有效身份，接纳未成年人上网打游戏的网吧，对其给予警告，并分别给予5000元和2000元的处罚。

县文体新局还深入学校、社区宣传未成年人上网吧打游戏的危害，并在县图书馆建立了“绿色网吧”，同有关部门合作建立了“四点钟学校”，为未成年人提供一个“绿色”学习场所，得到家长、老师的普遍称赞。

推动环境整治　市容街貌大变样

前几年，顺昌城西（中山西路）商铺占道经营情况比较严重，平时到城西购物的市民走人行道觉得相当拥挤。特别是每天早市，街道两侧有人占道卖菜，造成人行道无法通行，行人走在机动车道上，容易与机动车剐擦，有时还有个别市民被碰伤，群众意见较大。2020年县两会前夕，我组织部分委员到城西路段调研，了解商铺占道经营情况，在县政协十届五次全会上提交《关于整治西门店铺占道经营问题的建议》的提案。

县城管局收到该提案，与我进行沟通协商，提出三条整治措施：一是进一步加大宣传力度，发放宣传单，让商铺人员认识到占道经营是错误的行为；二是加大整治力度，安排专人蹲守治理，责任到人；三是建立一套长效管理机制，公布占道经营举报电话，对举报有功人员给予奖励，对屡教不改的给予处罚。

为进一步巩固整治成果，2022年5月，县城管局将城西沿街两侧早市卖青菜的临时市场分流到顺昌新百姓超市一楼的便民市场和永辉超市一楼的城西市场。2024年1月，县城管局在城西新建了170多个摊位，同年3月投入使用。现在城西街道店铺占道经营现象得到有效治理，市民购物更加安全，人行道通畅，受到群众赞誉。

关注民生小细节　提升群众幸福感

2016年以来，顺昌城市建设突飞猛进，城市面貌焕然一新，特别是余坊新城的变化更是日新月异。余坊新城的慢道建起多个凉亭，可供市民休息纳凉。但有些市民反映有部分凉亭顶上没盖钢化玻璃，不能遮风挡雨，特别是A—08和A—14两处凉亭，周边居住的市民较多，便民设施不便民。得知该消息后我到实地了解具体情况，并邀请城管局领导一起考察，听取群众意见。之后，我于2022年1月撰写了《关于在余坊新城的A—08和A—14两处凉亭上加盖钢化玻璃的建议》的提案，在十一届一次全会上提交县政协。县城管局收到提案后不到一个月就给这两处凉亭加盖了钢化玻璃。现在，周边市民在凉亭下可以放心纳凉，不用担心被雨淋着。大家都夸政府实事办得实。

公厕布局数量不足，是顺昌城市建设的一个短板。我先后多次到竹乡广场、城东桥（南岸）桥头、龙山公园等地调研，了解人流情况，听取附近居民对新建公厕的意见、建议，于2017年、2018年、2019年分别撰写了关于在城东桥头、龙山、竹乡广场新建公厕的建议。县城管局收到提案后，立即与我沟通，协商提案办理方案，没过多久，公厕新建完工，投入使用。这既方便群众如厕需求，又提升了城市文明形象。

2021年10月我到县政协提案委工作后，创新提案办理方式，提高提案办理质量。一是延长提案承办时间。之前顺昌县政协提案办理时效是3个月，由于县政府交办提案大部分是在春节前后，有些提案承办单位反映办理时限为3个月太短，无法办好提案。我将该情况向分管提案工作的领导反映，并参考《南平市政协提案工作条例》规定的办理时限，从2023年开始，将顺昌县政协提案办理时限延长为5个月。通过延长提案办理时限，提案承办单位有更充裕的时间办理提案，有效提高提案的办理质量。二是改变向提案人征询意见的主体。将原来由各委室主任向提案人征询意见变为各承办单位向提案人征询意见，增强了提案办理单位的责任感，也提高了提案办理的质量。同时积极参加2022年省政协组织的“提案故事”征集活动，撰写上报的《顺昌“森林生态银行”的春天》被《福建省政协提案故事（2018—2022年）》

汇编收录。

作为一名县政协委员，我虽然通过提案为县委、县政府积极建言献策，及时解决群众关注的热点、难点问题，但同县委、县政府对我的要求和人民群众的期盼还有不少差距。我决心今后牢记政协委员要“懂政协、会协商、善议政、守纪律、懂规矩、重品行”的要求，秉承为国履职，为民尽责的担当，继续积极撰写提案，反映社情民意，为促进顺昌经济社会发展和民生问题不断改善而不懈努力。

（供稿：南平市政协　执笔：靳万禄）

虎啸山林梦可期

华南虎，自古以“中国虎”之名，雄踞华夏山林，其珍稀程度冠绝于世，乃我国独有的虎亚种。在闽西这片历史厚重、神奇瑰丽的土地上，龙岩市委、市政府对华南虎的保护事业始终怀抱着深切的关怀与责任感。早在1998年，当时龙岩的经济基础尚显薄弱、财政捉襟见肘之时，便毅然决然地在福建梅花山国家级自然保护区启动了华南虎保护工程，建成了全国面积最大的华南虎繁育野化训练基地——中国虎园。

初心不渝担使命　守正创新共前行

梅花山，被誉为“自然基因库”的圣地，是专家们一致认定的华南虎最理想的栖息地。如今，梅花山已建立起约1500亩的华南虎野化训练基地和食物种源基地，繁育技术取得突破性进展，疾病防控体系也日益完善。

然而，随着华南虎种群数量的不断攀升，中国虎园的可持续发展之路愈发崎岖。对于保护华南虎这一崇高目标而言，虽然人工饲养在现阶段起到了关键的支撑作用，但长期而言，其局限性亦不容忽视。缺乏基因多样性、近亲繁殖等问题，都可能导致物种的退化。因此，“放虎归山”，探索野化之路，或许才是拯救华南虎、确保其生生不息的必由之路。

保护华南虎这一生态“旗舰物种”是龙岩市政协长期以来关注的重点，为了应对这些挑战，2023年4月下旬，市政协积极向市委、市政府提交《关于做大做强梅花山华南虎品牌的建议》，此举迅速获得了市领导的高度重视与积极回应，展现了社会各界对华南虎保护事业的深切关注与坚定决心。

凝心聚力扬虎威　深入调研谱新篇

虎啸已经在亚洲大陆上飘荡了超过200万年，以华南虎为原型的图腾已经在中华文化中流传了上千年。而人类最后一次在野外见到华南虎，定格在1986年。现如今，人们仅能在笼中寻觅其往昔的威猛。放归山林，才是华南虎内心深处的梦想，更是每个热爱自然、关心生态者所共同期盼的愿景。

2023年5月，由市政协、市林业局、民革市委会组成的梅花山华南虎拯救工程专项调研组成立，并邀请省政协农业和农村委为特别指导。在调研会上，市政协领导指出：我市在华南虎繁育工作上已经耕耘了20余载，取得了一定成效。然而，近年来，外省多个地市华南虎野放工作发展势头迅猛。可以说，我们虽然起步较早，但目前却落在了后面，我们要高度重视这一问题，充分发挥我们的优势，确保华南虎保护工作取得更加显著的成果。

为了借鉴其他地区的先进经验，调研组还赴江西、广东等地学习考察，深入了解繁育基地及动物园在华南虎繁育、野化等管理以及政策支持方面的做法。国家林草局福州专员办的领导们也不辞辛劳，亲临梅花山，展开深入的调研工作，并与市政协和市林业局的工作人员密切沟通，共同探讨如何有效破解中国虎园在可持续发展中面临的种种问题，进一步打造和提升梅花山华南虎的品牌形象。

调研组认为，华南虎繁育工作中存在资金压力大、高层次技术型人才缺乏以及基础设施建设滞后等问题。且由于全国范围内的“一盘棋”格局尚未形成，各单位养殖华南虎的初衷不同，对保护和恢复华南虎种群的重要性认识不一，仅靠林业部门或部分省、市层面的推动显然力有不逮。此外，华南虎种源调配困难也是一个亟待解决的问题。自2018年《国务院关于严格管制犀牛和虎及其制品经营利用活动的通知》发布以来，华南虎的种源交流受到了严格限制，这导致了近亲繁殖现象频发，基因退化问题日益严重。

2023年8月31日，民革龙岩市委会针对当前华南虎保护所面临的难题，向中共龙岩市委递交了一份关于同中国生物多样性保护与绿色发展基金会建立华南虎保护合作机制的社情民意。这份建议因其前瞻性和实用性而引起了市委的高度重视。在福建省政协十三届二次会议上，民革龙岩市委主委递交的《推动建设华南虎国家公园，打造福建生态新名片的建议》脱颖而出，获得大会的认可，获得了多位省领导的批示。这一成果不仅是对提案质量的肯定，更彰显了福建省在生态文明建设方面的远见卓识和坚定信念。

进入2024年，龙岩市政协继续发挥积极作用。1月，提交的《华南虎种源调配通道亟待打通》经省政协转报被全国政协采用；两会期间，在省政协和市政协共同推动下，《关于保护和恢复华南虎种群　助力生态文明建设的建议》，由全国政协委员成功上报至全国政协，将华南虎保护工作的影响力扩大至全国范围。3月，民革龙岩市委会提交的《保护和恢复华南虎种群面临的难点和对策建议》被上报至中央办公厅，为华南虎保护工作争取到更高级别的支持和关注。

虎啸山河中国梦　协商共奏强国音

调研组通过深入调研，精心撰写提案，积极参与政治协商，并采取切实有效的措施，联合当地有关部门推进华南虎拯救工程：强调华南虎野化训练及其栖息地生态恢复研究的重要性，旨在促进种群健康与生态平衡；加强华南虎种群交流，确保基因多样性，避免近亲繁殖的风险；深化对福建梅花山国家级自然保护区管理体制改革的探讨，创新提升保护效果；协助华南虎繁育研究所与省级以上研究机构、高校建立长效合作机制，聚合科研力量；提高偏远地区从事野生动物保护科研工作者的待遇，给予特岗职称聘用，吸引更多高层次人才；探索“野生动物致害政府救助商业保险”机制，为潜在风

◎福建梅花山中国虎园中正在漫步的华南虎（朱庆福　摄）

险提供应对之策，展现出前瞻性的思考。这些建议与意见共同构建了梅花山华南虎保护工作的全面战略，为推进相关工作提供了有力支撑。近期，龙岩市政府已向上级申报了华南虎野化训练项目，得到了国家林草局、省林业厅的积极回应，将给予项目资金支持。

华南虎，是福建乃至中国生态文明建设的璀璨明珠，其保护与野化放归是一项复杂而深远的系统工程，需要汇聚全社会的力量及数代人的智慧与努力。尽管我们已经取得了阶段性的成果，但华南虎的保护之路仍充满了未知与挑战。从生态环境的恢复到物种多样性的维护，从野外生存技能的训练到种群数量的稳定增长，每一个环节都需要我们深入研究和精心实施。同时，我们也必须正视当前存在的诸多问题，如栖息地破碎化、食物链失衡、人类活动干扰等，这些问题需要我们共同呼吁、共同解决。

然而，正是这些挑战与问题，让我们更加坚定地认识到华南虎保护的重要性与紧迫性。我们坚信，只要我们坚守初心、持之以恒，凝聚社会力量，华南虎定能在古老而生机勃发的土地上焕发新活力。终有一天，草木葱茏，鹿鸣呦呦，我们能再一次听到那震撼人心的野外虎啸，感受到它带来的生机与希望。

（供稿：龙岩市政协　执笔：周荣祥）

让小区公共收益账不再“糊涂”

社区是城市治理的“最后一公里”，是党委、政府联系群众、服务群众的神经末梢。根据国家统计局第七次全国人口普查主要数据结果显示，全国人口中，居住在城镇的人口达9.02亿人，占63.89%。与2010年第六次全国人口普查相比，城镇人口增加2.36亿人，乡村人口减少1.64亿人，城镇人口比重上升14.21个百分点。随着城镇化不断发展，城镇人口逐年增加，城镇发展也迎来了高光时刻。加强城镇小区管理，让小区公共收益成为“明白账”关乎万千百姓切身利益，显得迫在眉睫。

把写好提案“当成事”

政协委员一头连着党委政府，一头连着万千百姓。始终关注民生，倾听群众心声，把老百姓的需求“当成事”，是每一位委员的使命担当。深入调查研究，撰写高质量的提案，是每一位政协委员职责所在。

新罗区政协委员黄子祥就道出了自己在街道办事处工作期间一直关注和思考的问题。他说：“我在街道办事处工作期间就注意到，从电梯广告、外墙墙体广告，到停车位、公共配套设施经营，再到快递柜、贩卖机管理，小区公共区域收费项目日渐多元，公共收益也日益增多。公共收益怎么管好？怎么合理分配？不少业主对所在小区公共收益的去向和用途一无所知，更谈不上参与管理，小区公共收益成为‘糊涂账’。”

为了准确反映社区居民的呼声，寻找问题产生的原因，黄子祥深入群众中走访、调研，挑选中心城区不同类型小区，用不记名调查问卷、与群众谈心以及到相关职能部门拜访等方式，收集素材，掌握第一手资料，为“发好声”“建好言”奠定了坚实基础。2022年新罗区政协十五届二次会议上，他提交了《关于进一步加强城市住宅小区公共收益管理的建议》的提案。

提案指出，截至2021年底，龙岩市中心城区共有各类住宅小区约836个，其中备案物业小区268个，居民自治小区与无物业小区568个（业主自管332个）；备案物业服务企业108家；全区实现公司化物业服务住宅小区面积2504万平方米，占全区各类住宅小区面积约88%。随着城市的扩容，新建小区越来越多，功能越来越齐全，配套设施日趋完善，公共停车位、充电设施、物业用房、社区用房等一应俱全，有些小区物业用房和社区用房还有结余，用来出租。小区公共收益越来越多，有的一年达几十万甚至上百万元，数额可观。然而，小区公共收益的管理却远远没有跟上，不少小区公共收益成为心怀不轨之徒觊觎之地。为进一步规范管理、使用小区公共收益，让它成为居民心中的“明白账”，提案提出了：加强业委会人选监管，杜绝劣迹人员进入业委会；将小区公共收益纳入政府监管平台，实行财务公示制度；加大对违规使用和贪污公共收益资金的打击力度；加强党建引领社区治理，加强“红色业委会”“红色物业公司”建设部等6条建议，为管住、管好小区公共收益提供了切实可行的方法途径，成为政府职能部门推动此项工作的有益参考。

推动落地“办实事”

提案当年即被区政府、区政协确定为年度重点提案，由一位区政府副区长领衔督办、一位区政协副主席配合督办，通过采取现场视察、专题调研、座谈协商等方式，全力推动提案建议落地见效。承办单位主要负责人严格落实重点提案办理“一把手”责任制，亲自研究部署，亲自审定办理计划、答复意见和办理情况报告，做到重点研究、重点办理、重点落实。

为了办好提案，新罗区聚焦民忧、民需、民盼，将小区公共收益列为物业领域“点题整治”工作的重点，持续开展专项整治行动，紧盯问题短板，及时发现问题，将“民声”落实到“民生”，全力提高小区居民幸福指数，助力城市品质不断提升。至此，全区物业企业侵占住宅小区业主公共收益专项整治工作专班得到加强，制定出台了《关于印发加强新罗区住宅小区业主公共收益管理工作方案》，多部门合力，信息共享、联动查处、齐抓共管的协调机制全面优化。

近年来，新罗区持续开展物业公司侵占业主公共收益专项整治行动，通过第三方审计对全区小区公共收益进行梳理，将公共收益为零的小区列为必查，及时纠正查处了一批违法违规行为，靶向整治物业服务收费“糊涂账”。截至2023年底，共发现小区侵占业主利益问题线索160余条，累计梳理归集小区公共收益约3600万元。同时，作为牵头部门的新罗区城管局进一步强化主体责任，落实监管职责，督促各物业服务企业按要求做好公共收益专户开立、收支公示等工作。截至目前，全区依托省、市两级监管平台，全面开展小区公共收益“线上线下”双公示，要求业委会、物业按季度公示公共收益收支情况；全区290个备案物业小区均按要求对自查自纠结果、公共收益季度收支情况进行公示，业主的合法利益得到了有效保障，提案建议得到了有效落实。比如，龙地华庭小区共有795户业主，公共收益来自场地租赁、临时车位费、灯箱电梯广告费等。自推进小区公共收益监管以来，该小区公共收益从原来的7万元猛增到100余万元，成效凸显。居民纷纷表示“过去只知道有公共收益，但收入多少、花在哪里都不清楚，自从实行公共收益监管以来，收益增加了不少，收支还进行公示，小区业主看得一清二楚，小区也越来越和谐温馨”。

◎调研党建引领社区治理

党建引领“暖心事”

为助力全区城市社区治理，2023年7月，区委召开《关于进一步加强城市住宅小区公共收益管理的建议》重点提案督办工作会议，区政府办、区政协办、区纪委监委办、区委组织部、区城管局等11个部门、单位参加会议。会议就提案涉及内容进行充分协商，并强调指出区政协提案着眼于我区物业行业规范化管理，是惠及民生的“好主意”，要依法依规办理好政协提案；要以政协提案办理为契机，以原有近邻党建为基础，吸纳进一步加强“双红”（“红色业委会”“红色物业公司”）的建议，全面构建“小区党支部+红色业委会+红色物业”的小区治理体系，全面创新基层社会治理体制机制，有效加快龙岩中心城区全面加强党建引领社区治理的进程。

欲筑室者，先治其基。截至目前，龙岩中心城区“红色业委会”组建率达100%，“红色物业”小区覆盖率100%。龙岩市新罗区以党建引领社区为抓手，全面推行近邻党建，以组织覆盖为重点，以服务大局为中心，以群众需求为导向，把党建工作融入万家灯火，把党的服务送到千家万户。

如今，物业管理正逐渐融入基层社会治理体系。管好小区公共收益这笔账，是健全共建共治共享社会治理制度、提升社会治理效能的题中应有之义。“小提案”连着“大民生”，这件提案的选题、提出、办理，画出了群众所盼、提案所提、部门所为、社会所需的最大同心圆。

（供稿：龙岩市政协）

以提案“良言”筑梦“水美龙津”

春风徐徐，龙津河水清、岸绿、景美，龙岩市水利人笑了。的确，“一城清碧慰苍颜”，这份沉甸甸的成绩单凝聚了团队太多心血……

随着中心城区经济的发展，龙津河河道淤积、水域污染等问题已经成为市民关注的焦点。龙岩市政协第20235005号《关于全面整治龙津河河道，提升龙岩中心城市品位的建议》被列为龙岩市政协六届二次会议的重点提案，交由市水利局承办。收到交办任务后，市水利局党组高度重视，立即召开专题会议研究部署重点提案答复工作，明确由龙岩市河务管理中心牵头，相关科室配合。会后，市水利局领导与河务管理中心负责同志促膝长谈，对提案进行了深入分析、解读，对如何开展提案答复工作的思路逐渐清晰。河务管理中心负责同志表示，哪怕有再大的困难，也要把提案答复好，绝不辜负局党组的谆谆嘱托、政协委员的拳拳之心以及龙岩市民的殷切期盼。自此，水利人筑梦水美龙津的征程正式拉开了帷幕。

躬身入茅庐，良鸟栖锦枝

让龙津河水蝶变成幸福河湖，是龙岩市民和提案人、水利人的共同心愿。2023年5月5日，市水利局一行初次拜访了政协提案人——黄思瑜委员。他们一同翻开《龙岩中心城市幸福河湖建设规划（2022年—2025年）》，认真探讨。

6月26日，黄思瑜委员来市水利局回访，共商对策。

"是否可以要求列为2023年龙岩市委、市政府为民办实事项目，厚植幸福河湖根与魂，擦亮城市名片？""是否可以均衡改建河道？市政府应把龙门溪、红坊溪、小溪河、东肖溪，以及汇集后的龙津河，全部纳入整治范围，均衡地建设滨河绿道，整治河面、河道，让龙岩中心城区市民享受城市建设福利。""是否可以修筑拦河库坝，开启'开门进绿、推窗见水'幸福生活新模式？"这每一条务实、中肯的建议无不折射出提案人智慧的光芒。市水利局亦将"打造人民满意的幸福河湖"列为学习贯彻习近平新时代中国特色社会主义思想主题教育的重点问题之一，并多次召开专题推进会，为更好地打造龙岩老百姓喜爱的幸福河湖不断助力。

之后市水利局领导亲自挂帅，召集河务中心等相关科室，针对委员提出的建议，逐一商讨对策、各个落实。委员与经办人电话畅连，令提案从纸上走到地上，走到市民的心里，《龙岩市中心城区河道清淤疏浚实施方案》悄然出炉。

7月20日，龙岩市水利局领导携市、区水利部门人员再访黄委员，重点征求此项工作需要改进的地方以及努力方向等，并对提议的内容作了翔实答复。这一次，黄委员多了一份谢意，水利人少了一份不安。提案人与办理人都为龙岩打好生态牌倾注了满腔热忱。"我们对龙津河整治形成了书面方案，甚至对河中心乱石作了标记，对清理杂草滩地进行土方计算，对河岸绿地植被规划也提供给了市政部门。"

珠玑展炫彩，余音有绕梁

"办好建议提案，努力让委员满意，让百姓安心，不搞形象工程，只做百姓看得见的政绩，为民办实事。"龙岩市水利局党组表态，"抓铁有痕，踏石有印，要重在细节，落地见效。"

7月，龙岩市水利局组织计财科、河湖科、城乡规划院、安澜院等专业

◎龙津河幸福河湖建设示范河段

技术人员前往龙津河幸福河湖建设示范河段项目现场踏勘，复核存在的问题，提出解决措施。市发展改革委、财政局、城管局、住房城乡建设局提出改进方案，共同磋商，几易其稿。一句句真诚的话语，一条条闪光的经验，凝聚成推动工作、更好履职的共识。水美龙津，展现了“速度”与“激情”。五级联动，依法治河，加强社会监督等，将“良言”转成“良策”。

2023年8月1日，第20235005号重点提案按时答复。黄思瑜委员对该提案答复“满意”。

答复满意，仅仅是开始。10月，市水利局党组召开了项目专题推进会，对接下来的水利工作进行了部署。

第一步，对龙门溪片区进行海绵城市提升改造、雨污分流改造和易涝点整治；每年必须对龙岩中心城区内的龙门溪、红坊溪、小溪河、东肖溪以及汇集后的龙津河，进行一次全面的河道疏通；要不间断地落实好防洪堤及护岸建设、生态湿地建设，补短板、强弱项、固底板、扬优势，综合整治流域国省控断面水环境提升、流域乡镇交接断面水环境提升。

第二步，将中街小学景观坝至东门桥闸河段约1.5千米打造为幸福河湖示范河段，通过实施防洪堤墙面维护、河段清淤清障、建设小溪河汇合口公园和河岸灯带等，实现河畅、水清、岸绿、景美、人和的美好愿景。

第三步，将龙岩中心城区排水管网清淤项目分城北片区、东南片区、西南片区立项，引入专业的清淤公司，通过使用各种最新的清淤设备和技术，清理河道中的淤泥和垃圾；种植水生植物，调节河道水流，恢复河流的自然生态系统；常态化清理治乱，防止生猪养殖和水产养殖污染死灰复燃；不间断巡查整治生活污水、入河排污，提高河流的透明度。

对每一位水利人而言，第20235005号提案是推动全市水利工作高质量发展的一个助力。而对每一位龙岩市民来说，这一提案则是对美好生活的憧憬和向往。水清，岸绿，生态优，大家仿佛看见河畔“人行明镜中，鸟度屏风里”，龙岩市民的脸上洋溢着幸福。

正是，良策相牵水相约，精兵何惧难万千，龙津玉带我夙愿，碧波辉映幸福颜。

值！

（供稿：龙岩市政协　执笔：李琦）

为了林改之路越走越宽

谏真言　提议林业改革试点工作

20世纪末，龙岩市武平县林业乱象丛生。由于市场需要大量建筑木材，高昂的木材价格导致山上树木“偷偷”流入市场。不少群众到乡里、县里反映，自留山上的树木都被人砍了，集体林上大一点的树都快被人偷光了。林业问题引发了严重的社会问题，例如，武平县万安乡捷文村的一个仅有十几户人家的自然村，就有七人因偷砍集体林上的树木被判刑。了解相关情况后，县政协组织调研组深入乡村，认真调查研究，掌握第一手资料。通过近半年时间的了解分析，调研组认为武平存在着严重的“林业乱象”，其原因主要是由于长期以来山林产权归属不清、主体经营错位、机制不灵活、分配不合理等体制机制问题。农民没有耕山育林的积极性，林农对集体林不想管、不敢管，而村集体又管不住、无法管，整个林业陷入乱砍滥伐难制止、林火扑救难动员、造林育林难投入、林业产业难发展、望着青山难收益等“五难”问题。为此，调研组结合全县各乡镇的实际情况，起草撰写了《关于建议加快林业承包责任制的落实，从根本上制止乱砍滥伐》的提案。提案交办后，武平县政府高度重视，在进一步组织人员充分调研、广泛征求意见的基础上，出台了《武平县关于集体林权制度改革的实施意见》，并于2001年6月开始按照“试点先行、稳步推进”的要求，选择当时的万安乡捷文村开展集体林权制度改革试点工作，把集体山林“平均分给农户”。2001年12

◎ 2001 年 12 月 30 日，捷文村李桂林领到由武平县发出的全国第一本新版林权证（李国潮　摄）

月30日，万安乡捷文村村民李桂林拿到了全国第一本新林权证。

谋良策　推进“百姓富、生态美”有机统一

“分山到户”仅仅是林改的第一步。如何实现生态效益、社会效益的有机统一，实现“百姓富、生态美”的有机统一，才是“林改”的核心目标和关键所在。没有百姓的致富，山上的树木就管不住，也就无从谈起生态美。2003年以来，围绕“产业优、百姓富、生态美”的有机统一，县政协委员们结合工作实际，先后提出《关于梁野山自然保护区周边乡村改变种植结构》《竹业生产应列为我县林业强项来抓》《持续深化集体林权制度改革，助推生态文明建设》等提案，就林业发展目标、发展方向以及应当解决的突出问题提出意见、建议，为县委、县政府制定林业发展规划，“点绿成金”，推动县域经济绿色发展提供决策依据。

随着经济发展和生态区位发生变化，一些商品林被划入重点生态区位，禁止砍伐，林农面临守着满山的林木却不能增收的尴尬。“保了生态、空了钱包”，一些林农产生了不满情绪，直接影响造林、护林的积极性。为此，政协委员从维护林农合法权益的角度，提出了《关于进一步加大管护力度，充分发挥生态公益林的作用》和《关于我县生态林管护经费合理分配》等提案，推动科学建立森林、流域、重点生态区域等生态保护补偿机制，并形成长效的资金补偿制度，对国家级、省级生态公益林的森林生态效益，按生态功能强弱，实行分类补助，让原本待砍伐的商品林，变为清新武平的“绿色不动产”，成为林农的“绿色银行”。

出实招　践行新时代生态文明思想

武平县象洞镇的生猪养殖规模很大，象洞溪流域水环境污染问题，是困扰福建、广东两省，多次被生态环境部挂牌督办，治理了多年却收效甚微的老大难问题。为了让闽粤边界溪流恢复清澈，还象洞溪一江清水，2016年一开春，部分政协委员就深入象洞镇调研考察，全面了解象洞溪流域水环境污染情况，撰写了《关于全力抓好象洞溪流域水环境污染综合治理，推进省级生态县创建工作》的提案，建议县里坚持生态惠民、生态利民、生态为民，综合施策，多维度治理生猪养殖业污染，重点解决损害群众健康的环境污染问题，还百姓优美生态环境。

当年4月中旬，武平县召开了象洞溪流域水环境污染综合治理“百日会战”誓师大会，由三位县领导带队，从县直单位、其他乡镇抽调了200多人，吃住在象洞，拉开了象洞溪流域水环境综合整治序幕。通过“拆、转、治、清、管”多措并举，当年9月，象洞溪流域7个村成为“无猪村”，提前三年达到三类水质目标。

围绕养殖业治理后产业转型问题，委员们开展了林下培育壮大象洞鸡养殖规模、种植黄金百香果、发展草药养生产业、发展紫灵芝产业、打造乡村特色生态旅游等专题调研，形成了多份关于产业转型方面的高质量提案。在此之后，“种果只种黄金果、养鸡只养象洞鸡”成为武平发展林下经济的响亮口号。黄金果和象洞鸡也成为武平人民的致富果、脱贫鸡。2017年9月上旬，武平黄金百香果亮相厦门金砖国家峰会，成为接待海内外嘉宾的“福建味道”，象洞鸡作为宴请名菜，摆上各国领导人的餐桌。

当前，借力绿水青山，推进全域旅游，助推乡村振兴的“旅游富民”大幕，正在武平县徐徐拉开。据统计，2023年武平县实现农村居民人均可支配收入28860元，是“林改”前人均可支配收入1600元的18倍，武平人民的日子越过越红火。

“林改”以来，武平县政协委员坚持问题导向，围绕深化“林改”需面对的主要矛盾，精心选题，深入调研，撰写有分析、有价值、针对性和操作性强的高质量提案，助力“全国林改第一县”高质量发展，彰显了政协提案的意义和价值。

（供稿：龙岩市政协　执笔：钟茂富、徐维锋）

为心脏骤停者守护“黄金四分钟”

目前，我国每年心脏性猝死者人数近55万，相当于每分钟就有1人因心脏骤停而死亡；而院外心脏性猝死者的生存率不到1%，远远低于欧美国家的10%—12%。这是一组让人无比痛心的数字，也是让我国的“白衣天使”们时刻警醒、为改变现状而努力奋斗的数字。

在红色圣地闽西，有这样一个群体，他们践行“奉献、友爱、互助、进步”的志愿精神，秉承“人人学急救，急救为人人”的理念，四处奔走，传播心肺复苏等急救知识，为群众生命安全构筑坚实保障。他们，就是龙岩市的“从心启航”心肺复苏全民公益行动服务队。这支服务队的领头人，是全国“最美志愿者”、市政协委员钟荣荣。

2022年、2024年，钟荣荣先后提交《关于在全市中学普及心肺复苏术的建议》《关于在全市打造“黄金4分钟社会急救圈”的建议》两份提案，为拯救生命建言献策。《关于在全市中学普及心肺复苏术的建议》获龙岩市政协“2022年度好提案”、龙岩市政协六届一次会议以来优秀提案。这两份提案反映社会关切，精准聚焦民声，饱含着钟荣荣作为一名政协委员的责任担当和作为一名医务工作者的医者仁心。

持之以恒　小公益做成大品牌

心跳、呼吸骤停——猝死，是临床上最为严重、紧急的危险病情，猝死4分钟内为抢救的最佳时机。为提高心肺复苏等急救知识普及率和猝死患者的抢救成功率，2015年4月21日，共青团龙岩市委联合市第一医院，正式启动“从心启航”心肺复苏全民公益行动项目，组建了由钟荣荣负责、48名青年医务工作者组成的青年医师志愿服务队。

钟荣荣平时工作在医院任务最繁重的岗位——急诊科，还要做好医院的纪检工作。但在公益行动中，他不仅是策划者、组织者、联络员，还是主讲人、宣传员、驾驶员。在他看来，能够传播急救知识，额外的物质和精力上的付出都是值得的。他十年如一日，带领队员们走遍了福州、厦门及龙岩各县（市、区）的机关、企事业单位、大中小学校、街道社区、乡镇，开展项目活动80场次，参加现场培训的共有近2万人。

多年坚持带来了裂变式的社会效应，“小项目”做成了“大品牌”。如今，“从心启航”心肺复苏全民公益行动项目已发展成全国的一个公益品牌，先后获得中国青年社会组织公益创投大赛100强、中国青年社会组织“伙伴计划”优秀项目等荣誉，项目团队荣获“第十五届福建青年五四奖章集体”。

防微杜渐　让急救知识走进校园

2021年12月，钟荣荣被推选为市政协委员。在钟荣荣看来，政协委员是一份荣誉，但同时也是沉甸甸的责任。几年来，他积极参与政协各项活动，通过深入调研，结合自身工作实际，提出了许多反映社情民意、可操作性强的建议。

据统计，80%的心脏骤停如果得不到及时的抢救复苏，4到6分钟就会造成大脑和其他重要器官组织的不可逆损害。而心肺复苏术，正是一项让我们普通人面对突发紧急情况也可以实现帮助他人、拯救生命的技术。但钟荣荣深知，目前经过相关培训的人数占全市人口比例仍较低，为此他提交了《关于在全市中学普及心肺复苏术的建议》，旨在推动心肺复苏术列入全市各中学必修课，组建专业师资队伍，进一步加大心肺复苏术的培训普及。

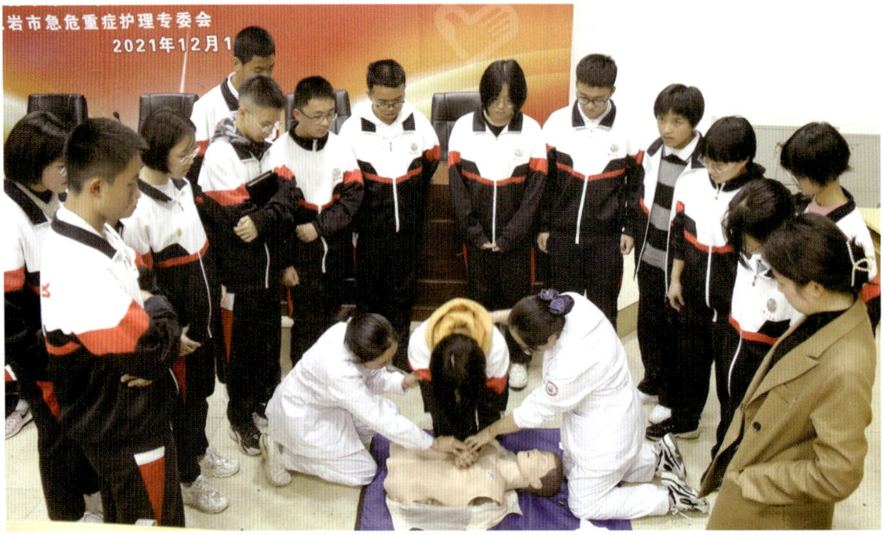

◎ 2021 年 12 月 1 日，“从心启航”心肺复苏全民公益活动进校园

在这份凝结着钟荣荣心血的提案中，他建议，加大心肺复苏术的培训普及，将心肺复苏术列入龙岩各中学必修课，由龙岩市教育局联合各县（市、区）教育局制定培训普及计划；加大宣传报道力度，营造“人人学急救，个个会救人”的浓厚氛围，提高急救意识，由市融媒体中心牵头组织国家、省、市等主流媒体进行广泛宣传报道；组建师资培训队伍并进行考核，由市卫生健康委联合全市县级以上公立医院共同开展，为考核合格者颁发急救培训证书。

这份提案十分精练简洁，全是“干货”。一经提交，立刻引发了强烈反响。市教育局在提案办理答复中明确表示：“在广大师生中普及急救知识，掌握心肺复苏术急救技能，并带动家庭成员参与到提高全民急救技能的活动中，逐步实现全民普及心肺复苏术的目标，对社会而言是一种巨大的财富。”同时，从争取资金在校园内进一步增配自动体外除颤仪（AED），定期安排专家对校内学生、老师、校医等进行系统性、规范性的急救培训，加强对校医、教师的专业培训并组织考核，加大急救知识宣传力度等方面作出了积极回应。

筑牢保障　打造黄金 4 分钟社会急救圈

社会急救（家庭与社区急救、现场急救）是医院专业急救的“前哨站”，能为专业的院前急救和入院后续治疗赢得时间与机会，是猝死患者生命续航的有力保障。钟荣荣敏锐地意识到，急救知识传播必须与基础建设有机结合，群众生命安全才能得到最大限度保障。

但是，第一目击者心肺复苏（CPR）的实施率在我国大、中型城市中平均仅为4.5%；经历过CPR培训合格的公众不到全国人口的1%；AED配备严重不足。在龙岩市，情况也是如此。基于这些现状，钟荣荣经过深入调研、认真思考和反复求证，提交了《关于在全市打造“黄金4分钟社会急救圈”的建议》提案。

在这份1500字的提案中，钟荣荣的建议涉及各级各部门，构建出完整的社会急救圈建设体系。他建议，加大应急救护工作财政投入，加强应急救护阵地和设施建设，推进应急救护师资队伍建设，红十字会、教育、公安、交通运输、卫健、体育等部门通力协作开展急救知识普及活动，加强AED配备，加大宣传教育，营造良好社会氛围。

尤为值得一提的是，钟荣荣在提案中建议，探索建设公众急救员网络体系：将培训合格的公众急救员登记注册，纳入统一的公众急救员库，同时打造数字化急救呼叫平台，研究集120急救指挥系统、救护员和救护志愿者信息管理系统与AED信息管理系统于一体的应用场景。当发生突发状况时，事发地一定范围内的急救志愿者可接收到提示信息，第一时间就近参与急救，打造“黄金4分钟社会急救圈”，切实大幅提升救治成功率。

一条条含金量高、环环相扣的真知灼见，直击薄弱环节，建议科学可行，正让“黄金4分钟社会急救圈”一步步从梦想照进现实。

（供稿：龙岩市政协　执笔：黄俊）

提案即办送温暖

随着2021年春节临近，宁德市将迎来人员大流动、货物大流通，同时伴随持续低温天气，疫情防控工作面临重大挑战。加强疫情防控，实现从物质生活到文化生活的全面关怀，鼓励外来务工人员留宁支持企业稳岗稳工，统筹推进疫情防控和经济社会发展，是党委政府的关注点，也是人民政协履职的着力点。

2021年1月15日上午，市政协召开提案即办协商会，对林薇委员《关于关爱春节期间留宁外来务工人员的建议》和石水凤委员《关于疫情期间提高农村防疫能力的建议》进行现场协商。

委员建言　感受“宁德温暖”

“春节就要到了，我市鼓励大家留宁过年。我想，要让外乡人留下来，就要让他们爱上这座城，感受城市温暖。”林薇委员说。她建议，要给予经费支持，适当补贴春节期间留宁过年的外来务工人员，特别要对他们中的困难家庭进行补助，让他们过个好年；开展人文关怀，为除夕夜坚守岗位的一线职工送年夜饭，为留宁外来务工人员免费寄年货，春节期间让他们免费乘公交车，景点免费游；组织技能培训，开展免费技术技能培训，给予技能提升性补贴，让留宁外来务工人员学到实用技术技能，为就业增收夯实基础；加强疫情防控，减少不必要出行和聚集，严格督促落实个人防护，科学佩戴口罩，保持社交距离，发现异常情况及时核实报告。

“疫情防控工作开展以来，我市中心城区基本建立防疫体制机制，形成常态化保障机制，但也存在‘城强村弱’的问题。”石水凤委员说，当前要提高基层防疫意识，落实各村（居）疫情防控，引导在外务工人员春节期间留在工作地休假，倡导不大办酒席，减少聚集性活动；加强农村应急物资储备，加强农村医护人员专项业务培训；严格摸排管控，强化网格化管理，做好涉疫地区、境外旅居史返（来）宁人员排查登记和防疫服务工作。

“要注重调研，深入农村，了解务工人员真实需求，有的放矢，抓好落实。”“加大宣传，让能享受政策的人都了解情况。”……委员们还提出许多意见建议，强化“温暖”保障，让关爱到位。

部门办理　展现“宁德速度”

承办单位认真分析提案建议，结合各自职能和业务特点，行动之前先协商，努力提高办理质量。

“经市政府同意，由我局牵头，会同五个部门联合印发《关于2021年第一季度企业增产增效稳工稳岗有关措施的通知》。我们将加大力度，促进企业增产增效，对不停工不停产企业和一线工人开展慰问，对企业春节放假及外省员工留宁过年进行调查摸底，督促做好疫情防控、指导帮助生产。”市工业和信息化局有关同志表示。

市人力资源社会保障局实施一次性稳就业补助，要求各级人力资源社会保障部门加强人文关怀，做好走访慰问，明确春节当月一次性稳定就业补助申领办法，让留宁外来务工人员感受“家”的温馨氛围。“以工代训补贴发放”做法，得到了在场委员和承办单位的一致肯定。

市卫生健康委认真落实市委、市政府严守“六道关口”、强化“三项措施”要求，督促落实“四方”责任，坚持“外防输入”“人物同防”，强化春节期间应急值守。“经过一年多努力，各基层医疗卫生机构积累了宝贵

◎调研组前往企业看望慰问工作人员

经验，对疫情物资储备更加重视，我们制定了农村地区疫情防控工作实施方案，指导科学精准做好防控。”市卫生健康委有关同志表示。

“我们的任务是保障重点项目不停工、早复工，督促业主单位严格疫情防控，加强政策宣传，落实激励保障，对成效良好的给予加分和经费奖励。我们还将对提前到春节前开工的项目业主和春节期间不停工建设单位予以补助支持。”市发展改革委有关同志表示。

市商务局的工作重点在于电商，将突出“全闽乐购”针对性，对外来务工人员实行“特殊关爱”，并加大对商超、农贸市场、餐饮、快递等服务业工作人员疫情防控工作的宣传指导。

市总工会是职工的“娘家人”，他们发出“温暖宁德，我们一起过大年”倡议，印发《关于认真做好全市企业外省籍职工留宁过年关心关爱工作的通知》，召开座谈会听取企业意见建议，掌握辖区内春节期间留宁过年的外省职工信息，并将开展关心关爱进企业活动，大力宣传留宁过年职工奋战一线、助力企业发展事迹。“给留宁过年职工家属寄一封家书、送一份宁德特产”等做法得到大家点赞。

“积极要求各县（市、区）文化和旅游局征求各国有A级旅游景区意见，资源品牌禀赋优异的相关景区在第一时间响应，愿意给予春节期间为宁德经济发展做贡献的外来务工人员人文关怀。”这是市文化和旅游局交出的提案答卷。他们还着手委托公司设计旅游景区联票票样，并拟定春节期间旅游景区优惠实施细则，以便景区更好执行。

“我局坚持以人民为中心，切实增强责任感和使命感，加强与有关部门、行业协调配合，全面落实联防联控措施，牢牢把握疫情防控形势新变化，关爱春节期间留宁外来务工人员，积极筹措资金，确保稳就业补助及时发放。”市财政局有关同志表示。

政协搭台　彰显“宁德担当”

市委、市政府主要领导高度重视提案工作，对政协全会期间编印的《重要提案摘报》作了批示。市政协领导指出，党委政府的中心工作推进到哪里，人民政协的工作就跟进到哪里。事关冬春季疫情防控，时不我待，这是十年来市政协第一次在两会期间直接交办提案，在会后立即召开即办协商会。这个时候，要充分发挥人民政协作为专门协商机构的作用，把提案办好，让党委政府放心、政协委员认可、人民群众满意，充分彰显人民政协为人民的担当作为。

疫情就是命令，防控就是责任。经过充分协商沟通，大家一致认为，办理关爱春节期间留宁外来务工人员的提案，要关注外来人员特点，体现宁德人民的情怀、好客和温暖；多渠道、多层面加大宣传力度，迅速行动，让外来务工人员了解党委政府的关心关爱；携手通力合作，让相关措施真正落到实处。办理疫情期间提高农村防疫能力的提案，要着眼基层，群策群力，主动作为，制定切实可行、符合宁德实际的工作方案，抓住重点，突破薄弱点，把防控工作做在前、做在先。

委员有呼吁，政府有回应。承办单位表示，要把委员意见建议吸纳到具体工作中，充实到政策中，并根据会议精神，进一步研究更具针对性的措施，加大工作力度，不辜负委员殷切期望。

（供稿：宁德市政协　执笔：林薇）

让村民喝上“放心水”

“我们村安上了净水设备，通过第三方的管理和维护，水源供应稳定，水质得到提高，群众表示很满意！”近日，在福安市政协十三届重点提案“回头看”督办现场，下白石镇斗门头村党支部书记由衷地感叹。

该村饮用水安全问题的有效解决，得益于福安市创新农村饮用安全管护机制，让广大农村群众喝上安全水、放心水，真正将民生实事办成群众满意的民心工程。这是政协提案履职成果转化落实的一个亮点，离不开福安市政协和委员们的辛勤付出。

献计出策　为民解忧

斗门头村饮水工程建于2005年，建有慢滤池、清水池各一座，历经多年运行，设备设施受损，严重影响正常供水。2014年，饮水工程被列为中央投资项目进行改造提升，新建1座拦河坝和1座水厂，对原清水池进行翻新，新增一体化净水器1台，并更换输配水管网等。项目建成后，交由村委会管护。由于没有专人定期对制水设施运行进行规范维护，也未定期投加消毒净化药品，该村饮用水在市疾控中心水质监测时发现微生物超标问题。这一现象引起市政协委员和民进福安市委会的密切关注。

“十一五”以来，福安市在各级财政资金大力支持下，至2018年建成农村饮用水设施750多处。这些饮用水工程点多面广，除中闽水务集中供水、福安水投公司管理和乡镇自主管理的自来水厂外，其余的距离乡镇所在地较远的分散性村庄和千吨以下的农村饮用水工程建成后，都交由当地村委会自主管理。

长期以来，这些饮用水工程受建设期资金不足等因素制约，有的设施简陋，没有配套净化、消毒设备，造成水处理不完全或未进行处理就供水，水质得不到保障；有的设计供水量小，管线埋设浅，极易造成停水；且建后管护力量薄弱，大多数村级组织管护人员和管理技术欠缺，饮用水设施管护不到位。农村饮用水供水不稳定和水质不达标问题，备受群众诟病。

民进福安市委会经过深入调研，在市政协十三届二次会议上，提交提案《关于进一步加强农村饮用水安全工作的建议》，从创新农村饮用水管护模式、提升水处理能力、加强水源地保护、强化水质监测等四个方面，建议加强农村饮用水安全工作。

该提案建议被列为2018年重点提案，并被市委列为当年重要协商议题。市领导作出批示，要求将保障农村饮用水安全作为脱贫攻坚和乡村振兴的重要基础设施来抓。

市政协高度重视该提案督办工作，牵头督办的政协领导带领提案者、政协委员深入现场实地察看。调研组在听取利益相关群众意见和建议的基础上，多次召开提案办理督办会，与提案承办单位和相关部门负责人面对面协商，对巩固提升农村饮水工程建设的资金来源和建后管理涉及的产权关系、管理主体、管理体制、水源保护、水价核定等问题，以及水质监测、群众用水知情权等方面进行深入探讨，理清思路，共同为农村饮用水安全把脉寻方。

各方关注　合力破题

一石激起千层浪。一份提案，让农村饮用水安全问题引起社会的广泛关注，提案承办单位也迅速作出了回应。

从2018年起至2020年，市水利局积极向上级争取资金1420多万元，整合

◎龙岩市水利局检测农村饮用水

扶贫、民宗等部门的专项资金582万元，共投入2000多万元，建设完成了31个村的饮水补缺项目，改造提升了43个村的供水设施。同时，安排本级治水专项资金300多万元，为39个村庄配备一体化净水器，为142个村庄增配缓释消毒器，为708户贫困户安装家用净水器。

在不断完善农村地区饮用水设施的同时，市水利局还积极探索管护机制改革创新，整合乡村一级涉水力量，全市120名水利技术员和河道两岸村庄的河道专管员全部兼任农村饮用水安全工程专管员，加强村级管护力量。试行开展重点村庄水质安全管理，委托第三方机构对30多个重点村庄实施加密跟踪维护，每月三次对净化消毒设施进行清理和加药，推进饮用水卫生达标。2019年，还安排专项资金260多万元，委托第三方专业维护公司，对未被城镇自来水厂覆盖管理的387个行政村的农村饮用水工程水质净化处理设施进行全面管护，每月两次（其中30个重点村每月三次）定期对水质净化消毒设施进行清理、加药处理。2020年枯水期水质监测，达标率达到89%。

为进一步加强水质监测能力建设，福安市相关部门积极争取农村饮用水水质监测省级补助和市财政预算资金支持，加强农村饮用水监测中心、市疾控中心实验室建设，提升水质监测水平和效率。2020年共检测农村饮用水水样768份，并将结果分发到相关村庄和农户，提高群众用水知情权。2021年，枯水和丰水期分别轮流跟踪检测，并将检测结果作为第三方管护公司管护成果的考核依据，进一步提高供水安全监管水平。

调研督办 “回头”问效

农村饮用水安全问题是一项长期性工作，市政协连续四年开展往年提案“回头看”跟踪督办工作，及时跟进该件提案的办理进程，从查找薄弱点、提升阶段性成果、落实长效措施等方面，持续发力，推进提案的再办理、再落实。

2021年6月，市政协认真落实省委提出的“再学习、再教育、再落实”活动，组织开展了十三届重点提案办理情况“回头看”督办活动，对五年来的重点提案办理工作进行再调研、再督办、再评议，深入农村饮用水第三方管护公司、斗门头村水厂、农村饮用水监测中心和湾坞自来水厂，进一步了解农村饮用水安全管护工作。

经现场督查，斗门头村于2018年作为重点村庄实行第三方管护机制以来，供水充裕，水质监测一直保持达标状态，群众表示满意。

目前，农村饮用水主体责任、监管责任、运行管理责任等安全管理机制也在建立、健全和落实之中，城乡供水一体化规划正在组织实施，农村用水计量收费制度得到广大村民的支持，管水、用水和节水理念不断深入人心。

值得一提的是，该市创新农村饮水工程管护机制的做法与成效，还得到省水利厅的充分肯定，作为综合治水试验新一批典型经验在全省推广。

（供稿：宁德市政协　执笔：缪玲芳、吴庆堂）

共绘按摩器产业转型发展“同心圆”

近年来，随着居家健康养生观念逐渐形成，消费者对健康需求日益增强，按摩器产业迎来发展新机遇。经过40多年发展，宁德市按摩器产业形成了一条以福安为主体的较为完整的产业链。宁德成为中国医疗保健器材产品三大出口基地之一。

聚焦按摩器产业发展，宁德市政协提案委和委员龚杰在市政协五届二次会议上提交关于加快按摩器产业转型升级的提案，被列入《重要提案摘报》，得到市委、市政府主要领导批示，并被列入2023年市政协重点协商工作计划。为做好提案督办工作，市政协牵头组建课题组，制定完善督办方案，深入相关企业调研，召开重点提案督办协商座谈会，并形成督办调研报告，呈市委、市政府决策参考，助力按摩器产业向大健康行业转型跨越发展。

下基层摸实情

调查研究是人民政协的优良传统。2023年4月以来，课题组深入开展调研，进一步摸实情、汇民智、理思路、寻良策。

课题组先后前往福安市宝诚电子商务、福建怡和电子、福安市力神电机、福建荣耀健康科技、奥弗锐（福建）电子科技等相关企业，进车间、看生产、问需求，详细了解按摩器企业生产、运行、经营、销售等基本情况及存在的困难问题，广泛收集企业相关负责人对加快按摩器产业转型升级的意见、建议。对本地按摩器产业有一定了解后，还赴浙江省兄弟市考察学习：深入天正集团，就企业发展运营、扶持政策落实等情况与相关单位、企业负责人互动交流；深入乐清经济开发区、台州市仙居医械小镇等地，认真了解其在体制机制改革、扶持产业发展、助推企业转型升级方面的政策措施……

在调研中，课题组惊喜地发现，宁德按摩器产业已形成以福安为主的从原材料采购、零配件加工、成品组装到产品销售的完整产业链，超过80%的原辅材料生产实现本土化。目前，全市已有生产及配套企业200余家，按摩器相关电商企业1800多家，产业集中度较高的园区5个，产品覆盖按摩椅、小件按摩器、保健按摩椅3大类50多个系列、超2000多个品种。

在深切感受到产业蓬勃发展的同时，课题组也发现其中还存在一些不足和短板。如，龙头企业带动作用不足，多数企业为代工生产，区域品牌影响力有限，自有品牌销量在总销量中的占比不到15%；研发创新存在短板，核心自主知识产权拥有量较少，且对运用数字科技优化生产流程、创新商业模

◎宁德福安市王基岭工业园区

式等领域缺乏战略认知，无法进入利润相对较高的中高端配套产品层面；保障措施有待加强，人才吸引力不够、用地保障不足，按摩器小微企业"退城入园"面临困难。

重协商献良策

2023年10月9日，市政协召开"加快按摩器产业转型升级"重点提案督办协商座谈会。

会上，市工业和信息化局、福安市政府等承办单位通报按摩器产业发展相关情况及工作思路，与会政协委员与相关部门负责人紧扣主题，围绕品牌建设、精准施策、用地保障、人才引育、园区建设、发挥行业协会作用等方面进行互动交流。

"我市按摩器产业在转型发展过程中，有关部门全力优服务、强品牌、抓升级，蹚出一条产业优化升级的破局之路。要抓龙头带链条，解决'小散乱'问题；要重统计带规模，发挥行业协会作用；定规则促转型，帮助小微企业完成数字化、智能化改造；明职责强保障，协同发力促进按摩器产业发展。"市政府负责同志说。

务实的建议，凝聚着对按摩器产业发展的深入思考。课题组在系统梳理、充分吸收委员意见建议的基础上，形成《"加快按摩器产业转型升级"重点提案督办调研情况报告》，报送市委、市政府供决策参考。

针对龙头企业带动作用不足问题，该报告建议，重点培育一批具有成长潜力的优质龙头企业，推动用地、融资、财税、人才等生产要素向龙头企业倾斜，支持龙头企业抢占智能化、信息化、绿色化高端市场；以产业链强链补链为导向，促进中小企业嵌入链主企业供应链生态圈，持续打造优势全产业链。

就提高创新能力、积蓄发展动能方面，报告提出，提高研发费用加计扣除等政策补助标准，对重新认定的高新技术企业予以奖励，优先推荐和安排申报上级各类项目资金；尽快制定按摩器行业标准体系，加快推进按摩器电商园建设，深入实施品牌竞争力提升工程；深化与高等院校和科研院所合作，推动生产数字化改造、产品数字化升级、管理数字化提升。

此外，报告还从拓展产业空间、保障质量安全，强化要素保障、突破瓶颈制约，优化服务质量、营造良好氛围等不同层面，提出了行之有效的建议和意见。

抓跟进促落实

金秋十月，盛会启幕。2023年10月29日，以“福安智造·新契机 新高地 新蓝海”为主题的中国宁德·福安大健康（按摩器具）产业创新暨电商发展大会在主会场福安开幕。

开幕式上，行业知名院士、专家学者、企业代表、协会负责人、福安在外乡贤等齐聚一堂，共同探讨按摩器产业高质量发展良策，推动按摩器企业在强创新、强产业、强企业、强平台、强融合、强投资上实现新突破。

这是推动“加快按摩器产业转型升级”重点提案办理的具体举措之一。一年来，市委、市政府及市工业和信息化局、福安市政府等提案承办单位坚持高位谋划，进一步精准施策、优化服务，从以下两个方面大力推动按摩器产业转型升级、提质增效。

组专班、出实策。成立市级按摩器产业工作专班，专班领导由市政府副市长担任，专班负责人由福安市党政主要领导和宁德市工业和信息化局领导担任；推动出台《福安市推进按摩器具产业转型升级若干措施》等政策措施，从保障优质企业用地需求、设立传统产业转型升级纾困基金等方面，助力按摩器行业高质量发展。

重创新、创品牌。培育一批国家高新技术企业、省级“专精特新”企业，推动一批产学研合作项目落地实施，并为按摩器企业提供免费智能制造诊断服务，引导按摩器企业实施数字化、智能化、网络化、绿色化升级改造。谋划开展“五福新城　全家福安”北京福建会客厅·福安专展品牌推介等活动，组织企业参加2023年越南国际建筑建材装饰及家居展览会、2023年中国跨境电商交易会、第133届广交会等国内外展销活动，助力提升按摩器品牌的知名度和影响力。

与此同时，宁德还充分发挥行业协会作用，推动制定《保健按摩产品用塑料配件　第1部分：塑料装饰件》《按摩器具用泡棉》《按摩器具用金属结构件》《按摩器具用小功率直流电动机》等团体标准，提升行业标准化水平体系建设，推动按摩器行业规范有序发展。

翻开福安按摩器产业2023年的成绩单，各项攀升的指数引人注目：规上产值16.07亿元，实现翻一番；规上企业35家，同比增长118.75%；电商网络销售额103.1亿元，同比增长19%。齐发力、共推进，以福安为主的宁德市按摩器行业正逐步向医疗器械产品和健身体育用品等大健康行业转型跨越。

（供稿：宁德市政协　执笔：陈莉莉、余春川）

提案办理让富民“菌花”更美艳

宁德市食用菌栽培历史悠久、全国闻名，食用菌产业已成为宁德农业主导产业。以古田为核心的食用菌主产区被认定为“中国食用菌之都”，其独特的“县域工厂化”发展模式成为全国各地学习和借鉴的典型样板。

如何更好地发挥自身优势，推进食用菌产业升级，助力乡村振兴？宁德市政协将“推进食用菌产业升级　助力打造乡村振兴样板区”确定为重点提案，列入2022年重点协商工作计划。2023年，宁德市政协组织开展重点提案“回头看”活动，做好提案办理成效巩固和转化提升，持续推动食用菌产业转型升级。

打造乡村振兴样板

一朵“菌花”为什么能被写入市政协重点提案？“食用菌是我市八大特色农业产业之一，政协委员对此广泛关注。为了更好地助推食用菌产业升级，打造乡村振兴样板，提案委选择这个课题作为集体提案。提案提交以后，被列入市政协《重要提案摘报》，得到市委、市政府、市政协各级领导批示，市委主要领导指示‘要持续做大、更要做强这一农业主导产业，为乡村振兴发挥积极作用’。”市政协提案委负责人道出了其中缘由。

目前，食用菌产业既面临资源约束和生产成本升高的双重挑战，还要应对国际、国内市场竞争日趋激烈和自身竞争优势被削弱的双重压力，要持续做大食用菌产业，任重道远。

“随着农业供给侧结构性调整的加速推进，许多地方将食用菌产业作为区域经济调整和乡村振兴的重要抓手。”市政协委员张金油坦言，“发达地区相对低迷的经济需求，为我们吸引更多项目、资金、人才回流创造有利条件，必须紧紧抓住机遇。”

从人才支撑到食品安全

在重点提案督办中，围绕基础设施建设、加大品牌效应、培养专业人才等问题，政协委员积极建言献策。

“我市食用菌产业人才支撑较为薄弱，从业人员逐渐老龄化，而销售渠道又亟须信息化。如何聚天下英才而用之？”林其勇委员瞄准“人才”这个第一资源，提出建议：坚持引才聚智，以机制创新激发干事创业活力；健全培育体系，以稳定队伍增强人才供给能力；夯实技术基础，以市场需求倒逼服务水平提升。

委员建议得到市人力资源社会保障部门的肯定。2022年以来，市人力资源社会保障部门积极为食用菌产业引进、培养人才创造条件，全市开展职业技能培训1.3万人次，新建设2家食用菌市级技能大师工作室，还将通过支持食用菌行业建设技能大师工作室、加快行业技能人才培养、组织食用菌种植营销等专业的专家精准对接服务等措施，为推动全市食用菌产业可持续发展提供人才和智力支撑。

民以食为天，食以安为先，安以质为本。

“随着一些食品安全事故的曝光，食用菌质量安全引起人们强烈关注，譬如食用菌产品荧光增白剂、甲醛、工业柠檬酸等事件给安全敲响了警钟。因此，通过科学种植、加工、运输等管理，减少农残，确保食用菌品质至关重要。”刘泽敏委员提出自己的看法。

这个问题得到市市场监督管理局的关注。2022年以来，宁德市政府先后出台《进一步推进质量强市建设的八条措施》《推动标准化工作高质量发展的八条措施》，全市共主导和参与食用菌标准制定38项，其中主导国家标准7项，参与省级地方标准31项（主导29项），有效提升宁德市在国内食用菌产业特别是银耳产业标准方面的话语权。“下阶段，我们将推进食用菌标准化建设，继续加强食用菌质量检验检测能力，有效提升食用菌品牌的质量美誉度。”市市场监督管理局同志说。

小蘑菇大产业

绿水青山就是金山银山，食用菌产业发展史宛若一部“生态理念进化史”。“今天我们谈加快食用菌产业的转型升级，不能只靠卖蘑菇。”林薇委员建议，“靠山吃山要实现迭代升级，就要打破传统单一模式，形成原料—产品—废弃物再利用或再生产的‘三元双向’生态循环机制，充分挖掘食用菌价值，推动食用菌产业调优、调绿，实现资源循环利用与农业互动发展良性循环。”

委员建议与政府工作不谋而合。近年来，相关部门累计投入乡村产业振兴奖补资金700多万元，用于食用菌产业提升、传统菇棚改造提升等项目。市农业农村局还大力推广“光伏+菇棚”种植方式，加大废菌棒、银耳蒂头、炉灰等回收循环再利用，全面改善菇房面貌，推动食用菌“绿色能源+生态种植”融合发展。

好产品还得会吆喝。夏克辉委员始终关注食用菌产业的宣传推广，他认为要结合实际，利用会议、媒体、展览会等多种交流平台，展示食用菌及食用菌加工产品，让群众认识、了解食用菌及加工产品，引导广大人民群众将食用菌及加工产品作为餐桌上的环保食品。古田县政府负责同志表示，古田将通过食用菌文化宣传，举办古田银耳品牌推介会，发布中国银耳产业发展蓝皮书、中国食用菌蓝皮书等措施，不断提升食用菌的知名度和影响力。

“古田县大力发展食用菌产业，让古田银耳成为全国的‘单打冠军’，市场占有率达90%以上。我们将借助创建国家级农业现代化示范区、全产业链典型县的东风，进一步优化县域内产业布局，有序探索、实践食用菌产业

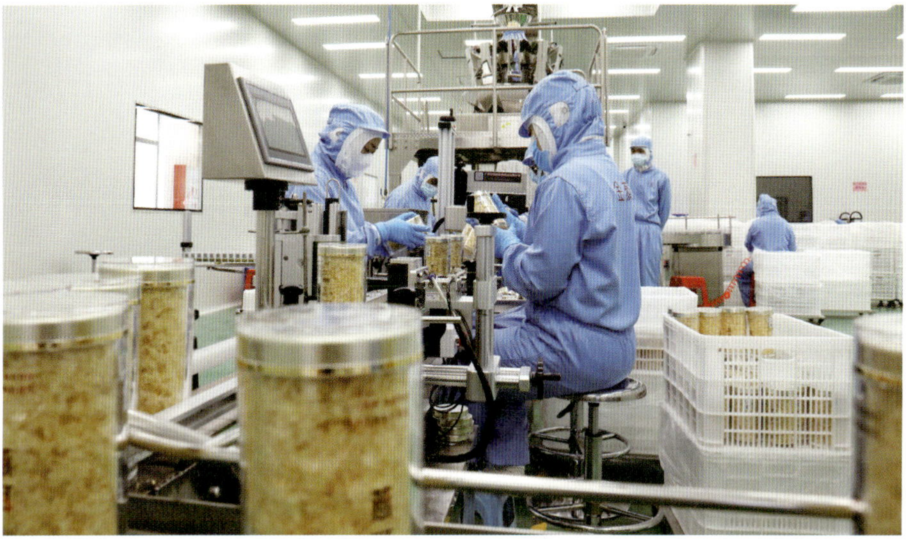

◎宁德市古田县食用菌加工现场（蒋炜煌　摄）

三链融合发展，推动食用菌产业向工业化、智能化、绿色化、品牌化方向发展。”古田县政协负责同志自豪地说。

委员有呼吁，政府有回应。在“推进食用菌产业升级　助力打造乡村振兴样板区”重点提案督办协商座谈会上，市政府负责同志强调，要充分吸收、采纳委员建议，全力推动食用菌产业统筹发展，确保取得实效，努力实现生态环境“高颜值”和经济发展“高素质”。承办单位表示，将把委员建议充实到实际工作中，进一步研究更具针对性的措施，加大工作力度，不辜负委员的殷切期望。

落实好提案办理，让富民“菌花”开得更美更艳，是大家共同的追求。只有加大对食用菌产业政策、资金的扶持力度，加大对食用菌精深加工、产销链接的扶持力度，加大对食用菌科技研发、科研机构的扶持力度，推动创新发展，把重点提案办出质量和成效，才能将食用菌产业打造成为宁德乡村振兴的一张亮丽名片。

（供稿：宁德市政协　执笔：魏元冰）

蓄势新能源　奏响“同心曲”

“培育发展新能源千亿产业集群”，“协助争取上级新能源产业专项资金补助”。翻开2013年宁德市政协提案目录，曾毓群委员提交的《关于加快培育发展新能源千亿产业集群的建议》，集聚智慧、字字珠玑。彼时宁德市锂电新能源产业产值还未突破百亿元。

十多年来，宁德始终高度重视锂电新能源产业发展，推动锂电新能源产业从无到有、不断发展壮大，锂电新能源千亿产业集群从目标变为现实。宁德市政协及各级委员们紧扣锂电新能源产业发展，充分发挥人民政协制度优势和专门协商机构作用，坚持发扬民主和增进团结互相贯通、建言资政和凝聚共识双向发力，履职尽责、久久为功，为护航宁德锂电新能源产业发展贡献了政协智慧和力量。

起：抱来产业“金娃娃”

抱来几个“金娃娃”，一直是闽东人民的一大愿望。自2000年撤地设市以来，宁德市大力实施“回归工程”，动员邀请在外乡贤返乡创业。

曾毓群便是众多乡贤之一。决心回报乡梓的他，于2008年在宁德市成立了宁德新能源科技有限公司（简称“宁德新能源科技”），3年后，又成立宁德时代新能源科技股份有限公司（简称“宁德时代”）。宁德的锂电新能源产业也因此逐渐兴起。

宁德新能源企业投产之初，一度陷入内外交困的境地。首先是招工难，

◎宁德锂电新能源小镇（张文奎、徐烽　摄）

厂区地处城郊接合部，没有到达城区的公交专线，员工出行、就医极为不便；其次是误解多，由于当时国家新能源政策尚未明晰，企业动力电池产品市场暂未打开，“新能源没有前景”“新能源公司是污染企业”的传言愈演愈烈。

聚焦党政所需、企业所盼，宁德市政协立足职能优势，通过提案、社情民意等方式，会同蕉城区委、区政府，根据新能源企业提出的公交班次、线路、时间段等具体需求，协调公交公司于2012年元旦开通新能源企业公交专线；与市、区医疗机构协商沟通，促成漳湾卫生院于2013年2月正式在企业设立卫生服务站；并及时组织宣传部门、新闻媒体、政协委员与新能源企业相关负责人座谈交流，邀请政协委员和社会各界人士参观企业生产线，引导企业稳妥处理保守商业机密和适当扩大外宣的关系，让谣言止于事实。

与此同时，宁德市政协组织专题调研组，实地调研全市锂电新能源产业、外省新能源汽车产业发展情况，分析提出扶持宁德新能源相关企业发展等建议，并最后梳理形成调研报告，及时上报市委、市政府，以供决策参考。

承：助力产业稳攀升

随着国家利好政策频繁出台，宁德锂电新能源产业也进入了高速增长阶段。如何服务产业、加速发展成为政协履职新命题。

2016年5月，宁德市政协在新能源企业挂牌设立“宁德市政协委员新能源科技有限公司联络点”，推动委员下沉进企业，在新阵地上“零距离”履职。

“公司现有员工2.3万人，年底预计将达到3万人左右，目前的医疗室已无法满足员工需求。”

“从市区或火车站到公司，只能乘坐22路、23路公交，且需要花费一个多小时，十分不便。”

……

委员“走下去”、民意“传上来”。在广泛收集企业员工在医疗、教育、住房、文体、娱乐、交通等9个方面亟须解决的问题后，联络点于当年8月组织召开联络点协商会议，听取11个相关部门负责人和新能源企业相关工作人员、政协委员的意见建议，共同协商解决问题的办法。

经过多方协商，2016年年底，新能源企业反映的9项问题中，职工康乐场所、医疗室、公交线路、文艺团队建设、幼儿入学、对外宣传、社保卡发放等7项问题已按协商会议纪要要求，基本当年实现目标；单身员工联谊、员工家属住宿等2项问题因客观原因，跟踪延续到2017年落实。

办好“关键小事”，也要谋好“发展大事”。为从更高层面推动宁德锂电新能源千亿产业集群发展，2017年初，在省政协十一届五次会议期间，宁德市政协委员小组提交了《关于大力发展我省锂电产业的建议》提案，从出台扶持政策、设立发展资金、降低融资成本等方面提出建议。该提案得到福建省委、省政府主要领导的批示，省政协将其列为年度重点提案，由省委分管领导和省政协副主席共同督办，省发展改革委为主承办，省市上下联动，合力推动锂电新能源产业集群加速发展。

续：持续建言启新程

2021年，宁德锂电新能源产业产值突破千亿，成为宁德第二个千亿元产业集群。

立足锂电新能源产业发展新阶段，宁德市各级政协委员及市各民主党派、工商联围绕产业及产业链发展存在的短板问题，通过提交提案、反映社情民意信息、大会发言、小组讨论等形式积极建言献策。

在市政协五届二次会议期间，市政协委员张晓锋等反映，目前，宁德市处于新能源领域领军地位，但固态电池研发、规模化量产面临多重挑战，建议健全产业创新体系，加强产业政策扶持，加快标准体系建设，破解固态电池发展瓶颈，守住新能源赛道主动权。

同期，市政协委员魏奕民向大会提交《关于加大培养宁德锂电新能源战略科技人才的建议》提案，建议依托宁德锂电新能源产业集群优势，吸引省内外高水平高校来宁办学，推动龙头企业向上申请工程硕博士培养改革专项指标。

民盟宁德市委会向市政协五届三次会议提交《关于打造具有国际竞争力的新能源产业集聚地的建议》集体提案，建议加快培育或引进储能系统集成、电池管理系统、能量管理系统等电子电器企业，进一步提高铜箔、正极材料、铝箔、隔膜等材料本地供给率。

与此同时，省政协十三届二次全会期间，省政协委员黄世霖、吴凯、陈思文、吴新情分别提出了《关于建立电动汽车动力电池系统售后检测标准的建议》《关于落实支持宁德市开发三都澳建设新能源新材料产业核心区的建议》等提案、社情民意。全国政协委员曾毓群在全国政协十四届二次会议期间，提出《抓住本质推进电池与电网双向融合互动（B2G）》等提案……

一份份发展良策，一条条真知灼见，2023年以来，宁德市各级政协委员及市各民主党派、工商联分别提交锂电新能源产业相关提案及大会快报、社情民意36件。

征程万里风正劲，重任千钧再扬帆。宁德市政协将紧扣打造“增长极”、建设“四个区”中心任务，把握省委、省政府支持宁德建设全国知名的新能源新材料产业核心区重大机遇，积极引导委员持续关注锂电新能源等主导产业发展，在研究拓展多元化新能源应用场景、服务构建新能源新材料产业生态上持续发力，进一步答好服务高质量发展的时代命题。

（供稿：宁德市政协　执笔：陈莉莉）

以小我之微光　聚民生之星河

2021年，我荣幸地通过民建平潭基层委员会的推选，踏入政协的大门，担任了平潭县第十一届政协委员。政协委员这个称号，多么神圣和庄严啊！我满怀自豪第一次走进两会的“舞台”，彼时的我还不知道责任与担当的真正含义，直到我一边开着会，一边翻看年度委员提案汇编，才渐渐明白，政协委员不仅是一份崇高的荣誉，更是一份沉甸甸的责任，只有尽心尽力履职，才能真正无愧于这一光荣身份。

民有所呼，我有所应

岁月不居，时节如流。2021年至今，我已履职三年有余。回想第一次提笔撰写提案的情景，我依然记忆犹新。那是2022年初，为确保疫情期间的排查工作顺利有序，我所在的工作园区对出入群众的行程码进行严格审核，但在工作中却发现，平潭地区的行程码均显示为“福建省福州市”，群众出行存在盲区，无法排查人员“是否出岛”或“是否到过福州市区”，还涉及重复核酸检测等问题，不利于基层防疫工作的开展。鉴于此，我在第一时间向政协履职平台提交了《关于升级优化平潭大数据行程码的建议》提案，希望能够升级行程码系统，提高扫码核验效率，方便群众出行。没多久，我竟收到平潭综合实验区社会事业局与行政审批局的相关回复。两个单位均对我的热心关注表达了感谢，认真细致地回复了提案相关内容，并对疫情期间各自开展的工作进行了详细说明，同时指出困难点和解决办法。我顿时发现，所谓的政协提案“事事有回应，件件有回音”果然所言不虚，这让我既感动又欣慰，我建言献策的“任督二脉”好像一下子被打通了，当时便暗下决心，要用行动诠释一名政协委员的使命与担当。做到“民有所呼，我有所应”。

从那以后，我把民生问题作为提案撰写的一个重要切入点，只要是老百姓关心的事，就是我履职的大事。几年来，我通过积极参加政协活动，走访群众、听取民意，先后撰写了几十篇提案与社情民意信息，其中《关于平潭各医保定点医院医疗服务智能化的建议》《关于加强我区老年代步车与环卫三轮车管理的建议》《关于培育新型职业农民助推乡村振兴的建议》等多篇提案得到了区公安局、区社会事业局、区城乡建设与交通运输服务中心的关注和回复。每当看到自己的提案被采纳并得以实施，为群众解决了实际问题，我就感到无比的满足和自豪。我深知，这些提案看似微小，却承载着我对民生的关心和对社会的责任！

民有所需，我有所谋

记得有一次，因工作需要，我到杭州出差，在路上，我看见许多杭州市民使用共享电动车出行，他们都很自觉地佩戴好安全头盔。好奇心使然，我特地走到共享电动车停车点仔细观察，原来车篮里都用弹簧系着一个头盔。多么贴心的服务啊！我想到，近年来平潭为了方便群众出行，也引进了大量共享电动车，但是这些共享电动车却因处于监管的“灰色地带”，存在“半路弃车”“花式载人”“不按道行驶”“闯红灯”等不文明现象，扰乱了城市道路交通秩序、影响了城市文明形象，给使用者带来了严重的安全隐患。在当时，平潭还没有一辆共享电动车配备头盔，许多市民对此颇有怨言，却又无可奈何。

受杭州之行启发，等不及回到平潭，我便在杭州的酒店用手机一字一字

2022 年 3 月，平潭第一批已安放头盔的共享电动车投入使用

地提交了《关于规范我区共享电动车的建议》的提案。没多久，我便收到了区公安局的回复。区公安局表示，当前，实验区共享电动车企业入驻经营投放电动车20000余辆，但由于监管缺位，的确存在许多安全隐患，区公安局已依托区道安小组，推动相关部门草拟《平潭综合实验区共享电动自行车管理暂行办法》。看到区公安局的回复，我倍感振奋。自己的提案得到了重视和回应，更加坚定了我继续为民生问题发声的决心。此后，我时刻关注平潭共享电动车的运营情况。不久前，我在路上偶然看见道路一角已有新的共享电动车品牌，并且每个车篮里都配备了安全头盔，我明白，我的建议得到了落实，心里的那块石头也终于放下了！

民有所愁，我有所为

还记得有一次，我居住的小区业主群里传来了不和谐的声音。原来是上下楼的邻居因噪声问题，在群里闹得不可开交。楼下的女士抱怨楼上的邻居每天晚上在抖音直播，直播过程中和本地主播连线，其间用语极不文明，极度影响孩子的学习和身心健康。而楼上的邻居则回应说，她只是在自家与友人聊天，并不是在公共区域，只能怪隔音效果太差。双方各执一词，互不相让。看到这种情况，我连忙联系群主对双方进行调解。同时，我也建议大家在群里交流时，要注意用语文明和尊重别人，不要因为个人情绪而影响到整个小区的和谐氛围。最终，双方在一众业主的调解之下，逐渐冷静下来，楼上的邻居也愿意为自己的鲁莽行为道歉。

虽然这只是我们生活中的小事，但是“低俗方言直播”却引起了我的关注。因为就在事情发生之前，我刚从新闻上了解到全国各地正在大力整治网络“低俗”“庸俗”“媚俗”。为了充分了解平潭本地低俗直播情况，我这个不善于使用抖音软件的“小白”，也开始刷起了视频。我还专门向身边的自媒体朋友咨询并收集了一些低俗主播的账号。这些主播在直播过程中，为了博取眼球，使用的方言低俗，同时做出不雅的动作，严重污染了网络环境，影响了青少年的健康成长。此外，方言作为我们地域文化的瑰宝，应该被用来传承和弘扬优秀文化，而不是被用作低俗表演的工具。于是，我撰写了《关于加大力度整治利用方言进行低俗直播的建议》的提案，希望相关部门加大整治力度，对恶意制造低俗内容的主播给予处罚，只有这样，我们的网络环境才能变得更加健康向上。之后，区公安局网安支队民警及时联系到我，表示已约谈了几名典型的涉事主播，也加大了对此类直播内容的巡查力度，一旦发现违规行为，将依法依规进行处理。听到这个消息，我非常欣慰，我的建议得到了实质性的回应。我相信不久的将来，我们的网络环境一定会变得更加清朗。

“民有所望，我有所向”，这不仅仅是一句口号，更是每一位政协委员心中的坚定信念和不懈追求。在政协履职的过程中，我深切地感受到，每一位政协委员都如同那萤火微光，虽然微小，却蕴含着无尽的力量。在政协这个大家庭中，我们共同致力于解决民生问题、推动社会发展。每一个提案、每一个建议，都是我们共同努力的成果，都承载着我们对美好生活的向往和追求。正是这些微小的努力，汇聚成了推动国家繁荣富强的磅礴力量。

（供稿：省政协平潭综合实验区工委　执笔：陈明敏）

“台湾居民居住证”使用便利化小记

2024年2月以来，我感到异常忙碌，却又十分欣喜，因为从中央到省里，从实验区到各单位，上上下下都在高度关注台湾居民居住证（以下简称“居住证”）使用情况，各部门都在全力推动扩大居住证应用场景和使用便利化。这不禁让我回想起2019年以来，我持续5年围绕居住证使用情况开展的多次调研与提交的提案……

情牵两岸的调研

2018年9月1日，《港澳台居民居住证申领发放办法》（以下简称“《办法》”）正式实施。全国港澳台居民居住证申领工作常态化也随之开展。根据《办法》规定，银行、电信、铁路、民航、旅店等领域均可使用港澳台居住证办理各项事务。但是，作为在一线服务台胞台企的对台服务工作者，我也发现，不少台胞反映，在使用居住证的过程中存在一些问题。为此，2019年底，我组织台胞台企服务大厅8名台湾员工，针对居住证承诺的“三项权力”“六项公共服务”“九项便利”落实情况进行调研。我们分成两组，一组持居住证前往各政务窗口、银行、酒店、景点等办理各项业务；另一组通过电脑和手机，用居住证号登录各政务服务系统、微信等社交软件、小程序、APP、购物网站等，亲身体验《办法》落实情况。

通过深入调研，我们发现台胞持居住证办理各项业务时，在实际操作层面，确实存在一些问题，导致居住证使用不便利。比如，由于居住证正面没有“民族”栏，背面新增“通行证号码”栏，导致居住证与大陆居民身份证制卡格式不同，原有的身份证识别系统无法读取识别居住证格式的证件信息，许多需要刷验身份证的政府部门、银行、旅馆、酒店和大型景区等，无法核验通过；“闽政通”等政务平台“证件类型”栏目无“港澳台居住证”选项，且无法手工录入；支付宝等网络支付系统、网上游戏实名认证等，输入以“8”开头的港澳台居住证号码，会被提示为“无效证件号码”……

情系两岸的联动

于是，2021年，我通过农工党福建省委会向全国政协、省政协提交了《落实好同等待遇　提高台胞居住证申领率》的提案。提案引起了各部门的重视，公安部于2021年来平潭调研，推动问题逐步解决。但新问题却随之而来：办理了居住证的台港澳居民同时拥有台胞证和居住证两个有效证件号，两个证件分属公安部下治安管理局和出入境管理局发放，数据信息不互通，台胞在需使用证件办理相关业务时无所适从。比如，台胞来到大陆，必须办理台胞证，且为了便利在大陆的生活，他们会第一时间用台胞证作为有效证件申请电话卡、注册微信、开办银行卡等，而后续申请到居住证后，他们用居住证办理业务，或者变更相关信息，都存在证件冲突，导致他们只能放弃使用居住证；又如，一些平台或小程序需要微信登录、输入个人资料时只认居住证，这就导致已经用台胞证申请微信的台胞无法同等享受该类服务；还如，台胞使用居住证办理企业税务登记时，被要求返回工商注册部门更改证件及证件号码为台胞证和台胞证号后才能予以办理，造成了极大困扰。为此，2023年，我再次组织平潭台胞台企服务中心台湾员工开展居住证使用存在问题的调研，形成了《关于将台港澳居民居住证与台胞证两证合一的建议》这份提案。

2023年，《中共中央、国务院关于支持福建探索海峡两岸融合发展新

◎平潭台胞台企服务中心

路　建设两岸融合发展示范区的意见》正式发布，明确“扩大台湾居民居住证身份核验应用范围，努力实现台湾居民居住证与大陆居民身份证社会面应用同等便利”。居住证使用便利问题获得各界高度关注。2024年，国台办主要领导来平潭考察，十分关心这一问题，福建省委、省政府也多次要求各相关单位深入研究居住证应用便利化问题。

情融两岸的同行

至此，我已围绕台湾居民居住证使用便利化，持续5年调研并提交提案。社会各界的共同努力让这项工作得到高度重视并不断推动完善。作为政协委员，我切实感受到了履职建言的成效和意义，更感使命光荣、责任重大。我深信，唯有不断努力，才能不负期望，真正做到为国履职、为民尽责。

（供稿：省政协平潭综合实验区工委　执笔：李桂妹）

我想为你撑把伞

“因为自己淋过雨，所以想为别人撑伞……”在平潭综合实验区陈小玲教育基金会2023年奖教奖学助学金发放仪式上，陈小玲先生说道。坐在台下的我，为这些获奖师生感到骄傲，为获资助的学生感到欣慰，也对无私奉献的乡贤能人感到钦佩。回想多年来助力家乡慈善事业发展的历程，我心中泛起些许波澜，曾经的一份小小提案，让这涓涓细流的善心汇聚成一条滋养生息、回馈家乡的善业大爱。

一善缘起，提案动念

2019年6月，《来自平潭寒门学子的一封求助信》在学校和班级的微信群、朋友圈传开，一位品学兼优、家境贫寒的高三学子，临近高考却被查出罹患生殖细胞瘤，生命垂危，亟须资金救助。如同往常，我也捐款转发。一位台籍教师苏老师联系了我，她教过这孩子音乐课，赞扬他相当乖巧，因苏老师已返台，故请我代为捐款。第二天，我从侧面了解到，通过学校、亲人的努力，一夜之间，50万元善款就募集成功，有望帮助孩子手术渡过难关。

作为一名教育工作者，这件事情让我感触颇深。我想，原本可以通过学习改变命运的寒门学子，却被一场大病压垮，而像他一样穷苦的孩子可能还有很多，他们在这危难时刻能不能得到救助帮扶，能不能得到社会关爱，至关重要。于是，作为政协委员的我开始走访调研，了解实验区公益组织的发展情况，希望有更多公益组织为需要帮助的学生送去温暖。通过调研，我了解到，2019年，实验区内慈善相关组织15家；按类型看，从事扶贫济困助学的有2家，其他大多是提供志愿、救援服务的机构，这些机构大多没有经济救助的能力。慈善组织缺失，贫困家庭无处求援，爱心人士的善心善举也无处安放！我把这些情况向平潭政协反馈，有关负责人鼓励我撰写提案，反映情况。

一善成行，助推发展

2020年1月，平潭县政协第十届委员会第四次会议召开，在界别会议讨论时，我提出了建立健全实验区慈善事业体系的提案想法，建议实验区出台慈善事业发展办法、建议政府引导工作机制，特别是，要适时重启平潭综合

◎ 2020 年 12 月 10 日，平潭综合实验区慈善总会成立大会召开

实验区慈善协会的运作。这些建议得到诸多委员的热烈响应。会后，几位委员与我探讨细化工作建议，形成了《关于建立健全我区慈善事业体系的建议》的提案，向大会提交。

经平潭政协、区党工委办公室研究，我们的建议被列为当年度重点提案，由区管委会有关领导、县政协牵头，区效能督查办、县政协提案委、台胞委具体负责实施。此后，我们关于实验区慈善事业发展的调研走访开始密集起来，有效助推区社会事业局重启区慈善协会运作，邀请热心慈善公益事业的离退休干部共同参与成立“平潭综合实验区慈善总会”。经过不断的努力，2020年12月10日，区慈善总会正式成立。

百善而生，汇聚合力

在提案办理期间，城关中学一位副校长找我咨询慈善组织相关事宜，听闻校友贤达愿意出资1000万元成立教育基金会，我十分欣喜，连忙与区社会事业局民政处负责同志联系，从人员筹备、章程起草、第一次理事会议召开到申请设立全程参与，见证实验区登记的首个教育基金会于2020年9月23日正式成立。

慈善总会和首个教育基金会的成立，犹如一石激起千层浪，吸引了更多有善心大爱的乡贤、企业家投入家乡慈善事业：2021年3月31日，博岚教育发展基金会成立；2021年10月27日，恒联养老基金会成立；2023年11月28日，安广教育基金会成立……这些慈善组织，为实验区的寒门学子、贫苦家庭点燃了希望之光。此后，实验区党工委、管委会和有关部门还发动了“慈善一日捐”“为爱投岚”“慈善情暖万家”等公益活动，得到社会各界的广泛支持，为亟须帮助的受困群众送去温暖。

众善力聚，做大善业

2022年，在平潭县政协十一届第二次会议上，我提交了《汇聚善心合力，做大善业品牌》的提案，在总结过去几年实验区慈善事业发展经验的基础上，提出“树品牌扩大慈善关怀、建机制对接慈善力量、搭平台培育慈善组织、重引导促进慈善发展、深发动构建慈善生态、广宣传营造慈善氛围”等六条建议，为实验区慈善事业下一步发展建言资政。提案得到区社会事业局的重视，有关部门当即召集相关慈善组织共同研讨、共谋发展，把这些建议化为具体行动加以落实推进。

经过几年的发展推动，区慈善总会树立了“爱到家”“助我成长”“一对一助学结对帮扶”“蓝色星空”“晖常爱”“阳光护航”“9.5慈善助学”等一系列慈善品牌项目；陈小玲教育基金会成立以来累计捐助230万元，资助了经济困难学生近500人次……其他慈善组织的善行善举更是不胜枚举。这些善心汇聚成海、积石成岛，托举了更多家庭的希望，温暖了整个社会，我欣慰万分，深感这小小的提案确有大大的意义。

（供稿：省政协平潭综合实验区工委　执笔：林晓夏）

民生提案事　枝叶总关情

想群众之所想，急群众之所急，提高群众的幸福指数，一直是平潭县政协常委、民进平潭总支主委王玲玲同志履职工作的出发点和落脚点。她在基层工作20个年头，用脚步丈量着她曾工作过的每一寸土地。群众的事，都成为王玲玲委员心头的民生大事。

对王玲玲而言，“履职就是要心里时刻装着国家、装着人民”，“把民生实事办到群众心坎儿上”。在平潭的街头巷尾、田间地头、渔排码头，能经常看到王玲玲的身影。她走到群众身边，同他们聊聊家长里短，了解群众生活所急、所愁、所盼，记录下群众的诉求，整理成一件件提案。这是群众的嘱托期盼，也是群众对她的信任。近5年来，王玲玲累计提交30余件提案，涉及环境、教育、医疗、住房、养老等多个领域，其中多项提案被写进专项工作调研报告和政府工作报告。

海上防疫，群众的“防哨员”

2020年初，疫情暴发，春运期间回岚过年的人员增多，为了严格防止疫情从区外输入，实验区应对疫情防控工作指挥部发出3号公告，对实验区离岛渡运实行了严格的交通管制。实验区西北面海上通道，即长乐至屿头岛的渡运航班，也是苏平辖区唯一一条与区外相接的海上渡运航班，按规定停航。但在航线停航几日后，有关部门就陆续收到群众举报该海域存在小快艇非法载客行为。当时，王玲玲正好负责苏平辖区交通管理工作，她多次到群众所举报的松下至屿头海域、重点码头、周边路段检查，在群众所举报区域发现小快艇非法载客问题属实。她立刻意识到，如果不及时解决这个非法载客的问题，一旦疫情由此点蔓延开，就会影响实验区打赢疫情防控阻击战的全盘部署。然而，小快艇非法载客多发生于跨海域之间，在执法上存在一定难度，于是她立即撰写并上报《抵抗疫情，打击海上非法载客小快艇，保障群众生命安全》的社情民意信息，该社情民意信息很快得到实验区党工委领导的重视。实验区随即召开严厉打击海上非法载客小快艇、严防疫情海上输入的专题协调会，并由防控指挥部发函福清、长乐等相关部门，多次联合开展跨区域、跨部门海上联合执法联防联控专项行动，切实阻断疫情海上输入的风险。

失地失海，群众的“寻路员”

随着实验区开放开发进程日益加深，平潭不断加大项目建设力度，不可避免地产生了一批失地农民、失海渔民。当时，正在苏平片区工作的王玲玲听说江楼村村民因失地保障问题上访最为强烈。为深入了解情况，她多次来到了江楼村。

据村党支部书记介绍，2013年以来，江楼村搭上了平潭开放开发的快车，有四五个重点项目落户村里。项目需要大规模征地，江楼自然村被征地550余亩，涉及失地的农民2000余人。但社会保障部门认为，根据《平潭被征地农民养老保障暂行办法》的规定，累计征用耕地面积在70%以上的农户才能享受失地社保政策，江楼自然村被征耕地占全村总耕地面积不到60%，与政策不符，因此，全村没有一名村民享受失地农民的社会保障。

于是，王玲玲提交了《关于加大对“失地失海”农民就业政策扶持的建议》。该提案被列为平潭县政协十届四次会议“一号提案”，得到了承办单位区社会事业局、苏平片区管理局等相关部门的高度重视。平潭县政协随即与苏平片区管理局共同牵头邀请了征迁办、区社会事业局社会保障处、财政与金融局、农业农村局、江楼村委会、村民代表等，召开提案基层协商专题会。

“征地搬迁不是和群众做一锤子买卖，一定要保障群众的长远生存权、发展权。”王玲玲认为，“我们不仅要解决失地失海农民社会保障问题，还应当考虑失地失海农民转岗问题，在推进实验区发展的同时，让平潭失地失海农民有更多获得感、幸福感。”

在各相关部门的通力配合下，2022年，江楼自然村失地农民的养老保险问题得以全面解决，确保了失地农民老有所依、老有所养。

王玲玲用“小提案”解决了“大民生”，以实际行动践行了以人民为中心、人民至上的价值理念，诠释了政协委员协商为人民的含义，打通了政协联系基层的“最后一公里”，逐步实现了政协协商民主向基层延伸。

（供稿：省政协平潭综合实验区工委　执笔：兰建芳）

我终于知道了珊瑚菜

起初，我真的不知道什么是珊瑚菜。前几年，一位同是平潭政协委员的中医朋友在一次发言中，呼吁要保护平潭野生珊瑚菜资源，我才知道，原来珊瑚菜就是中药北沙参——其根入药，味甘甜，是常用的滋阴药，主治肺燥咳嗽、热病伤津、口渴等；其根和叶可食用，经济价值较大。后来，这位中医朋友向我详细介绍，珊瑚菜是国家二级重点保护野生植物，喜欢生长在海风肆虐、咸潮不断的海边沙滩上，具有海岸固沙的作用。平潭是我省最大的野生珊瑚菜优质种质资源生长地。

长在心中的珊瑚菜

2022年1月，平潭政协推荐我参加了一场关于做好平潭野生珊瑚菜种群保护工作的会议。那时，我才详细了解到平潭野生珊瑚菜面临的生存危机。平潭野生珊瑚菜因种种原因，种群被严重破坏，甚至濒临消亡，特别是一些海边建设区域野生珊瑚菜生长环境破坏较为严重，亟须加大科学保护、合理开发利用的力度。如何保护与合理开发利用平潭野生珊瑚菜种质资源，已是一件迫在眉睫的事。于是，在平潭政协会议分组讨论会上，我就珊瑚菜保护与利用的想法作了发言，再次引起了平潭政协领导的重视和政协委员的共鸣。2022年7月，我在平潭政协指导下，撰写了提案《平潭野生濒危药用植物珊瑚菜保护与利用的建议》，呼吁尽快制定平潭野生珊瑚菜全域保护开发管理办法、设立野生珊瑚菜繁育种植与科研基地、打造野生珊瑚菜合众管理模式、划定长江澳珊瑚菜紧急修复保护区域。提案很快得到重视，平潭政协牵头组织与相关部门多次沟通，现场走访调研，对如何保护与开发利用平潭野生珊瑚菜种质资源，达成初步共识，并促成全区设立了珊瑚菜生长区域保护警示牌。

破土萌芽的珊瑚菜

虽然各部门对野生珊瑚菜保护均能各司其职，但因珊瑚菜生长区域比较分散，监管难度较大，又牵涉到多个部门的监管职责，真正做到在旅游开发建设与珊瑚菜生长环境保护之间取得平衡难度较大，如果没有全面、合理、科学的管理措施，平潭野生珊瑚菜保护与开发工作就有可能不了了之，甚至有种群消亡的可能。

珊瑚菜生长在海岸靠近陆地部位，而平潭是一个海岛，海岸线长达400多千米，全岛到底有多少海滩能生长珊瑚菜呢？带着这个疑问，我与其他政协委员先后勘查了长江澳、坛南湾、猫头乾、南海乡等海岸，基本摸清平潭珊瑚菜生长区域及生长数量，并与福建中医药大学、福建农林大学、平潭综合实验区中医学会相关专家就如何开展平潭野生珊瑚菜保护与繁育进行沟通探讨，为下一步平潭野生珊瑚菜保护与利用积累了第一手资料。

◎生长在沙地的野生珊瑚菜

花开正艳的珊瑚菜

平潭政协长期以来都把保护平潭野生珊瑚菜种质资源作为建言资政和凝聚共识双向发力的履职方向，积极引导广大政协委员围绕平潭野生珊瑚菜保护与利用深入调研、建言献策，在平潭政协会议上，不时会有政协委员关注平潭野生珊瑚菜保护与利用并提出相关提案，共同推动平潭野生珊瑚菜保护与利用工作。

2023年12月，平潭综合实验区党工委领导对平潭珊瑚菜保护工作作了批示，要求落实平潭珊瑚菜保护与利用工作。平潭政协领导在上攀委员联络点再次组织委员们，结合乡村振兴战略，就平潭珊瑚菜如何加以科学保护、合理开发利用，为农民增收提供增长点开展讨论并提出意见建议。通过平潭政协的不断推动与努力，各相关单位对平潭珊瑚菜保护意义和重要性也有了新的认识，对保护工作也更加重视，部门间建立起更加顺畅的协同工作机制，工作职责更加明确，对珊瑚菜保护力度不断加大。

平潭野生珊瑚菜种质资源保护与利用在平潭政协多年来的持续推动下得到落实，我感到特别开心。我也深深意识到，作为一名政协委员，关注一件事，不是写写提案嘴上说说就可以，而是要在充分调研的基础上，用耐心与恒心推动民生实事落地生根、开花结果。

最近，我驱车经过长江澳，原来零星的珊瑚菜已开出大片美丽的紫色簇生花朵，迎着阳光，坚毅祥和……

（供稿：省政协平潭综合实验区工委　执笔：游雪芸）

附录

中国人民政治协商会议福建省委员会提案工作条例

（1991年4月14日政协第六届福建省委员会常务委员会第十三次会议通过，1995年2月23日政协第七届福建省委员会常务委员会第十一次会议修订，2001年1月11日政协第八届福建省委员会常务委员会第十四次会议修订，2005年6月17日政协第九届福建省委员会常务委员会第十一次会议修订，2011年12月21日政协第十届福建省委员会常务委员会第十七次会议修订，2019年5月14日政协第十二届福建省委员会常务委员会第十次会议修订，2024年1月17日政协第十三届福建省委员会常务委员会第五次会议修订）

第一章　总　则

第一条　为发挥人民政协提案（以下简称提案）在履行政治协商、民主监督、参政议政职能中的重要作用，根据《中国人民政治协商会议章程》和有关规定，参照《中国人民政治协商会议全国委员会提案工作条例》，结合福建省政协提案工作实际，制定本条例。

第二条　提案是政协委员，参加政协的各党派、各人民团体，政协各专门委员会，政协全体会议期间界别、委员小组（以下统称提案者），向政协全体会议或者常务委员会提出并交提案审查委员会或者提案委员会审查的书面意见和建议。经审查立案的提案，交承办单位办理并作出书面答复。

提案是履行人民政协职能、发挥人民政协专门协商机构作用的重要方式，是坚持和完善中国共产党领导的多党合作和政治协商制度的重要载体，是我国政治生活中发扬社会主义民主、实践全过程人民民主的重要形式，是协助中国共产党和国家机关实现决策民主化、科学化的重要渠道。

第三条　提案工作以马克思列宁主义、毛泽东思想、邓小平理论、“三个代表”重要思想、科学发展观、习近平新时代中国特色社会主义思想为指导，高举爱国主义、社会主义旗帜，坚持中国共产党领导的多党合作和政治协商制度，贯彻长期共存、互相监督、肝胆相照、荣辱与共的方针，紧紧围绕中国特色社会主义事业“五位一体”总体布局和“四个全面”战略布局，充分发扬民主，广开言路，改革创新，调动一切积极因素，为推进新时代新福建建设，为全面建设社会主义现代化国家，以中国式现代化全面推进中华民族伟大复兴凝聚起共同奋斗的力量。

第四条　提案工作坚持中国共产党领导、统一战线、协商民主有机结合，坚持围绕中心、服务大局、提高质量、讲求实效的方针，加强制度化、规范化、程序化等功能建设和信息化建设，提高提案质量、办理质量和服务质量。

第五条　提案工作是人民政协的一项全局性工作，政协委员和参加政协的各党派、各人民团体以及政协各专门委员会应当密切协作，充分利用提案的方式履行职能。

第六条　政协全体会议听取和审议常务委员会关于提案工作情况的报告，听取提案审查委员会或者提案委员会关于提案审查情况的报告。

省政协秘书长或者秘书长委托的副秘书长负责协调提案工作。

第二章　机构设置

第七条　每届政协第一次会议成立提案审查委员会，由主任、副主任和委员若干人组成，成员从本届政协委员中产生，由第一次会议预备会议决定。提案审查委员会负责第一次会议期间提案的审查工作，并向全体会议报告提案审查情况。

第八条　每届政协第一次会议闭会后，提案审查委员会根据情况作必要调整，经常务委员会会议审议通过，作为提案委员会列入专门委员会序列，在常务委员会和主席会议领导下负责提案工作，每届任期五年。提案委员会组成人员的调整，依据《中国人民政治协商会议福建省委员会专门委员会通则》有关规定办理。

第九条　提案委员会的职责：

（一）起草常务委员会关于提案工作情况的报告，向政协全体会议报告提案审查情况，向政协常务委员会会议、主席会议报告工作；

（二）制定政协全体会议期间提案工作方案和提案委员会年度工作计划；

（三）组织征集提案，做好知情明政服务；

（四）对收到的提案进行审查和处理；

（五）对提案办理工作进行检查和督促，对办理不符合要求、承诺不予落实的，商请承办单位重新办理，对未按期办复的及时催办；

（六）采取多种形式向中共福建省委、省人大常委会、省人民政府及其有关部门和省高级人民法院、省人民检察院反映提案中的重要意见和建议；

（七）组织重点提案遴选，报请主席会议审定，并参与督办；

（八）组织提案工作宣传报道和评选表彰，推动提案公开和信息化建设；

（九）组织提案工作学习研讨和经验交流，开展理论研究和业务培训；

（十）加强与中共福建省委办公厅、省人大常委会办公厅、省人民政府办公厅、省政协办公厅以及各承办单位的联系；

（十一）加强与政协委员和各民主党派、有关人民团体以及政协其他专门委员会的联系与协作；

（十二）接受全国政协提案委员会的指导；

（十三）加强与设区市、县（市、区）政协提案委员会的联系，互通情况，交流经验，指导工作。

第十条　以提案委员会名义形成的重要文件，须经提案委员会全体会议或者主任会议讨论通过，并由提案委员会主任或者主任委托的副主任签发。

第十一条　提案委员会全体会议一般每半年召开一次，必要时可以临时召集；提案委员会主任会议根据工作需要举行。

第十二条　提案委员会下设办公室。办公室是提案委员会的办事机构，是政协机关的内设机构。

第三章　提案的提出

第十三条　提案的提出方式：

（一）省政协委员、住闽全国政协委员，可以个人名义或者联名方式提出提案，联名提案者须出于自愿；

（二）政协全体会议期间，可以界别、委员小组或者联组名义提出提案；

（三）参加政协的各党派、人民团体，可以本党派、团体名义提出提案；

（四）省政协各专门委员会，可以本专门委员会名义提出提案。

第十四条　提案的基本要求：

（一）提案应当围绕党和政府大政方针的贯彻执行、全省中心工作，坚持问题导向，聚焦社会主义经济建设、政治建设、文化建设、社会建设和生态文明建设中的重要问题，人民群众普遍关心的问题，以及爱国统一战线的其他重要问题，在深入调查研究基础上提出；

（二）提案应当坚持严肃性、科学性、可行性，一事一案，实事求是，简明扼要，做到有情况、有分析、有具体建议；

（三）提案的提出注重质量不比数量。

第十五条　提案可以在政协全体会议期间提出，也可以在闭会期间提出。

第十六条　提案委员会应当加强闭会期间的提案征集工作。

提案者应当重视在闭会期间提出提案，可将有关调研报告，在政协全体会议、常务委员会会议、专题协商会议上的发言，以及网络议政、远程协商的成果转化为提案，也可以通过委员履职系统提交提案。

第四章　提案的审查和处理

第十七条　提案审查委员会或者提案委员会本着尊重和维护提案者的民主权利、保证提案质量的原则，对收到的提案进行审查。

经审查立案的提案，应当根据提案的内容和有关单位的工作职责分工协商确定承办单位。凡涉及两个或两个以上承办单位办理的提案，应当确定主办单位和会同办理单位或者分别办理单位。

内容相近且符合立案标准的提案，作并案处理，原提案第一提案者均为并案后提案的第一提案者。并案处理情况应当及时告知提案者。

第十八条　不符合本条例第三章规定，或者有下列情形之一的提案，不予立案：

（一）违反宪法和法律规定的；

（二）涉及党和国家秘密的；

（三）中共党员对党内有关组织、人事安排等方面有意见的；

（四）民主党派成员反映本组织内部问题的；

（五）进入民事、刑事、行政诉讼程序或者行政复议、仲裁程序的；

（六）属于学术研讨的；

（七）为本人或亲属解决个人问题的；

（八）宣传、推介具体作品、产品的；

（九）指名举报的；

（十）涉及纪检监察机关正在审查和调查的涉嫌违纪违法问题的；

（十一）内容空泛、没有具体建议或明显不可行的；

（十二）超出福建省管辖权范围的。

不予立案的，应当与提案者及时沟通协商并书面告知，视情以意见和建议等形式转送有关部门参阅，提案者也可修改完善后重新提交。

第十九条　提案委员会对涉及全局问题的重大提案，可以提请主席会议审议通过后以省政协建议案形式向有关方面提出。

第二十条　政协全体会议期间，经审查立案的提案，由省政协办公厅会同省委办公厅、省人民政府办公厅，按归口管理的原则，集中送交有关单位办理。政协全体会议闭会期间，经审查立案的提案，由提案委员会及时送交有关单位办理。

第五章　提案的办理

第二十一条　承办提案的中共福建省委有关部门、省人大常委会有关部门、省人民政府有关部门、省政协有关部门和省高级人民法院、省人民检察院、中央驻闽有关单位，各设区市党委和人民政府，平潭综合实验区党工委和管委会，有关人民团体等，应根据国家法律法规、政策和有关规定办理提案，落实提案建议，并对立案的提案向提案者作出书面答复。

第二十二条　办理提案的基本要求：

（一）承办单位要把办理提案作为贯彻执行我国基本政治制度的一项重要政治任务和接受民主监督、改进部门工作的重要途径，切实提高对提案办理工作重要性的认识，积极主动承担办理任务，把办理提案与推动工作有机结合起来。

（二）承办单位应当健全制度，加强领导，明确责任，严格程序，统筹协调，保证质量；应当在交办后五个月内对提案进行答复，个别不能如期答复的，应当向提案者说明情况，但最迟不得超过六个月；提案答复应当按规定格式行文，由领导审签并加盖公章；对未予采纳的，要说明情况。

（三）承办单位对提案交办有异议的，须在十个工作日内提出并说明理由，由提案委员会再协商确定承办单位；对确属本单位职责范围内的提案，不能以各种理由拒绝受理。

（四）委员个人的提案，办理复文寄送委员本人；委员联名的提案，办理复文寄送第一提案人；党派、人民团体、政协专门委员会的提案，办理复文寄送提案单位；界别、委员小组或者联组的提案，办理复文寄送联系人。中共福建省委有关部门及各设区市党委、平潭综合实验区党工委承办的提案，办理复文抄送省委办公厅；省人民政府有关部门及各设区市人民政府、平潭综合实验区管委会承办的提案，办理复文抄送省人民政府办公厅。所有办理复文同时抄送省政协提案委员会，同时在提案承办系统上进行答复。

（五）涉及两个或两个以上单位会同办理的提案，主办单位应当主动协商，会同办理单位应当积极配合，在二个月内将办理意见书面告知主办单位，由主办单位答复提案者；分别办理的提案，由各承办单位分别答复提案者。

（六）在提案办理过程中，提案者可以通过提案委员会了解有关提案办理情况，参与提案的办理；在收到办理复文后，提案者应当及时向承办单位和提案委员会反馈意见。

（七）承办单位应当将沟通协商作为提案办理的必要环节，与提案者共商解决问题的办法；应当征询提案者对办理工作的意见，如提案者对办理工作不满意，承办单位要予以重视，并重新研究和答复。

（八）办理党派、人民团体、政协专门委员会提案，在书面答复前，应先征求党派、人民团体、政协专门委员会的意见。

（九）承办单位要高度重视提案办理成效，认真开展提案办理“回头看”活动，自查落实、注重实效、解决问题，切实把承诺落到实处。

第二十三条　有序推进提案办理结果公开和提案内容向社会公开，适时开展提案办理评议。

第六章　提案的督办

第二十四条　提案的督办由省政协办公厅统筹协调，各专门委员会分工协作，提案委员会组织实施。

第二十五条　对反映党委和政府亟待解决、人民群众普遍关切的问题的，对推动工作有重要作用并具有较强可行性的提案，可以选作重点提案。重点提案中应有民主监督性提案。

第二十六条　重点提案应当在广泛征求意见的基础上，由省政协主席会议确定。

第二十七条　重点提案由省领导负责督办，省政协办公厅统筹协调，各专门委员会分工协作、组织实施。

提案委员会应当就重点提案的遴选与督办加强与其他专门委员会和相关部门的联系协作。

第二十八条　重点提案督办在省领导的主持下，采用政协专门委员会、提案者、承办单位相结合的协商座谈、实地考察、专题调研、走访等方式，推动办理工作，提高办理质量。

重点提案督办结果应当向省政协主席会议报告。对重点提案中当年不能解决的重要问题，要跟踪督办，促进落实。

第二十九条　对于党派、人民团体、政协专门委员会的提案和其他重要提案，提案委员会可以通过《重要提案摘报》等方式报送有关领导，推动办理落实。

第七章　提案工作的表彰

第三十条　优秀提案和先进承办单位由省政协给予表彰。

第三十一条　优秀提案的评选条件为：

（一）选题准确，围绕国家和我省经济社会发展中的重要问题，人民群众普遍关心的问题，以及爱国统一战线的重大问题建言献策；

（二）针对性强，反映情况真实，分析问题深入，提出建议具体，具备严肃性、科学性、可行性；

（三）成效显著，对宏观决策、长远规划有重要参考价值，对改进工作有明显的作用。

第三十二条　先进承办单位的评选条件为：

（一）办理提案坚持实事求是，做得到的认真负责办理，做不到的直截了当给予答复；

（二）办理工作有领导负责，有专人承办；制度健全、程序规范，按时限书面答复提案者，同时在提案承办系统上进行答复；及时进行提案综合分析和办理工作总结；

（三）采取多种形式与提案者进行沟通协商，积极推动办理落实；

（四）办理工作成效明显，对应当解决并有条件解决的及时予以解决，多数提案者对办理工作表示满意。

第三十三条　优秀提案和先进承办单位的评选要发扬民主，广泛征求意见。优秀提案由承办单位推荐或者提案者自荐，先进承办单位由提案者推荐。推荐结果经提案委员会主任会议、全体会议初选并征求有关方面意见后，报请省政协主席会议审定。

第三十四条　提案委员会每年评选一次年度好提案。

第八章　附　则

第三十五条　本条例经常务委员会会议审议通过后实施。提案委员会可结合实际情况，制定相应实施细则。

第三十六条　设区市、县（市、区）政协可以参照本条例，结合实际情况，制定相应的规定。

政协福建省委员会提案委员会关于加强提案工作全生命周期管理进一步推动提质增效的意见

（2024年3月28日省政协提案委员会
全体会议通过）

为深入贯彻落实省政协工作部署要求，加强提案工作全生命周期管理，进一步推动提质增效，现提出以下意见。

一、把握提案工作提质增效的总体要求

1.坚持以习近平新时代中国特色社会主义思想为指导。深入贯彻落实习近平总书记关于加强和改进人民政协工作的重要思想特别是关于提案工作的重要指示精神，深化拓展“深学争优、敢为争先、实干争效”行动要求，持续深化“强五力、优服务、提质效、走前列”思路举措，坚持围绕中心、服务大局、提高质量、讲求实效的方针，与时俱进丰富“党建+提案”工作内涵，以改革创新精神不断推动提案工作提质增效。

2.把全生命周期管理理念贯穿提案工作全过程各环节。牢固树立质量是提案工作的生命意识，把提案工作作为系统工程，坚持问题导向和系统观念，强化提案工作的人民性、整体性、协同性和实效性，加强制度化、规范化、程序化等功能建设和信息化建设，推动提案工作实现从源头到末梢的全周期统筹、全流程督导、全要素协同，一体推进提案质量、提案办理质量和

提案服务质量的提升。

二、注重加强提案培育工作

3.强化“不调研不提案”。狠抓提案质量源头，大兴调查研究，提倡委员在深入调研基础上，找准问题、切中要害、提出建议，提高提案的前瞻性、战略性和可操作性。鼓励政协各参加单位和各专委会将调研成果及时转化为高质量的集体提案。

4.搭建知情明政平台。建立提案线索常态化征集机制，及时发布提案选题线索，适时召开知情明政通报会。

5.进一步提高“两个占比”。完善平时提案工作机制，提高平时提案占比。探索通过提案反映界别群众意见和建议的机制，增加界别提案占比。

三、注重完善提案的提出和立案审查制度

6.提案的提出要更加注重质量。贯彻落实“提案不在多而在精”的重要要求，引导政协委员正确认识和处理提案数量和质量的关系，不断提高提出高质量提案的能力。倡导委员每年提交1—2件高质量提案。提出问题要聚焦，反映情况要准确，分析问题要深入，提出建议要具体，提案撰写要规范。

7.规范提案审立标准和程序。强化提案审查主体责任，进一步细化完善立案标准，规范初分、初审、复审、终审等审立程序。探索对内容相近的立案提案作并案处理。进一步加强不立案提案分析和处理。

四、注重提高提案的督办实效

8.推动提案办理质量不断提升。加强与提案承办单位的沟通联系，助力提案承办单位健全制度、严格程序、主动协商、保证质量，注重提案成果转

化运用。

9.完善提案督办格局。积极争取省委、省政府在统筹督导层面的支持，不断丰富提案督办的形式、层次和方式，着力构建多主体、多层次、多方式督办工作格局。优化“重点提案”遴选与协商督办机制，探索开展“重要提案”办理协商。持续探索和深化省委省政府和省政协领导共同督办“重点提案”、各专门委员会督办“重要提案”、提案委点题督办提案、四级政协委员联合督办提案等形式。提案督办可以采用政协专门委员会、提案者、承办单位相结合的协商座谈、实地考察、专题调研、走访、报送《重要提案摘报》等方式。

10.丰富提案监督方法途径。积极探索创新提案监督的方式和载体，提升提案监督的组织化程度和制度化水平。加强引导，加大民生监督性提案征集，增加重点提案中民主监督性提案比重。有序推进提案办理结果公开和提案内容向社会公开，探索开展提案办理评议，不断提升提案监督实效。

11.进一步完善评价机制。制定完善每届优秀提案、先进承办单位和年度好提案、先进承办单位的评价办法，逐步建立客观、全面、科学的运作规则和评价体系，以不断强化提案者和提案承办单位的质量意识和精品意识。

12.提高信息化管理水平。推进提案管理系统信息一体化建设，完善分类、统计、分析、评估、查询、查重等功能，推动省市县提案数据资源收集、分析、共享，为提案工作全流程精细化管理提供高效便捷的服务保障。

五、注重优化提案的服务保障

13.健全提案工作制度体系。认真学习和贯彻落实提案工作条例。及时总结提炼提案工作经验做法，不断完善提案工作各项制度，构建完备配套的提案工作制度体系。

14.建立健全分层级的提案业务培训体系。针对性开展提案业务集中培训、分类指导和精准辅导。持续开展承办单位提案办理业务培训。探索开展全省各级政协提案工作者专项培训。

15.注重提案工作的表彰和宣传。对优秀提案、年度好提案、先进承办单位等进行表彰，更好发挥表彰的激励导向作用。充分利用各类新闻媒体讲好提案故事，持续打造“年度好提案”发布会宣传平台，不断扩大提案工作的辐射力、影响力，推动形成社会各方关注支持提案工作的良好氛围。

16.加强提案工作沟通协作。加强工作汇报，主动争取全国政协的工作指导。加强省政协提案委与省政协办公厅、各专委会之间的联动协作，支持驻机关纪检监察组开展提案工作监督活动。加强对市县政协提案工作指导，助力破解“两个薄弱”等问题。加强同兄弟省市政协的交流互鉴。

17.加强提案工作队伍建设。深入贯彻落实习近平总书记对加强政协履职能力和委员队伍建设的重要要求，积极培育弘扬“善学习、优服务、重实干、勇创新、乐奉献”的提案委精神，不断强化提案工作队伍政治素质、作风建设和业务能力。积极发挥专家学者在提案工作中的作用，设立提案工作专家库，为提案工作提供咨询指导等服务。

后　记

为庆祝人民政协成立75周年，进一步展示人民政协和政协提案在新时代新福建建设中发挥的重要作用，展现新时代提案者的履职风采和承办单位的办理成效，不断增强提案工作社会影响力，省政协提案委员会在省政协领导同志的指导和支持下，组织编辑出版了《新时代福建政协提案故事100篇》。

滕佳材主席高度重视本书的编辑出版工作，多次听取专题汇报、提出明确要求，并亲自为本书作序。余军副主席多次组织召开编写工作会议，逐篇遴选、修改和审定稿件，研究协调出版事宜。邱天华秘书长、办公厅黄树清主任和省政协各专门委员会对本书编写工作给予了大力支持和帮助。提案委员会胡忠昭主任和冯静专职副主任具体组织协调本书编辑出版的各项工作，带领提案委员会办公室张雪莲、卢晓军、林凌辉、谢超、周珊、庄杰栋等同志，为该项工作倾注了心血和汗水。

从2024年3月发出征编通知至2024年7月截稿，我省广大政协委员、省各党派团体、各设区市政协和省政协平潭综合实验区工委、有关县（市、区）政协热情响应、通力合作，省发展改革委、省财政厅等省直提案承办单位提供有力支持，为本书顺利出版奠定了坚实的基础。《人民政协报》福建记者站、省政协研究室理论和调研处、《政协天地》杂志社等单位的王惠兵、林哲、郭雯、于玉艳、朱苑璟、苏文土，福建日报社的曾武华、戴艳梅、林蔚、郑雨萱，新华社中国经济信息社的胡苏等同志，对文稿修改提出了宝贵的意见和建议。

本书收录了有关方面推荐的党的十八大以来全省各地政协新时代100篇提案故事，涵盖了经济建设、政治建设、文化建设、社会建设、生态文明建设等五大方面，以亲历、亲见、亲闻的角度，记录了提案者在提案履职中"为福建言"的经历和感悟，承办单位在提案办理工作中的付出和收获，充分彰显了新时代提案工作在提高深度协商互动、意见充分表达、广泛凝聚共识水平，奋力推进中国式现代化福建实践中的独特作用，生动反映了全过程人民民主在福建的深入践行。

由于时间和编者水平有限，书中难免有遗珠之憾和不妥之处，敬请读者批评指正。

编者

2024年9月